国家社科基金
GUOJIA SHEKE JIJIN HOUQI ZIZHU XIANGMU
后期资助项目

财政转型的宪法原理

On The Constitutional Principles of Fiscal Transition

周刚志　著

中国人民大学出版社
·北京·

图书在版编目（CIP）数据

财政转型的宪法原理/周刚志著．—北京：中国人民大学出版社，2014.2
国家社科基金后期资助项目
ISBN 978-7-300-18498-2

Ⅰ.①财… Ⅱ.①周… Ⅲ.①财政改革-宪法-法的理论-研究-中国 Ⅳ.①D922.204
②D921.01

中国版本图书馆 CIP 数据核字（2014）第 117345 号

国家社科基金后期资助项目
财政转型的宪法原理
周刚志 著
Caizheng Zhuanxing de Xianfa Yuanli

出版发行	中国人民大学出版社		
社　　址	北京中关村大街 31 号	**邮政编码**	100080
电　　话	010－62511242（总编室）		010－62511770（质管部）
	010－82501766（邮购部）		010－62514148（门市部）
	010－62515195（发行公司）		010－62515275（盗版举报）
网　　址	http://www.crup.com.cn		
经　　销	新华书店		
印　　刷	涿州市星河印刷有限公司		
开　　本	720 mm×1000 mm　1/16	**版　　次**	2014 年 6 月第 1 版
印　　张	17.5 插页 2	**印　　次**	2024 年 6 月第 2 次印刷
字　　数	295 000	**定　　价**	96.00 元

国家社科基金后期资助项目
出版说明

后期资助项目是国家社科基金设立的一类重要项目，旨在鼓励广大社科研究者潜心治学，支持基础研究多出优秀成果。它是经过严格评审，从接近完成的科研成果中遴选立项的。为扩大后期资助项目的影响，更好地推动学术发展，促进成果转化，全国哲学社会科学规划办公室按照“统一设计、统一标识、统一版式、形成系列”的总体要求，组织出版国家社科基金后期资助项目成果。

全国哲学社会科学规划办公室

作者简介

周刚志，男，1977 年 2 月出生，中南大学法学院教授、博士研究生导师，财政宪法研究中心主任，武汉大学法学博士，厦门大学法学博士后，厦门大学国际税法与比较税制研究中心专职研究员，美国东北大学人文社科学院、刑事司法学院访问学者，中国宪法学研究会理事、中国财税法学研究会理事，湖南省宪法学研究会副会长，入选湖南省青年社会科学优秀人才“百人工程”，“部门宪法学丛书”总主编（中国政法大学出版社出版），《公法学刊》主编（法律出版社出版）；主要研究方向为财政宪法学，在《法学评论》、《法商研究》、《现代法学》等刊物发表论文八十多篇，主持国家社科基金后期资助项目等课题多项，出版个人专著三本，参编各类法学教材十多本。

序　言

当代备受期待之青年财政宪法学者周刚志博士，继《财政分权的宪政原理》力作之后，又完成《财政转型的宪法原理》新作。此书尚未正式上市，隔着海峡，能拿到其全稿本，岂能不略述心灵所受之悸动。为此财政宪法史上里程碑之作，略作一小小的见证，以待日后更严谨、深入之探讨与评论出世。

全书第一章开宗明义指出："在这个国家促导的社会转型过程中，政府的财政理念、财政职能与财政规模具有举足轻重的作用"，此固为全书之聚焦。然以全书贯穿中西学理、神游诸子群籍，于此议题内上下纵横，以游刃有余之笔，轻取脉络关键；实际上涉及面向广泛，可谓立基于财政转型背景下，探讨国家角色之变迁，对宪法功能之掘微以及最后寻译"谁是宪法守护者"（第八章）。简言之，在财政转型时代，何人让宪法不致成为一纸空文，使人民在历史转折时刻得以安心立命？

本书值得吾人瞩目之论断，在于明确指出，中国市场化转型相较于俄罗斯之转型而言更为成功，此与中苏在前期形成不同财政管理体制不无关联（本书第四章第二节）。具体而言，为保障地方公共服务之供给，并使各区域的人民自负其责、自我发展，单一制国家当明确界定各级政府之事权，并为其配备适当之税种，辅之以"明确化""科学化""公式化"的财力平衡机制（财政移转支付机制），并明示中国未来地方分权制度之筹划，当须以保障人权为根本宗旨，以建立"公正法治国"为直接目标。作者善于从具体现象入手，在广阔视野中把握问题，发掘概括出超越具体问题之结论。

本书论及纳税人基本权利时，特别提出并深入探讨“纳税人形像”(第六章第一节)，从而断言“20世纪末以来中国宪法通过数次宪法修正案，使真正具有独立、自主之市场主体地位的‘纳税人形像’逐渐形成”，并由基本权主体之纳税人形像要求纳税人权利保护之立法。纳税人形像来自宪法上“人之形像”，由于此种形像的确立，宪法须保障其合乎“人之形像”之有尊严的生存，并赋予其符合“人之形像”之宪法义务。租税国家人民最主要之义务即为纳税义务。复基于国民主权，稽征机关系为主权者纳税人服务者。同时基于宪法上纳税人形像，人民始负有与其相当之金钱给付及协力义务，谓履行者予以行政执行，违反义务予以租税罚。自由民主宪政秩序下，人之形像系自由平等，拥有社会关怀之个人，在人格自由发展下，自我决定其生活方式与未来规划，并自我负责；同时也对共同生活群体负责，主要系透过纳税对社会共同体运作所需公共支出，履行其社会连带责任。由于纳税人须共同协力对社群负责，纳税人须主动参与程序之进行（如所得税申报等)，藉协助稽征机关，实则协助纳税人共同体，共同发现真实公平负担公共支出，纳税人协力义务由是而生。整部税法建制由“纳税人形像”确立而产生，藉由纳税人形像及国民主权原理，纳税人有权藉由纳税人团体监督管理税捐之征收与使用，纳税人团体理应担当公益诉讼之当事人，作为全书之结语，不是逻辑上之必然，亦为经验法则之不得不然之发展。

唐柳宗元曾言：“夫美不自美，因人而彰。兰亭也，不遭右军（王羲之)，则清湍修竹，芜没于空山矣。”余观《财政转型的宪法原理》书，亦有清湍修竹，不致芜没于空山。钦服之余，特缀数语，是为序。

葛克昌
于台湾大学法律学院
财税法学研究中心
2011.9.15

目　录

细　目

第一章　财政转型与财政宪法学的学术使命

在中国语言文字中，“……学”中的“学”字向来具有多种含义，如“科学”（science）、“学派”（school）、作为教学科目的“课程”（subject）以及作为社会科学体系中的“学科”（discipline）、教育体系中的“专业”（major），还有作为某一研究领域的“专学”（study）；等等。本书所称之“财政宪法学”，既非专指某一部门法学之“学科”或“专业”，亦非宪法学上之特有“学派”，而是有关财政宪法规范之研究的一门“法律专学”，其主要体现为以诠释宪法上之“财政国家”等专门制度，譬如财政预算、财政分权及纳税人基本权利等相关宪法规范为主要内容的一门“部门宪法释义学”。在台湾大学、厦门大学、北京大学等高校的法学教育中，“财政宪法学”已经成为研究生等学历教育层次的一门重要课程。

当前，中国正处于一个伟大的社会经济转型时期——中国社会正由传统农业社会向现代工商业社会转型，中国经济正由传统计划经济体制向现代市场经济体制转型。在这个“国家促导”的历史转型过程中，政府的财政理念、财政职能与财政规模具有举足轻重的作用；或许正因为如此，财政转型的立宪原理才会引起如此众多学界同仁之关注。

第一节　“财政转型”的宪法意义

一、财政转型：中国社会经济转型的核心枢纽

（一）经济体制与经济增长方式的转型

传统社会主义国家如何由计划经济体制向市场经济体制转型？此则涉及所谓“转型经济学”（transition economics）的问题。关于英文中的“transition”，国内学者曾经分别翻译为“转型”、“转轨”、“过渡”等概

念。譬如，学者胡怡建将中国经济的“深刻变化”概括为如下几个方面：“经济运行机制由计划经济向市场经济转换”，“经济产业结构由传统产业向新兴产业转型”，“经济增长方式由粗放型向集约型转变”，“经济联系方式由封闭经济向开放经济转轨”，“经济管理体制由高度集权向相对分权转化”①。相对于“转轨”、“过渡”等概念而言，“转型”一词表示经济体制形态与结构、机制等方面的转变，因而为更多学者所接受。其实，除了“转型”等概念之外，诺思等经济学家所使用的“（制度）变迁”一词亦颇具启发意义——诺思所提的“（制度）变迁”，其外延较之“计划经济体制向市场经济体制的转轨”更为宽广，包含了“理念转型”与“体制转型”等多重内涵。譬如，诺思认为：“制度变迁是人类施加给人类交互作用的结构性变化，目的是为了达到某种合意的结果。”“信念反映了人类在不同社会和物理环境中遭遇的不同经历。从面对与物理环境相连的不确定性使得信念转换为能够应对不断演化的人类环境的复杂性的信念，不同的经历产生了不同程度的适应性。特别地，西方世界向应对这些复杂性的信念的成功转型，正如在非人格化交换的发展、在复杂的经济结构中有效利用非人格化交换所不缺少的专门知识的整合，以及支撑这些变化的政体或多或少成功的发展中所反映的那样，与不发达世界形成鲜明对比。不发达世界拙劣的经济绩效反映了它们没有能力进行这种转型。”② 在这里，诺思将“信念”或者“知识增量”以及由此而建立的“非人格化交换制度”作为制度成功变迁或转型的重要因素。在另一本著述中，诺思则试图揭示出“制度变迁”或“制度转型”的经济学规律——“相对价格的根本性变化乃是制度变迁的最重要来源”。“制度变迁的过程可以表述为：一种相对价格的变化使交换的一方或双方（不论是政治的还是经济的）感知到：改变协定或契约将能使一方甚至双方的处境得到改善，因此，就契约进行再次协商的企图就出现了。”“特别是，那些能使交换双方从贸易中获得更多收益的制度，比之那些不能发挥这种潜力的制度，将获得更多的成长机会。向较成功的经济体的迁移，或是仿效这些经济体的制度，都能产生这种结果。”③ 换而言之，如果“制度转型”对于社会各个阶层，尤其是对于政

① 胡怡建等：《转轨经济中的税收变革》，北京，中国财政经济出版社，2008，第1～3页。

② 〔美〕道格拉斯·C·诺思著、陈郁、罗华平等译：《经济史中的结构与变迁》，上海，上海三联书店，1994，第71页，第89页。

③ 〔美〕道格拉斯·C·诺思著、航行译：《制度、制度变迁与经济绩效》，上海，格致出版社、上海三联书店、上海人民出版社，2008，第115页，第119页，第127页。

治精英阶层比较有利，而且他们都能够意识到这种利益所在的话，它就比较容易能够成功。但是，如果制度转型对某个阶层会造成不利影响，譬如会对政治精英阶层构成不利影响时，制度转型又如何会发生呢？对此，诺思并没有回答。当然，制度变迁是一个社会各阶层谋求提升经济利益与制度绩效的多方博弈过程，各方的反复协商与斗争、妥协可能是最终达致“制度转型”的主要路径。因此，置身博弈的实际过程之外的学者所构想的“理想制度（乌托邦）”及其变革方案往往很难如期建成，真正的制度变迁或制度转型都是经过当事各方反复博弈的结果。然则，不管经济学者所谓“制度变迁”或“制度转型”涉及范围之大小如何，其中的核心领域始终是“财政制度”——“财政为庶政之母”。“财政”在现代社会不仅涵盖了所有政府部门之公共服务的资金供给活动，实际上还包括政府直接或间接的各种投融资行为等经济活动，甚至政府制定和实施货币政策、外汇政策等金融活动，亦当属于广义上的“财政”范畴；这些经济活动构成了现代经济体制实际运行的核心枢纽。因此，经济体制的转型，固然直接体现为“经济运行机制等方面的转轨”，但是其内核却是“国家参与经济的管理机制和运行机制的转型”。如诺思所言：“国家的存在是经济增长的关键，然而国家又是人为经济衰退的根源；这一悖论使国家成为经济史研究的核心，在任何关于长期变迁的分析中，国家模型都将占据显要的一席。”[①] 在现代国家，无论是自由贸易体制之建立、自由市场体制之拓展，还是社会福利制度之完善，在实质上均取决于国家的财政职能、财政规模之调整。

近年来，“经济增长方式转型”一直是中国社会各界最为关注的经济学课题之一。林毅夫曾经深刻指出：“发展中国家禀赋结构的关键特征是：自然资源或非熟练工人相对丰裕，人力资本和物质资本相对稀缺。在缺乏人力资本和物质资本而富有非熟练工人或自然资源的发展中国家，只有劳动密集型和资源密集型产业在开放、竞争的市场中才有比较优势。”[②]“遵循比较优势发展战略并不会导致中国永远落后，永远停留在比较低的产业层次上。相反，遵循这种发展战略会使资本快速积累，资本稀缺及劳动力富余的程度逐渐降低，随着资本禀赋的变动可以不断从国外引进现成而较

① 〔美〕道格拉斯·C·诺思著、陈郁、罗华平等译：《经济史中的结构与变迁》，上海，上海三联书店，1994，第20页。

② 林毅夫：《经济发展与转型：思潮、战略与自生能力》，北京，北京大学出版社，2008，第33页。

先进的技术来达到产业结构的升级，经济可以因低成本技术创新不断而长期保持较快的增长速度，实现可持续发展，最终在较短的时间里赶上发达国家。”[①] 中国自改革开放之后的经济发展，其政策取向非常近于林毅夫所说的“比较优势战略”。但是实际上，中国并不是一个“自然资源丰裕”的国家——“据预测，到2020年，在中国经济发展所需的45种矿产资源中，可以保证的有24种，基本保证的2种，短缺的10种，严重短缺的9种。到2020年中国的石油、铁、锰、铜、铅和锌的进口依存度，将分别为58％、52％、38％、82％、52％和69％。以中国目前的经济增长速度和生产规模，依赖国际市场购入大量资源来支持粗放型增长也是不实际的。”[②] 近些年来，资源巨量消耗的加剧已经成为限制中国经济发展的“瓶颈”，使得“资源节约型社会”的建设成为迫在眉睫的重要课题。更为重要的是，由于国际竞争日趋激烈，中国并不能“不断从国外引进现成而较先进的技术来达到产业结构的升级”，中国经济也不能总是“因低成本技术创新不断而长期保持较快的增长速度”；缺乏自主创新的工业技术已经成为中国经济持续快速增长的另外一大“瓶颈”。由此，中国如何实现由“劳动密集型”、“资源消耗型”的经济增长模式向“资本密集型”、“技术创新型”、“资源节约型”经济发展模式转变，乃是中国经济学等社会科学学科面临的重大历史课题。对此，经济学者韦森尖锐地质疑道：“一边是政府的税收和其他财政收入不断增加，而经济增长又主要是靠政府财政支出和从银行贷款来建设大项目所推动，一边又喊经济增长方式转型，这怎么可能?”[③] 中国经济增长模式的转型，从直接层面上而言主要涉及企业投融资机制、科技成果转化机制等市场平台的建构，从更深层次来看则涉及财政职能和财政规模的调整。进而言之，汇率政策的调整、税制结构的转型、税收优惠制度的改革，以及预算效力的增强，财政“挤出效应”的有效遏制，等等，这些涉及财政制度转型的重要问题，均是经济增长模式转型之不可或缺的重要条件。

（二）社会形态与政治形态的转型

历史学家唐德刚认为：“四千年来我民族之社会政治型态之发展，盖

① 林毅夫、蔡昉、李周：《中国的奇迹：发展战略与经济改革》，上海，上海三联书店，1999，第255页。

② 张萍主编：《长株潭城市群发展报告（2009）》，北京，社会科学文献出版社，2009，第49页。

③ 韦森：《大转型：中国改革下一步》，北京，中信出版社，2012，第103页。

可综合之为三大阶段，亦即封建、帝制与民治是也。从封建转帝制，发生于商鞅与秦皇汉武之间，历时约三百年。从帝制转民治则发生于鸦片战争之后，吾侪及身而见之中国近现代史之阶段也。笔者鄙见认为此一转型至少亦非二百年以上难见肤功也。”① 在唐德刚看来，此中所谓之“转型”，乃是中国和其他亚非拉国家发轫于外界（尤其是西方）的挑战和压力的“现代化运动”；而西方基督教国家的现代化运动只是一种发自内部的自然进展（natural course of internal development），因而没有“转型”的问题，尤其没有“转型的痛苦”②。此种论断深刻揭示了中国近现代以来政治制度与社会制度转型的历史规律。然则，从历史上看，清朝政治精英对于中国近代社会所面临的“转型”问题，似乎远没有今人看得这般清楚——1872年（同治十一年）6月20日，李鸿章在《筹议制造轮船未可裁撤折》中提出：“臣窃惟欧洲诸国百十年来由印度而南洋，由南洋而东北，闯入中国边界、腹地，几前史所未载，亘古所未通，无不款关而求互市。我皇上如天之度，概与立约通商，以牢笼之。合地球东西南朔九万里之遥，胥聚于中国，此三千余年一大变局也。”③ 1874年（同治十三年）12月10日，他又在《筹议海防折》中提出：“历代备边多在西北，其强弱之势、主客之形，皆适相埒，且犹有中外界限。今则东南海疆万余里，各国通商传教来往自如，麇集京师及各省腹地，阳托和好之名，阴怀吞噬之计，一国生事，诸国构煽，实为数千年未有之变局。”④ 无疑，李鸿章之所谓“千年未有之变局”，主要是针对当时的国际政治经济形势与清朝的外交形势等方面而言的。但是，李鸿章却在无意中揭示了中国近代以来所必须直面的“转型”课题——随着西方列强的到来，近代中国进入到了数千年未有之社会大转型时期。关于此种社会转型的内容，社会学学者刘祖云认为：“社会转型是社会从传统型向现代型转变的过渡过程”；传统型社会与现代型社会至少在七大方面存在区别，此即：基础产业不同、劳动方式不同、社会分工和社会分化不同、社会组织形式和社会关系不同、社会活动的主要场所不同、社会开放程度不同、社会管理的权威基础和主要

---

① 唐德刚：《晚清七十年》，长沙，岳麓出版社，1999，第5页。

② 唐德刚：《晚清七十年》，长沙，岳麓出版社，1999，第188页。

③ 转引自雷颐：《从刀笔小吏到第一重臣：李鸿章与晚清四十年》，太原，山西出版集团、山西人民出版社，2008，第204页。

④ 转引自雷颐：《从刀笔小吏到第一重臣：李鸿章与晚清四十年》，太原，山西出版集团、山西人民出版社，2008，第285页。

方式不同。[①] 在中国近现代的社会转型过程中，政府扮演着至关重要的角色。如何使政府在充分发挥社会转型之促导功能的同时，又不致沦为社会转型之障碍，国家的财政模式正是其中的关键所在。

在政治学领域内，“转型”一词特指亚非拉国家政治体制的“转变”——20世纪90年代初，政治学者施密特在研究拉美权威主义政治向民主政治转型的过程中提出了“转型学”（transit logy）概念，一门跨学科的理论由此逐渐形成。施密特将“转型”界定为“在一个制度与另一个制度之间的过渡期”，认为其出现的典型标志是：“现任威权主义统治者必须为了向个人与集体的权利提供更安全的保障从而不得不修改他们自己定下的规矩”；“转型”主要体现为“自由化”与“民主化”，前者是“重新解释与扩展权利的过程”，后者是“公民权的规则与程序应用到从前被其他规则统治者的政治制度中（暴力统治、传统习俗、精英政治或官僚陋习），或者扩展至从前无法享受此种权利与义务的人们，或者扩展至从前公民无法参与的领域与机构中（国家机关、军事机构、政治性的组织、利益集团、企业、教育组织等等）”[②]。我国政治学学者萧功秦将非西方国家的政治变迁模式概括为四种类型，即：拉美模式、南欧模式、东亚模式和苏东模式；他认为“中国转型模式不能归入已有的类型或模式中的任何一种”[③]。当然，中国的政治制度转型，主要体现为社会主义政治制度的自我完善与发展，与其他国家具有明显的区别。然则，亦如韦森教授所言：“我们的财政体制改革，尤其是税收制度的改革，不仅仅是预算体制问题，而是我们的基本政治制度框架的改革和重构。税收（宪）法定，征税须经人民选出的代表批准方能征收，政府的财政支出透明，且受人大代表审议和批准，这应该是我国未来法治民主建设的第一步，也应当是未来中国政治体制建设最核心内容和最基本的构成部分，且在目前看来也是可行的。”[④] 财政转型不仅是中国社会经济转型的核心内容，更是中国政治体制转型的“命脉”之所在。

由前文所述，财政转型不仅是经济转型和经济增长方式转型的“核心

① 参见刘祖云：《从传统到现代——当代中国社会转型研究》，武汉，湖北人民出版社，2000，第41～43页。

② 〔美〕吉列尔莫·奥唐奈、〔意〕菲利普·施密特著、景威、柴绍锦译：《威权统治的转型：关于不确定民主的试探性结论》，北京，新星出版社，2012，第5～9页。

③ 萧功秦：《中国的大转型：从发展政治学看中国变革》，北京，新星出版社，2008，第4页，第5页。

④ 韦森：《大转型：中国改革下一步》，北京，中信出版社，2012，第90页。

枢纽”，也是社会形态与政治形态转型的“关键”和“命脉”之所在。故而，从20世纪90年代以来，“财政转型”问题备受学者关注。譬如，在90年代中期，即有学者提出：“财政转型是任何一个经济处于高速增长和经济体制迅速转轨的国家所面临的重大课题。所谓财政转型，是指整个财政分配体系为适应现实经济的变化和未来经济发展而作出的根本调整。”① 尽管此文之中“发展挂帅”的思维清晰可见，但是作者试图区分经济发展的不同阶段，而揭示“经济增长”与“公共物品”的内在关系，此种以财政转型促进经济转型的思路已经十分明了。1998年全国财政工作会议将中国财政体制改革的目标确定为“公共财政”之后，“建设社会主义公共财政”亦被解释为“中国未来财政转型的方向”。财政部财政科学研究所贾康先生认为：财政转型的理念在于“政府公共职能归位、公共服务均等化、公共理财规范化”，中国需要“根据大局需要及时调整和优化财政支出结构”，“按照科学发展观要求促进经济增长方式转变”，“民生问题成为财政关注的重中之重”。“中国经济社会转轨和财政转型的过程中，制度创新是注入‘现代化’要素，打开管理创新、技术创新空间的强大引擎。围绕建构公共财政框架，近年在部门预算、国库管理制度、政府采购制度等基础制度的保障下，财政正在初步建立较为规范的科学预算制度，形成一套相对完整的财政资金分配运作机制，财政资金的分配、使用和管理等各项制度，正在沿着资金合规、安全和有效性的轨道前行。这些以‘规范’为特征的制度创新和管理创新，又内在地使政府所行使的政治权力和公共职能得到了规范、约束和有效履行。”② 此番论述揭示了中国政府财政管理制度改革的诸具体面相，但是不论是“部门预算”、“国库管理”还是“政府采购”，似乎都还没有明确触及财政转型的核心内容，此即“财政立宪”。

二、财政立宪：中国财政体系转型的核心内容

所谓“财政立宪”，乃是指财政宪法制度之创立、变革与实施。然则，何谓“财政宪法”？据苏永钦教授考证，这一概念可能最先源自德国学者Lorenz von Stein，在他1885年出版的《财政学教科书》（Lehrbuch der

① 罗美娟：《论财政转型》，载《思想战线》1996（3）。

② 贾康、刘微：《注重民生、优化结构、创新制度、促进发展——中国公共财政的转型之路》，载《经济与管理研究》，2007（10）。

Finanzwissenschaft)，第一篇就是“欧洲财政宪法”，他对财政宪法下了一个明确的定义。[①] 当前，学者大都认为“财政宪法”规范应该仅限定于宪法文本之内的财政法规范。我国台湾地区学者葛克昌曾经从狭义、广义以及实质含义等几种角度予以界定，他认为：“财政宪法概念在西德基本法中并无明文，一般承认基本法第五章标题为财政法者属之，此为最狭义之财政宪法。财政宪法概念则在一九四九年后，实为宪法学文献中的一部分，财政宪法就广义而言，凡有关公共财政之宪法规范皆属之，诸如国家之财政权，包括中央与地方权限划分，国家预算及总体经济平衡义务，与租税基本体制。至于金融制度，是否包含财政在内，则有争议。但中央银行之职权包括财政事项，如追求整体经济之平衡，则应包含在内。就狭义而言，财政宪法指宪法中有关国家财政权之基本体制（立法权、行政权及司法权），中央与地方权限划分及租税制度。”“就实质意义言，凡对公共财政有重大影响及长期持续性之法规范，均属‘财政宪法’范围……惟财政宪法规范所以别于一般法律者，在于确立财政立法之目标、权限与限制，以及作为违宪审查之依据……是以一般而言，财政宪法仍限于宪法法典中有关财政之法规范。”[②] 在英语世界，“财政宪法”主要有两种表达方式，即“Financial Constitution”与“Fiscal Constitution”，但前者意义似乎更为广泛，它包括了汉语意义上的“财政宪法”与“金融货币宪法”等内容，欧盟执委会 2003 年 3 月 27 日发布的公告中就使用了这个概念；后者即通常意义上的“财政宪法”，它主要是指国家财政收支、财政分权等宪法制度。由此而言，“财政宪法”这个概念已经被法学界与经济学界所广泛运用，由此产生了形形色色的、以“财政立宪”作为研究主题的各种理论，此即“财政宪法学”。

（一）经济学体系中的财政宪法学：基于“政府失败理论”与“民主失败理论”的“财政立宪理论”

传统的财政学理论认为，公共财政产生的原因主要是市场存在缺陷，需要国家运用公共权力通过征集税收、扩大政府财政支出等财政手段予以克服。至于如何防范国家滥用财政权力以及如何合理分配财政资源的问题，传统的财政学理论求助于现代国家的民主政治决策机制。以布坎南为

---

① 参见苏永钦主编：《部门宪法》，台北，元照出版有限公司，2006，第 11 页。

② 葛克昌：《税法基本问题——财政宪法》（第 2 版），台北，元照出版有限公司，2005，第 81～82 页。

代表的公共选择学派的经济学家们则提出了“政府失败理论”与“民主失败理论”以质疑传统的财政学观点。他们认为，参与公共选择的公民、政治家、官僚等，他们既是“政治人”，又是“经济人”，他们之所以参与公共选择的过程，以及他们参与公共选择过程中的种种行为，都是以追求实现自身利益最大化为目标的。正因为如此，在公共选择的过程（也就是代议民主制度的运行与决策过程）中，参与者受本身利益的驱使力图相互影响，使公共选择的结果最符合自身的利益，这样的结果就可能背离“政治均衡”导致的资源配置理想状态。例如，投票者之间进行交易而互投赞成票，会使投票多数结果背离投票者的初衷与选民的真实意图，从而造成资源配置上的“不效率”；政治家及政党的追求是赢得更多的选票以实现对国家权力的代理与控制，因而他们的竞选方案或者提案总是会向中间投票者倾斜（在正常情况下只有这样才能赢得最多的选票），这样他们就不会真正代表他们所联系的那部分选民的利益参与公共选择，少数公民的利益要求在公共选择的过程中总是得不到有力的体现；官僚们也有自身的特殊利益，那就是追求政府权力的最大化，至于公共资源是否得到最有效率的利用，不是或者很少是他们所考虑的问题，这样公共物品生产与提供的规模总是会偏离社会对其的真实需要，政府预算规模总是具有不断扩张的趋势；等等。特别是在现代国家已经取得了更多的参与社会经济生活的权力之后，它们可以建立中央银行发行货币，可以发行国债筹集资金，这就使得公共财政的运行轨道更加容易背离社会的真实需要，背离资源配置的效率要求。

基于以上分析，布坎南等人认为要克服市场的缺陷恰恰在于要加强对于私有财产权利的保护——“私有财产权使人们实现了专业化和交易，因而也获得了一些产生于效率的效益。但是，同样重要的是，私有财产权也使人们得到了某种保护和隔离措施，以免受市场‘盲目力量’的冲击，而不管那些‘盲目力量’最终来自哪里。”[①]（布坎南的“言下之意”似为：实际上市场的盲目力量也来自政府干预本身）。总之，代议民主制度及其所联系的公共财政决策机制在现代国家生活中远非一种理想的制度，它必然导致公共资源配置的“不效率”。为了解决这种问题，布坎南等人提出了“宪政经济学”概念与重构“财政宪法”的主张。他们认为，宪法是一

① 〔美〕詹姆斯·布坎南著、韩旭译：《财产与自由》，北京，中国社会科学出版社，2002，第20～21页。

套规则，或一套社会制度，个人在其中从事活动和相互交往，而他们的交往与角逐都要受制于这些既定的规则。[①] 因此，只有站在立宪的层面上，才能真正合理地解决政府财政权力膨胀与失控的问题。具体说，就是要通过宪法改革对政府财政权力施加宪法约束，为公共财政运行效率低下的现状寻找根本的解决之道。换言之，也就是确立约束政府财政政策与货币政策的宪法规则，重构"财政宪法"规范（fiscal-monetary constitution），以遏制不断增长的公共财政支出需求。公共选择学派的另外一些经济学家如瓦格纳、波顿等人也认为，应该改革财政预算的决策程序，建立财政收支双方的联合预算报告制度，重新采用预算平衡原则，增加消除预算赤字的宪法条款，等等。

（二）法学学科体系中的财政宪法学：作为财税法学与宪法学之"交叉领域"的"财政立宪理论"

1. 财税法学视野中的"财政宪法学"：基于财税法体系整体观念的财税法"财政宪法"观。近年来，我国法学界对于财税法律的研究已经取得了许多成果。然而，对于财税法（或财政法）在法律体系中的地位与作用问题，学者们还存在许多不同的看法。有学者将财税法视为与行政法、经济法相并列的一个独立的部门法，也有人认为财税法隶属于行政法与经济法，还有人将财税法视为经济法的重要部门法。但是，随着财税法研究的不断深入，也有财税法学者倾向于将财税法视为一个综合性的法律体系，如学者熊伟提出，财政法是一个有机统一的调整财政关系的法律整体，它包容了财政宪法、财政行政法、财政经济法、财政社会法、财政私法等不同类型的法律规范，缺乏其中任何部分都难以达到预期的功效。他还认为，"财政宪法主要调整财税法领域的一些根本性事项，如财政法的基本原则、财政权力的分配、中央与地方的财政关系，等等。"[②] "目前国外的财政法学主要是财政宪法学。例如财政民主主义、健全财政主义、税收法定主义等，其实都是各国资产阶级革命的宪法成果，这为财政法的立法和研究奠定了坚实的基础。"[③] 其实，从我国目前对于财政问题的研究现状来看，财税法学者对财税制度的探讨，如财政收支划分法、预算法、国债

① 参见〔澳〕布伦南，〔美〕布坎南著、冯克利等译：《宪政经济学》，北京，中国社会科学出版社，2004，第3页。

② 转引自刘剑文主编：《财政税收法》，北京，法律出版社，2003，第15页。

③ 熊伟：《关于财政法体系的再思考》，载刘剑文主编：《财税法论丛》，北京，法律出版社，2004，第249～250页。

法，甚至金融货币法等，其中的很多问题确实属于宪法问题。他们基于财税法体系整体观念而建构的“财政宪法”观以及有关财政宪法学的理论观点，都是极富启发意义的。

2. 宪法学视野中的财政宪法学：基于宪法学研究专题与研究方法的宪法学“财政宪法”观。从宪法学的理论视角来看，财政宪法是宪法制度体系中的一个“部门”，它是与“政治宪法”、“军事宪法”（或称“国防宪法”）、“文化宪法”、“环境宪法”、“科技宪法”等并称的一个“宪法部门”，是指有关国家财政收支划分制度以及财政收入、财政支出、财政监督方面的宪法规范与宪法制度。从一般意义上讲，财政宪法学就是指有关财政宪法的宪法学专题研究，它属于“部门宪法学”的范畴。此种意义的财政宪法学与财税法学者所认为的作为财税法学分支之一的“财政宪法学”并无二致。中外宪法学者在论及财政宪法学时，亦多从这种意义上使用这一概念。但是，笔者认为，财政宪法学的此种学科定位尚未揭示财政在国家生活中的重要地位与作用，以及财政立宪主义在近现代宪政运动中决定性影响；财政宪法学作为宪法史的一种研究路径，其理论优势在于：从财政视角研究宪法学的原理，可以对宪政规律做更深度的发掘，以提升传统宪法学的理论视野，适应时代之挑战。因此，笔者更倾向于将财政宪法学定位为宪法释义学研究的一个专门领域，以及基于“财政国家”视角研究宪法史和宪政改革问题的一种研究路径；进而言之，财政宪法学之研究财政立宪问题，乃是侧重于从经济分析、特别是财政分析的角度来解读中外宪法史，并探讨中国宪政改革道路问题。但是，财政宪法学研究的主体内容，依然主要属于现代“宪法释义学”理论之分支，更加具体地说，此种宪法学体系中的“财政宪法学”具有如下内涵：

首先，财政宪法学是宪法学研究的一个专门领域，此即“财政宪法”制度。正如我国台湾地区著名公法学者葛克昌所言：“在宪政国家，财政收支划分不仅是中央与地方权限划分之核心部分，且为法律之合宪解释与违宪审查之重要课题，自当就法理上多方深入探讨，加上近年各国无不面对财政危机到宪政危机之困境，财政宪法蔚为当代宪法研究之潮流。”[①] 对于正在处于宪政转型时期的当代中国而言，面对国际金融危机与政府债务危机之日益紧张的“双重困境”，宪法学必须直面时代的挑战，才能完

① 葛克昌：《税法基本问题——财政宪法篇》，台北，月旦出版社，1996，第 181 页。

成理论的使命。[①] 正是基于以上理由，财政宪法释义学及其立宪原理体系之理论建构，乃得成为宪法学学理发展的重要领域，以及宪法学者践行宪政价值理念的可行之道。作为“部门宪法学”之分支，财政宪法学在分析近现代宪法产生、发展、演变的历史规律，揭示其中的宪法价值理念与宪法原则体系，以此建构宪法释义学体系，甚至进而论证财政立宪、修宪、立法、修法的具体方案时，都不能脱离对财政宪法规范的规范分析与比较研究。正因为如此，财政宪法学的分析和研究的对象主要是“财政国家”的制度体系及其规范基础。

其次，财政宪法学是宪法史研究和宪政制度改革之理论研究的一种独特路径。“财政宪法学”的法理依据主要在于“人的物质依赖性”，由此而衍生出国家作为一种组织机构对于物质财富的依赖性，以及市场经济条件下国家对于税收的物质依赖性（所以现代市场经济体制国家也被称为“租税国家”）。针对欧洲中世纪的政治国家，马克思曾经深刻地指出：“赋税是官僚、军队、教士和宫廷的生活来源，一句话，它是行政权力整个机构的生活源泉。强有力的政府和繁重的赋税是同一个概念。”[②] 现代国家形式与实质的发展并没有改变这一基本状况。国家本身并不从事生产，由税收、公债等构成的财政收入便成为国家机器主要的经济来源。财政就是国家的经济内容与物质基础。在市场经济条件下，国家的财政收入主要来源于税收，而国家对税收的依赖也会深刻影响国家制度本身。正是基于以上理由，财政宪法学将国家财政税收权力与纳税人基本权利作为认识与分析宪法制度与宪法现象的基石范畴，力图从国家的财政需要、财政来源及其所产生的一系列矛盾冲突中去梳理与总结宪政规律，发掘宪法规范与宪法制度背后的深层原因，形成一种宪法学研究的独特路径。

---

① 苗连营教授认为：“货币宪法学应当立足于金融危机的真实历史与演变趋势，从宪法学的基本原理出发，对有关货币发行机制、货币政策的制定和执行机制、货币与金融管理机制、货币发行监督机制等进行系统而深入的分析，探讨货币宪法的理论基础、价值定位、基本原则、体系结构，为构建货币宪法的规则体系提供理论上的依据，并为最终消除危机提供必要的制度准备。当然，货币宪法学的研究，不仅要进行抽象的理论分析，还应进行更多的形而下的思考以及个案分析；不仅要勾画出合理的货币宪法规则体系，还要着眼于其实际运作过程与动态发展变化。此外，鉴于其研究对象的特殊性，货币宪法应当成为与经济宪法和财政宪法并立的部门宪法。”苗教授的此番论述颇为精彩，但是鉴于国家财政金融政策的密不可分性，金融货币宪法研究的内容，仍以纳入财政宪法为合适。相关内容参见苗连营：《谈货币宪法学研究》，载《郑州轻工业学院学报（社会科学版）》，2012（5）。

② 《马克思恩格斯全集》（第八卷），北京，人民出版社，1961，第221页。

（三）知识社会学视野下的“财政宪法学”：以回应“赤字时代”挑战为学科使命的“财政立宪理论”

“知识社会学”是一门研究知识与社会之关系的科学，它既是社会学中的一支，又是认识论的一部分。作为认识论的一部分，它专门研究知识或思想所受社会条件的制约。德国哲学家、社会学家舍勒 1924 年出版的《知识社会学问题》、1926 年出版的《知识形式与社会》是知识社会学的奠基性著作。[①]“知识社会学”的问世，其最大的贡献乃是揭示了知识生产与其社会存在（即一定学科从业人员及其利益、意识形态）之间的相互关系，为我们反思与剖析学科分立体制提供了一种崭新的理论视角。美国学者沃勒斯坦认为，学科的划分其实不过是学术制度运作的结果，它牵涉到学术机构、学术权力与学术资源的设立与分配，涉及不同学科从业人员的共同利益，并不具有当然的合理性与必然性——“我们知道自从全世界的大学中有各种学院的系科以来，就存在各种学科、这些学科的毕业学位以及这些学科的全国性和国际性的学者联合会。这就是说我们政治性地知道不同的学科存在。它们建立了拥有界限、结构和人员的组织以保护其共同利益并确保它们的发展。”[②] 沃勒斯坦质疑学科划分的真正目的，旨在论证其所谓“世界体系分析”理论作为一种新型学科知识体系存在的正当性与合理性。其实，不同学科的学者之间的学术分工，在今天这个知识高速发展的时代，可能依然是理论发展的一种不可缺少的条件。但是，为什么我们要建立这样一种学术分工的制度体系，以维护各个学科的相对独立性与自足性呢？除了知识分工与维护学术共同体利益的需要之外，沃勒斯坦似乎并没有进行更加深入的分析。

沃勒斯坦的观点或许比较清楚地解释了不同学科形成的直接原因，此即学术制度体系的存在及其从业人员所形成的“垄断利益”，但是并没有深入阐明现行学术制度产生的真正原因；其实高等学校的专业设置和学科分工体系的存在，主要是基于教育发展的内在需要，而教育的发展又是基于社会经济分工需要不同专业人才的社会需求。以法学为例，财政宪法学作为一门法律专学之形成，在很大程度上是基于宪法和财税法教育的需要；而宪法、财税法教育之目的，又旨在培养宪政国家和法治社会的精英

① 参见张耀南：《“知识社会学”在中国》，载《光明日报》，2003－08－12。

② 〔美〕伊曼纽尔·沃勒斯坦著、黄光耀、洪霞译，《沃勒斯坦精粹》，南京，南京大学出版社，2003，第 165 页。

人才，培育人民的宪政意识，以应对现代国家之财政危机，维护纳税人的基本权利及巩固国家政治、社会、经济制度的社会需求与政治需求。如葛克昌所言："新的时代面对崭新的问题，崭新的挑战。旧的挑战，未必能完全度过，但一个实质意义的'宪政国家'必须有能力回应新的挑战。今天我们所站的历史的转折点有二，一为历年稳健政策下财政盈余，累计世界最多外汇存底的'债权国'，在最近几年内，即将急剧转换为债务缠身的'债务国'；以及从一心一德追求经济成长的现代化过程，过渡到社会分配不均的多元化重建再塑社会正义的艰苦历程。"① 这段评述虽然是对于20世纪90年代我国台湾地区之社会转型的经典评价，对于当代中国大陆的社会而言，也是非常贴切的精妙概括。近二十年来，我国政府为了追求经济快速增长所累积的金融机构巨额不良资产，以及在税费改革、政府大规模投资过程中所引发的地方政府巨额负债，都使我国在成为拥有三万多亿美元外汇储备的债权大国之同时，也陷入了巨额债务之中。由于贫富分化所引发的社会矛盾，财税法制公正的问题已经成为全社会关注的焦点。税收作为"财富分割利器"所具有的重要实践价值，必将使税制改革、社会福利制度改革等财税法问题成为各门学科关注的中心课题。② 在此种情势之下，"财政宪法"必然成为各门社会科学所关注的焦点——事实上，由于财税问题是直接决定国家职能范围的关键因素，"公共财政"的规模与职能问题一直是理论界"左翼"福利国家理论与"右翼"自由国家理论交锋的焦点。不论是罗尔斯的"正义论"，还是诺齐克的"最弱意义上的国家"理论，都无法回避这一现代国家理论的核心问题。正是在这一过程之中，财政宪法学需要打破部门法学的传统理论视角，以宪政理念为指引，在综合各门学科之研究优势与精华的基础上，重建其理论体系。唯其如此，宪法学、财税法学方可在缓解现代国家之财政危机、重建现代社会之基本正义的过程之中，真正担当起其应有的学科使命。

沃勒斯坦（Immanuel Wallerstein）指出：在西方学术史上曾经出现的所谓"年鉴学派"所提倡的"多学科研究"（"跨学科研究"）"看起来是超越了固有的学科规范，可是在实践上只是强化了固有学科的存在。因为多学科研究——把各种独立的学科知识合并起来——这概念，本身就预设

① 葛克昌：《税法基本问题——财政宪法》，台北，月旦出版社股份有限公司，1996，第10页。

② 相关实例分析可参见周刚志：《论公共财政与宪政国家——作为财政宪法学的一种理论前言》，北京，北京大学出版社，2005。

了学科分类的合法地位，并赋予了这种分类法意义，因而其背后不言而喻的信息就是学科知识可以个别独立地存在。”① 他还指出：要“超越年鉴学派”、“超越多学科研究”，最重要的是“超越那种普遍—特殊的二元对立研究方式”；“历史社会科学应是一门单一学科，现存社会科学的一组分门别类的‘学科’，是没有获得足够学术理据支持的。”“我们更要进一步取消19世纪那种在学术上神圣的三位一体概念——把人类行为分割为政治、经济、文化三个独立自主的学术领域，并认为其中存在着不同的逻辑和进程。我们有必要创造一些新词汇，以让我们可以谈论有关社会进程中无穷极的、瞬间的和连续的动态，不管这些社会进程是在这三个被分割的领域之内，还是在它们之间。最后，我们要推行这种新概念所指涉的组织含义，就是要重组大学的学系结构和学术会议的协会组织。”② 沃勒斯坦的这些观点，旨在论证其世界体系理论的正当性与合法性，其对于传统人文社会科学研究的缺陷，以及对于重构新型学科专业的战略构想，都是极富启发意义。中国财政宪法学之研究，不仅仅要超越传统部门法学之羁绊，更要以宪法学与财税法学之学科建设、专业建设为依托，超越传统的“跨学科研究”或者“多学科研究”范式，秉承宪政体制下之人权与正义理念，在法学教育、法学研究的发展中实现“浴火重生”。

葛克昌提出：“税法学教育涉及现代国家之负担公平。惟法律人从事税法，除传统法学方法仍须具有经济学思维方式。在法学方法领域，税法涉及民法、宪法、行政法与刑法，为科际整合最密切学科。是以税法学教育须有更具规划、更具系统、更具步骤之学习方式。亦由于税法学之专业，以及社会需求性，须激励更多法律人献身税法研究。”③ 目前，我国税务机关的征税人员就达一百多万人，从事税收司法事务及法律业务的律师、税务师、会计师数十万人，加上企业办税人员，税法职业群体数量在千万人以上。④ 然而，我国的财税法教育却一直处于学科分割与闭塞的状态——不仅财税法学专业所紧密相关的几大学科与专业如财税法、财政学

---

① 〔美〕华勒斯坦等著、刘健芝等编译：《学科·知识·权力》，北京，生活·读书·新知三联书店、牛津大学出版社，1999，第222页。

② 〔美〕华勒斯坦等著、刘健芝等编译：《学科·知识·权力》，北京，生活·读书·新知三联书店、牛津大学出版社，1999，第223页，第224页。

③ 葛克昌：《税法教育与法律研究所》，载刘剑文主编：《润物无声——财税法治与财政法教学》，北京，法律出版社，2005，第147页。

④ 参见施正文：《论税法硕士专业学位的设置与教育》，载刘剑文主编：《润物无声——财税法治与财政法教学》，北京，法律出版社，2005，第163页。

与会计学分别隶属于法学院、经济学院与管理学院，而且财税法本身所涉及的各项法律制度亦分别被经济法、民法、宪法、行政法等法学分支学科所分割。近年来我国法学教育蓬勃发展，全国法律院校已达六百多家，然而财税法的研究生教育一直被局限在经济法专业（包括法学硕士与法学博士）之中。各法学分支学科之间尚缺乏交流与合作，遑论法学与财政学、会计学等不同学科之间的深度融合及互补！此种学科之间的分割与闭塞，不仅造成了各学科之间如同"盲人摸象"般自说自话，而且使我国的立法规划与制度建构顾此失彼、支离破碎，使我国的财税法执法、司法实践亦在狭隘的地域经验之中左右徘徊，难以担当维护社会公平正义之使命。学习税收者不通法学之原理，学习法律者不懂经济之规律；研究宪法者罔顾财税之国情，研习财税者无视宪法之体制，大学教育功能之柔弱，由此可见一斑。民国时期著名法律教育家孙晓楼先生曾经指出，法律人才的培养一定要具备三要件，即法律的学问、法律的道德和社会的常识。他还认为，研究法律的学生必须修习几种基本的学科，即政治学、经济学、哲学、心理学、论理学、历史、生物学及人类学、伦理学、社会学，当时中国法律学校未加注意但是有十分重要的三门学科是法律伦理学、会计学与法理学。[①] 我国公法学者龚祥瑞先生也曾经提出：研究宪法，首先应当研究经济学与政治学，第二研究史学，第三才研究法学。[②] 财政宪法学是牵涉到宪法、经济法、民商法、行政法等法律部门的一门重要的"法律专学"，其理论建树可资为各部门法学、部门法学与理论法学，以及法学与经济学、会计学、历史学、社会学甚至哲学深度融合与全面整合之"范例"。为谋求中国宪政事业之发展，吾人不仅需要在中国法学教育中力倡立宪主义价值，尤其是财政立宪理念，更要努力通过财政宪法释义学的研究，推进中国的财政立宪进程，为中国财税法规范体系在宪法规范统辖下合理发展、运作略尽绵薄之力。概而言之，我辈财政宪法学人须借鉴其他国家与地区财政宪法研究与教育之经验，打破宪法学、财税法学、财政学、会计学之间的"隔离状态"，力促"财税法学"专业之建设，进而成立专门的研究机构，创设专门的研究刊物，最终形成以财政宪法学为"主导"的中国财税法理论体系。此为时代赋予我们的学术使命！

---

① 参见孙晓楼：《法律教育》，北京，中国政法大学出版社，1997，第11～37页。

② 参见龚祥瑞：《比较宪法与行政法》，北京，法律出版社，2003。

第二节　财政宪法学的体系构成

诚如邓正来所说："对于社会科学知识的批判，在脱离对社会科学知识生产机器的反思和批判的情况下，完全有可能使我们无法有效地洞见社会科学知识生产的过程，乃至这种知识的性质。"[①] 在当今中国，法学的知识根基（"安身立命之本"）为何？这是一个无法回避的尖锐问题。邓正来先生进而追问："中国法学向何处去？"这个看似过于宏大的问题，其实质涉及中国法学者在学术上的自我定位，以及社会职能上的责任担当，需吾辈财政宪法学人深入思考。具体言之，"财政宪法学为何"或者"财政宪法学向何处去"等问题，主要涉及"财政宪法学的研究方法"、"财政宪法学的学术使命"，以及"中国财政宪法学的体系构成"等。对于后者，王世涛教授认为："我国财政宪法学体系的形成，应当兼顾逻辑的周延性及理论的实用性，既要满足学科体系自足自洽的要求，又要具有开放性和包容性；既要在智识上能够自我证成，又要在现实中可以践行。因此，财政宪法学的体系可以分为法理分析篇、历史分析篇、比较分析篇、规范分析篇、实证分析篇。其中价值论与范畴论可包含于法理分析篇部分。"[②] 无疑，这一见解极为深刻而富有洞察力。但是，鉴于精力所限，笔者谨将财政宪法学体系划分为两个部分，此即"财政宪法哲学"与"财政宪法释义学"。

诚如舒国滢所言，在西方法学界，法哲学与法教义学、法释义学往往具有不同的内涵——"（法哲学问题）大体上可以简化为两个最基本的问题：（1）什么是'正确法'（正义）？（2）我们如何才能认识并实现'正确法'？这两个问题共同构成法哲学的任务。""法教义学，又称'教义学法学'，是研究某一特定法律体系或子体系的实在法理论。"[③] 财政宪法学在体系上由两个部分构成，即"财政宪法哲学"与"财政宪法释义学"：前者主要探讨"我们如何认识财政宪法"等问题，具体包括"人性论"、"价值论"与"范畴论"等内容，由此我们可以了解财政宪法的重要价值与财

---

① 邓正来：《研究与反思——关于中国社会科学自主性的思考》，北京，中国政法大学出版社，2004，第3页。

② 王世涛：《财政宪法学研究》，北京，法律出版社，2012，第27页。

③ 舒国滢：《法哲学：立场与方法》，北京，北京大学出版社，2010，第4页。

政宪法学的立论基础、分析视角；后者主要分析财政宪法规范及其制度体系，由此我们可以了解财政宪法的规范内涵、适用方式及实施路径，等等。

一、财政宪法哲学：财政宪法学之基础理论

（一）人性论：物质依赖性与社会伦理性、认知局限性的辩证统一

当代德国法哲学家汉斯·阿尔伯特认为，任何科学的命题都可能会遇到“为什么”的无穷追问，直至无穷地递归，或者在相互支持的论点之间循环论证，或者以某个“教义”或者“信条”终结追问。对此，阿尔伯特概括为“明希豪森困境”①。“明希豪森困境”是自然科学与人文社会科学均无法回避的问题，但是不同学科的回应方法则有所不同。一般而言，自然科学的研究方法以客观性、实证性、精确性为其主导原则，以实验为其主要形式，此盖其研究对象多为不具有生命特征之物质世界，或者不具有高级智慧之动植物，故而实验的结果往往具有可重复性。但是，人文社会科学不同，其研究对象往往为“人”或者“人之行为”、“人之群体”，因人类个体及群体深具“能动性”之特征，故而其发展规律难以用实验方法加以把握。当然，在西方学界，人文科学与社会科学在研究方法上尚存区别，他们认为社会科学偏重于从自然科学中移植的实证方法，旨在通过对于社会的实证研究改进社会管理，其客观性比较强；而人文科学则偏重于“理解”方法，旨在通过内心的体验把握过去的生命与精神，建构一种价值观念来满足自身与人类的精神需求，具有较强的主观色彩。② 笔者以为，自近代以来的法学学科，不论是以解释方法为“安身立命之本”的“法释义学（法解释学）”，还是以“良法”为目标的“立法科学”，如欲超越“明希豪森困境”，均须建构于“人性论”的理论基石之上。③ 如此，

① 转引自舒国滢：《走出“明希豪森困境”（代译序）》，载〔德〕罗伯特·阿列克西著、舒国滢译：《法律论证理论——作为法律证立理论的理性论辩理论》，北京，中国法制出版社，2002，第1～2页。

② 参见欧阳康：《社会认识论》，昆明，云南人民出版社，2002，第189～190页；洪汉鼎：《诠释学——它的历史和当代发展》，北京，人民出版社，2001，第24页。

③ “人性论”在中国曾经长期被称为“资产阶级人性论”，此观点以姚文元的论著为典型（参见姚文元：《批判巴人的“人性论”》，载《读书》，1960（4））。当时的核心论点在于：“阶级社会中只存在不同阶级的阶级性而不存在共同的人性”（参见张云勉：《对人性的一点看法》，载《国内哲学动态》，1979（10））。其实，“阶级性”与“人性”之区别，无非理论抽象的程度、视角及目的有所不同而已。

"法解释学"方可在文义分歧时有其价值归宿,"立法科学"亦可在制度建构上有其"理想图景",法学研究者则可借此心存谨慎、勤勉之意,不致对现时法学理论及宪法制度有过于武断、绝对之判论。此为"人性论"在法学上的意义之所在。事实上,"人性"极为复杂,"人性论"则极为冗繁,与财政宪法学相关之"人性",主要为"物质依赖性"、"社会伦理性"及"认知局限性"等三者。

第一,人的物质依赖性。物质资料是一切个人与社会组织之存在与发展的前提条件。正如恩格斯所说:"马克思发现了人类历史的发展规律,即历来为繁茂芜杂的意识形态所掩盖着的一个简单事实:人们首先必须吃、喝、住、穿,然后才能从事政治、科学、艺术、宗教等等;所以,直接的物质的生活资料的生产,因而一个民族或一个时代的一定的经济发展阶段,便构成为基础,人们的国家制度、法的观点、艺术以至宗教观念,就是从这个基础上发展起来的,因而,也必须由这个基础来解释,而不是像过去那样做得相反。"① 国家机关及其成员的生存与发展需要依赖于一定的物质条件,而且国家权力活动本身也无时无刻不在消耗一定的经济资源。马克思所发现的这个简单真理,即"人类对于物质的依赖性",乃是财政宪法学的逻辑起点——国家与个人及其他社会机构一样,也无法摆脱对于物质财富的依赖性,而国家的物质基础就是财政。正是这一简单现实决定了财政对于国家宪政体制的决定性作用。此外,由于人类个体对于物质资料的依赖性,其追求经济利益的最大化乃是一种固有的社会倾向(或者说这就是"人性"),这一方面可以成为社会经济发展的内在动力,另一方面则会诱导人们为自身牟取各种"不正当利益"。因此,法律制度的发展与完善不仅应该适应、满足这种人性的要求,使制度朝着有利于社会、经济进步的方向发展,而且必须充分考虑人性之"恶",特别是需要通过立宪制度之完善,设置完备的权力制约机制,以防公共权力的行使者滥用公共权力牟取不正当个体私利。宪政制度之正当性与必要性,正是它深刻地奠基于这种"人性"基础。

第二,人的社会伦理性。"人"并非单纯之物质存在,而是有着崇高社会价值、拥有道德良知的社会主体;"人"的此种社会伦理性不仅确立了"人性尊严"作为宪法最高价值之地位,而且决定财政立宪的可能性。

① 恩格斯:《卡尔·马克思的葬礼》,《马克思恩格斯全集》第19卷,北京,人民出版社,1961,第374～375页。

"人性尊严"为宪法制度的最高价值形态，此为人的社会伦理性之直接体现。如前揭所言，每一个人类个体均具有物质依赖性，政府等组织因而具有对于财政的依赖性。因而，人类为了物质利益而展开斗争与合作，实为诸种社会活动的内在动力，制宪者须尊重此种"人性"之存在并予以妥适之应对，否则其制度构建理想何异于"镜中花、水中月"？但是，倘若制宪者完全迁就此种"人性"并听任其恶性膨胀，放任强者肆意宰制社会、盘剥弱者，或者无视社会弱者之生存困境而听其自生自灭，则其所建构的宪法制度又将面临合法性之严重质疑。是故，1945 年《联合国宪章》庄严宣布要捍卫"人之人格尊严与价值"，战后《德国基本法》第 1 条即明示"人性尊严不可侵犯，尊重及保护此项尊严为所有国家机关之义务"；"德意志人民承认不可侵犯与不可让与之人权，为一切人类社会以及世界和平与正义之基础"；"下列基本权利拘束立法、行政及司法而为直接有效之权利"。德国联邦宪法法院由此认定"人性尊严"为基本权利体系的最高价值，《德国基本法》第 1 条第 1 款为法秩序的"最高结构原则"、"国家根本规范"及"所有基本权利的根基"[①]。德国等西方国家之所以确立"人性尊严"为宪法最高价值，固然与其宗教背景、历史教训紧密相关，但是这并不妨碍"人性尊严"之作为一种立宪理念成为中国宪法之最高价值。事实上，"人的自由全面发展是马克思的崇高理想，也是他价值观的核心"[②]；故而宪法上的"人性尊严"原则与中国当前奉行的马克思主义等意识形态并无冲突。如郭春镇所言："中国的'人权条款'为解决由于中国法律中'人'的形像'跨越式发展'而带来的问题提供了规范依据，《宪法》的解释者和适用者可以借助于解释技术对于该条款进行开放性解读，以维护法律的稳定和权威，保障人性尊严，满足时代变迁的要求。"[③] 2004 年修宪后"人权条款"之入宪，展示了中国最高国家权力机关承认"凡'人'皆得作为权利主体（无论其出生、地位及职业等因素）"的宪法决断意志。

然则，"人性尊严"原则虽然奠立了财政立宪主义的价值基础，但是以"理性人"、"经济人"作为"理论前设"的财政立宪主义理论如何实现其可能妨害"经济人"实现其自身利益的立宪主张？此为传统财政立宪主

---

① 李忠夏：《人性尊严的宪法保护——德国的路径》，载《学习与探索》，2011（4）。

② 陈刚：《马克思人的全面自由发展观及其当代意义》，载《江苏社会科学》，2005（6）。

③ 郭春镇：《法律中"人"的形像变迁与"人权条款"之功能》，载《学术月刊》，2010（3）。

义理论（如“宪政经济学”理论）难以回避之“悖论”——布坎南等宪政经济学学者将其“财政立宪”的原理奠基于“公共选择”中的“经济人”假设，以人的“自利性”作为理论展开的逻辑起点。但是，财政立宪活动本身乃是针对国家机构的财政权力本身，那么这种近乎政府之“自我革命”的“财政立宪”又如何可能？在以“民主社会”相标榜的西方国家，经济学学者试图通过引入“帕累托最优效率”或“一致同意”规则论证财政立宪的可能性，而政治学学者（如罗尔斯）则试图以虚构的“无知之幕”来设定宪制改革的方案。但事实上，即使吾等承认确实存在符合“帕累托最优效率”或“人民一致同意”原则的宪政改革方案，这种方案从提出、推广到成为共识也需要一个无比漫长的过程，期间甚至还需要支付高昂的成本。如此，财政立宪主义的实现亦将变得遥遥无期。布坎南曾经深刻地指出：“为这种宪法—制度变革建立模型比较容易，因为这等于说充当上帝进行游戏很容易。学术界的科学家和学者如果想象自己掌握了革命的权力，他有可能情不自禁地要担当这种角色。在这个梦幻世界里，科学家和学者能够提出他们理想化的宪政变革的建议，同时仍然披着继续与同胞对话的参与者的外衣。”“我们切不可抱有幻想，不作出自觉的创新努力，立宪革命就会以革命的方式自动发生。”要实现“立宪革命”，“第一步就是对诊断结果取得一定程度的学术共识。”[①] 其实，布坎南将“学术共识”作为财政立宪运动之“先导”，还没有真正揭示其中的深层机理——学者显然并非财政立宪运动的“适格主体”，他们所勾画的“财政立宪主义理想图景”往往会沦为“象牙塔内”的“自说自话”，除非此种“学术共识”能够通过“人”所共有的“道德良知”而促进“人民”的“政治共识”之形成，甚至使“既得利益者”（从功能意义上看人人都是立宪制度的“既得利益者”，其区别不过在于“既得利益”之多寡而已）克服一己之私念，主动或被动地走入正义认知的“无知之幕”，迎接“财政立宪时刻”的到来。在此，中国先贤孟子的一段名言或许可谓财政立宪运动之注脚：“恻隐之心，人皆有之；羞恶之心，人皆有之；恭敬之心，人皆有之；是非之心，人皆有之。恻隐之心，仁也；羞恶之心，义也；恭敬之心，礼也；是非之心，智也。仁义礼智，非由外铄我也，我固有之也，

① 〔澳〕布伦南、〔美〕布坎南著、冯克利等译：《宪政经济学》，北京，中国社会科学出版社，2004，第153页，第168页。

弗思耳矣。”[①] 然则，以个人道德良知的微弱力量，如何能够有效地克制“人”因物质依赖性所带来的“自利”本性？故而，财政立宪主义运动的实际发生，或者是随着社会抗争运动的兴起并形成政治力量之均衡所致，或者是各个利益阶层反复博弈、最终达成“互利共赢”的妥协而成。果其如此，则“财政立宪”运动的发展前景依然不容乐观。

第三，人的认知局限性。近代立宪主义制度体系之形成，在一定程度上乃是理性主义哲学思潮催生之结果；但是，近代理性主义哲学或曾质疑“人”的道德品性，却不愿置疑“人”的理性认知能力，因而在宪法制度建构上陷入“绝对建构论”、“历史终结论”的理论困境，在实质上反而可能会催生出一种“绝对权力”的制度体系。其实，恩格斯早就深刻地指出：“在法国为行将到来的革命启发过人们头脑的那些伟大人物，本身都是非常革命的。他们不承认任何外界的权威，不管这种权威是什么样的。宗教、自然观、社会、国家制度，一切都受到了最无情的批判；一切都必须在理性的法庭面前为自己的存在作辩护或者放弃存在的权利。思维者的知性成了衡量一切的唯一尺度。”但是，“18 世纪伟大的思想家们，也同他们的一切先驱者一样，没有能够超出他们自己的时代使他们受到的限制。”[②] 长期以来，这段论述仅仅被视为恩格斯对于欧洲近代启蒙思潮的批判性言论，恩格斯在此对唯理主义哲学思潮的尖锐质疑，却往往被有意或无意地忽略。殊不知，苏联等社会主义国家的制宪者们缺乏对自身理性的足够谨慎与反省，同样没有能够超出他们自己的时代所给予他们的限制，最终走上了一条“建构性唯理主义”的“不归之路”。

哈耶克曾经深刻地指出：在我们生存的这个时代，科学与政治上的分歧最终都源于两种思想流派在某些哲学观念上的分歧，这两个思想流派就是“进化论的理性主义”与“建构论的唯理主义”，后者植根于一种根深蒂固的原始思想倾向之中，即将现象界发现的一切常规性都设想为人的心智设计的结果。唯理主义的思想倾向虽然古已有之，却是从 17、18 世纪以后才得到全面的阐述，其基本理念由 17 世纪的著名哲学家笛卡尔所确立。笛卡尔强调以理性的态度怀疑一切，任何不能以逻辑的方式从“清晰且独特的”明确前提推导出来、无可置疑的命题都不是真实的命题。因此，“理性的行动也就仅仅意指那些完全由已知且可证明为已知的东西所

---

① 《孟子·告子上》。

② 《马克思恩格斯选集》第 3 卷，北京，人民出版社，1995，第 719～720 页。

决定的行动”，也只有这样的理性行动才能取得成功。根据这种唯理主义的认识进路，“道德观念、宗教和法律、语言和书写、货币和市场，都被认为是由某人可以思考而建构出来的；至少它们所具有的各种程度的完备形式被认为是经由某人刻意思考出来的。”[①] 这种观点所隐含之理论前设，在于假定“人”具有完全认识和把握周遭环境的能力。哈耶克指出，这种假设的理论前提本身就是一个错误的命题，任何个人都无法摆脱其认识能力的局限性，人们在“知识上的构成性局限（constitutional limitations）实是他们不可能经由理性而建构社会整体的一个永恒的障碍”[②]。作为一个整体，人类社会的存续和发展并不受制于任何特定的目的，也不可能完全受制于任何特定的社会组织，任何由个人组成的政府都无法以某种特定的目的来型构这个复杂多元、“自生自发”的人类社会。哈耶克尖锐地提出：“集体主义思想的悲剧在于：它把理性推到至高无上的地位，却以毁灭理性而告终，因为它误解了理性成长所依据的那个过程。我们的确可以这样说，正是一切集体主义的谬论对‘自觉的’控制或‘自觉的’计划的要求，才必然会导致这样一种要求，即某个人的思想应支配一切——虽然只有对社会现象作个人主义式的探讨才会使我们认识到那些指导理性成长的超个人的力量。”[③] 哈耶克在此对“集体主义思想”的指控，或许带有一定的个人“偏见”。实际上，恩格斯等人在19世纪就已经阐明个人思维能力的“非至上性”——1876年，为了彻底批判杜林的“永恒真理观”和“永恒道德观”，恩格斯撰文指出：“人的思维是至上的，同样又是不至上的，它的认识能力是无限的，同样又是有限的。按它的本性、使命、可能和历史的终极目的来说，是至上的和无限的；按它的个别实现情况和每次的现实来说，又是不至上的和有限的。”[④] 即便如此，苏联所建立的传统社会主义制度模式依然可以说明：绝对论的“唯理主义”及其政治理论似乎拥有终结人类继续探究真理之努力的“致命魅力”，从而会催生出绝对权力的宪法制度体系；相反，以“有限理性”的“人性观”为立论基石的“宪法释义学”及“立宪科学”方可成为现代国家财政立宪制度之理论

① 〔英〕弗里德利希·冯·哈耶克著、邓正来等译：《法律、立法与自由》（第一卷），北京，中国大百科全书出版社，2000，第4～5页。

② 〔英〕弗里德利希·冯·哈耶克著、邓正来等译：《法律、立法与自由》（第一卷），北京，中国大百科全书出版社，2000，第4～5页。

③ 〔英〕弗雷德里希·奥古斯特·冯·哈耶克著、王明毅、冯兴元等译：《通往奴役之路》，北京，中国社会科学出版社，1997，第157～158页。

④ 《马克思恩格斯选集》第4卷，北京，人民出版社，1995，第669页。

基础，此为20世纪世界各国财政立宪实践弥足珍贵的经验教训。

（二）价值论：自由权与社会权的冲突与协调

宪法价值是宪法所具有的满足人类个体和群体与政治国家之需要的客观属性，也是指宪法基于其法律属性发挥其功能和作用的一种理想状态。宪法的产生是人类社会发展的政治成果，也是人类社会内在的需求所在。宪法的某些价值属性，在宪政历史实践中凝结为一些较为稳定的价值形态，积淀于各国的宪法文化之中，体现在各国宪法的文本与规范之内，成为宪法与宪政实践发展、完善的灵魂与动力。如前揭所言，“人性尊严”为现代宪法的最高价值。[①] 在规范意义上，以“基本权利”为表现形态的“基本人权”，则是内化于宪法规范体系中最为重要的价值形态，它在财政宪法上即体现为“纳税人基本权”。财政宪法学立足于财政的视角分析宪法的价值、价值形态及其规范基础等重大理论问题，从而使宪法学能够更加深入解释宪法价值形成的原因，更加贴近现实的需要，更能为宪政实践提供良好的理论指引。在此，我们可以从财政宪法学的角度探讨基本权利保障机制中的价值统一与价值冲突。

从逻辑学上言，分类是根据事物的本质属性或显著特征将对象分为若干个类，使每个类相对于其他类都具有确定的地位；分类的根据越是接近事物的本质属性，分类的价值越大。“分类则是人们关于某些对象的知识的系统化，这种系统化被固定于每门科学之中，而且在科学发展的相当长时期中都起作用。”[②] 基本权利的“类型化”，我国宪法学者又称之为“基本权利的分类”，因其涉及基本权利形态之间在法理内涵与保护方式上的差异，对于基本权利理论的发展至为关键，一向为中外宪法学者所重视。据学者总结，当前基本权利的分类方法主要有“二分法”、“三分法”、“四分法”、“六分法”、“七分法”、“九分法”等多种分类方法。[③] 一般而言，基本权利乃人民针对国家所享有之宪法权利，基本权利之实现端赖于国家之作用；故而在传统上，以国家作用方式主要为“消极形态”还是“积极形态”作为区分标准，可以将基本权利区分为“自由权”与“社会权”。

---

① “人性尊严”是否是一项内含请求权功能的基本权利，还是仅得为已经内化于基本权利规范的最高价值准则，其保护范围究竟为何，等等，对于这些，德国联邦宪法法院迄今未有定论。参见李忠夏：《人性尊严的宪法保护——德国的路径》，载《学习与探索》，2011（4）。

② 吴家国等编：《普通逻辑》，129页，上海，上海人民出版社，1993。

③ 参见韩大元、胡锦光主编：《宪法教学参考书》，北京，中国人民大学出版社，2003，第302～304页。

最早对于公法权利体系进行体系化建构者，首推德国著名公法学家耶利内克，他在《主观公法权利体系》一书中明确指出："主观公法权利仅由那些直接建立在法律身份上的请求权构成。""被动地位、消极地位、积极地位、主动地位这四种地位穷尽了个人在国家中的成员地位。向国家履行义务、排除国家干预、对国家的请求权、为国家实施行为是理解个人公法地位的着眼点。这四种地位构成了一条上升的阶梯。首先，个人顺从地向国家履行义务而表现得毫无个人人格；其后，个人被赋予一个自主的、排除国家的领域；最终，个人意志得以参与国家统治权的行使，个人甚至被承认为国家统治权力的承担者。"① 其实，正如王泽鉴先生所说："请求权乃是要求特定人为特定行为（作为、不作为）的权利，在权利体系中居于枢纽的地位，因为任何权利，为发挥其功能，或回复不受侵害的圆满状态，均需借助于请求权的行使。""请求权乃权利的表现，而非与权利同属一物，此点于债权及其请求权最需明辨。"② 换而言之，"权利指享受特定利益，法律所赋予之力"；"请求权可谓是权利作用的枢纽"③。可见，"请求权"乃是一种权利作用的集中体现，而非"权利"本身。故而，耶利内克的理论还存在诸多值得质疑之处，然则他"将人民与国家之间关系，所作的概念上身份区分，迄今仍有其合理功能与实用价值"，进而"彰显出国家与人民之间关系的基本构造"④。实际上，这一理论对于后世学者进行基本权利的类型化研究提供了重要的参考。耶利内克所说的个人在公法上之"积极地位"，乃是个人请求司法机关或行政机关予以保护的地位，其所体现者乃是传统的"自由权"及其请求国家保护的"诉权"等权利，而非具有积极权利意义的"社会权"。但是，或许正是在耶利内克的启发之下，"自由权"、"社会权"的基本权利"二元体系"理论得以形成——传统的"自由权"包括生命健康权、人身自由权、财产权、经营自由权等，在公法意义上其实现端赖于政府之消极尊重，主要属于"消极权利"；而新兴的"社会权"则包括劳动权、生存权、请愿权等，其在公法上之实现有赖于政府的积极保护，故而属于典型的"积极权利"。

然则，正如美国学者桑斯坦所言："权利依赖于政府，这必然带来一

① 〔德〕格奥格·耶利内克著，曾韬、赵天书译：《主观公法权利体系》，北京，中国政法大学出版社，2012，第78页，第79页。

② 王泽鉴：《民法概要》，北京，中国政法大学出版社，2003，第41页。

③ 王泽鉴：《法律思维与民法实例》，北京，中国政法大学出版社，2001，第63～64页。

④ 李建良：《宪法理论与实践（三）》，台北，学林文化事业有限公司，2004，第41页。

个逻辑上的后果：权利需要钱，没有公共资助和公共支持，权利就不能获得保护和实施。旧的权利与新的权利、以前美国人的权利与富兰克林·德拉诺·罗斯福新政以后美国人的权利都是这样。福利权和私有财产权都有公共成本。契约自由权的公共成本不比卫生保健权的少，言论自由权的公共成本也不比体面的住宅权的少。所有的权利都需要公库的支持。"[①] 实际上，"自由权"虽然主要表现为公民排除国家干预的"防御权"，但是也包含着对于国家之积极保护义务之"受益权"，方可有效对抗私法秩序中之其他主体，在诉讼等公法程序中方可获取有效之保障；否则，此种"自由权"将形同虚设。而另一方面，社会权等"积极权利"亦当然包含有对抗国家公权力机构恣意侵入的"防御权"功能，譬如国家征收所得税等课征税收的权力不得侵害纳税人的"生存权"，此即"社会权"在宪法上"防御权功能"之体现。此外，为了保护纳税人的"自由权"与"社会权"，则公民参与公权力实施过程的程序性权利及请求救济的权利必须受到严格保护。如此，我们可以将纳税人的基本权利的功能概括为"防御权"与"受益权"，而将其形态区分为三种类型，此即"自由权"、"社会权"与"参与权"。对此，笔者将在后文中再作详细解读。

学者李步云指出：现代法治国家的"权利"是"应有权利"、"法定权利"和"实有权利"三者的统一。[②] 近现代世界各国的宪政实践证明，人权保障的关键在于建立一个有限、有效的政府——这个政府必须是有效的，它才能切实履行各项职责，保障公民的各项基本权利；这个政府也必须是有限的，它才能避免滥用权力而侵犯公民的基本人权。要建立一个有效的政府，就必须建构一种合理的财政体制，以维续警察、监狱等政府机构的运作，否则，公民的人身自由等自由权利都无法得到基本的保障。而要克服政府滥用权力的倾向，首先就必须控制政府的财政开支，因为政府的存续与运作都有赖于财政提供的资财；控制了政府的财政收支，也就是扼住了政府权力机制的"咽喉"。至于近现代以来基本权利体系中新增的权利形态，如生存权、发展权，等等，其保障必须有政府的积极干预，那就更离不开公共财政及其宪政制度的支撑。正如马克思所说，"权利永远不能超出社会的经济结构以及由经济结构所制约的社会的文化发展。"[③]

---

① 〔美〕史蒂芬·霍尔姆斯、凯斯·R·桑斯坦著、毕竟悦译：《权利的成本——为什么自由依赖于税》，北京，北京大学出版社，2004，第3页。

② 参见李步云：《走向法治》，长沙，湖南人民出版社，1998，第425页。

③ 《马克思恩格斯选集》第3卷，北京，人民出版社，1972，第12页。

从基本权利保障的物质基础即财政的角度出发分析与研究权利问题，我们不难发现，尽管自由权与社会权均具有共同的宪法基础即“人性尊严”，但是二者之间亦潜存“价值冲突”：过于强调“自由权”如“财产权”的宪法保障，势必削弱政府财政能力和对于“社会权”如“生存权”的保护；片面侧重对于“社会权”如“社会保障权”的宪法保护，则势必加重公民税负而损及纳税人的财产权等自由权。唯有于公共财政之理论视角，把握基本权利均衡保护的“宪政之道”，方可对于基本权利保护问题形成切合实际的理论观点，使宪法上“尊重与保障人权”的价值理念不致产生“顾此失彼”之效果。

（三）范畴论：国家财政权与纳税人基本权的对峙与互动

学者张文显认为：“范畴及其体系是人类在一定历史阶段理论思维发展水平的指示器，也是各门科学成熟程度的标志。”① 李龙、周叶中更是明确提出：“任何一门学科体系的构成主要决定于两大要素：一是基本范畴；二是基本范畴间的逻辑联系。因此，研究宪法学的基本范畴是推动宪法学基础理论研究，进而重构宪法学理论体系的关键。”② 但是对于范畴的研究又不仅仅局限于对范畴的语义分析。范畴来源于对一般原理的抽象与提炼，而且唯有在科学理论之上，才能建立科学的范畴体系。财政宪法学的基本范畴应该揭示财政立宪主义的一般原理，也应该反映宪法学学科的基本特征。宪法作为调整国家与公民关系的根本大法，“财政国家”与“纳税人”构成财政宪法学上的一对“宪法主体”。而“国家财政税收权”与“纳税人基本权利”则作为财政宪法学上的基石范畴，构成财政宪法学范畴体系的第一层次。国家财政税收权是一个复杂的构成体系，它主要包括国家的税权、代议机关的预算批准权、审计监督权、财政部的预算编制权与财政监督权、各个国家机关的财政支出权，等等。纳税人基本权也是一个复杂的体系，它主要包括纳税人的自由权、社会权、请愿权、平等权等。这样，由国家财政税收权与纳税人基本权利为基点，就会延伸出一个不同层次与级别的范畴体系。对此，笔者将在后文中详加论述。

宪法是上层建筑的一部分，它最终决定于社会的经济基础。我国传统宪法学主要是从生产资料所有制的角度界定宪法的本源。近年来，也有学

---

① 张文显：《法哲学基本范畴研究》，北京，中国政法大学出版社，2001，第1页。
② 李龙、周叶中：《宪法学基本范畴简论》，载《中国法学》，1996（6）。

者力图从商品经济对宪法的内在需要的角度来探讨宪法的本源问题。从财政宪法学的理论视角来看，近现代宪法制度的产生和发展，正是国家财政税收权与纳税人基本权利互动之结果：其一，中世纪时期形成的私有财产权制度构成近现代宪政制度之历史前提。欧洲封建时代，封建领主所取得的私有财产权已经不再是古罗马法意义上的单纯的私权，而是可以对抗君主的财政权的政治权力（权利），这种权力（权利）形成一种限制国家权力的宪政传统，成为近代宪法的重要历史渊源。从这种视角来看，秦汉以后古典封建制度的迅速衰落，乃是中国缺乏宪政根基的重要原因。其二，现代社会发达的商品经济构成近现代宪政制度之现实基础。商品经济体制之存续，以公民个人的营业自由、消费自由等自由权利为前提，加之西方基督教伦理，衍生出现代宪法的“人性尊严”原则，这种经济模式与伦理理念不仅有利于平等、自由、民主等宪法观念之发展与传播，而且更使社会财富形式在自由市场体制中发生转换，国家的财政来源亦因此而由原来的田赋收入转变为各项工商业税收。这样，当纳税人的权利意识觉醒之时，他们就会谋求积极推动宪政的发展进程，以宪法的形式保护自己的权利，特别是谋求限制国家权利保护自己的财产权利。即使是在现代市场经济条件下，政府虽然承担了更多的经济宏观调控职能，也不能频繁地干预微观经济的运行；否则，违背经济规律的所谓“国家干预”只会扰乱社会经济的运行秩序，阻碍社会经济效率的提高。因此，现代商品经济发展的运行规律强化了宪政秩序存续的正当性与合理性，从而也构成了现代宪法的经济本源。

二、财政宪法释义学：财政宪法学之基本形态

所谓“法释义学”或者“法教义学”，德国学者阿列克西（Robert Alexy）认为它是一个“多向度的学科”，它至少表现在：（1）对实定法的描述；（2）对实定法进行概括性与体系性之演绎；（3）拟定解决疑难法律个案的建议。第一种表现形态是一种描述—经验的向度；第二种是逻辑—分析的向度；第三种则是规范—实践的向度。在描述—经验的向度范围内，可以区分对法官审判实务的描述与预测以及对立法者实际意图的调查。逻辑—分析向度则包括对法律概念的分析以及对于各种不同规范与原则间逻辑关联的研究。至于规范—实践向度则是对于规范进行解释，对于某些新的规范与制度提出建议与赋予理由，或者对于法院裁判所发生的实践缺陷进行批判与提出相反的建议。法释义学具有稳定功能、进步功能、

减轻负担功能、技术功能、检验功能与启发功能，等等。[①] 不论学者对之作何界定，法释义学作为一种发端于古罗马法学的“法解释学”，其基本方法乃需要研究者以“历史素养”与“系统眼光”[②]，将分散于各部法典、判例与习惯、惯例中的法规范连成一个逻辑自洽的原理体系。基于此种理解，我国台湾地区学者颜厥安、黄俊杰等人将“宪法释义学”界定为“对特定有效宪法之体系性解释建构”[③]；其主要功能是，在宪法解释上“协助解释者确定条文之文义，避免解释者于面对抽象之宪法概念时，难以具体化”[④]。近年来，随着宪政理念在中国社会的普及，宪法权威逐渐得到政治精英与学界精英的推崇。但是，宪法学在传统法学体系中仍然被定位为理论法学而非实用法学（部门法学），难以支承宪法适用的时代课题。对此，林来梵提出：“中国宪法学者首先必须超越以宣传宪法精神、解说（而非解释）宪法内容的那种传统理论，而去探究更为本源的、更为形而上的、真正以宪法现象为研究对象的基础理论，才能超度出形而下世界的那种无常的苦海。”[⑤] “我们的时代呼吁宪法成为‘活法’，即不仅仅是治国安邦的总章程，而且应在维护公民基本权利的实践层面直接得以实现。这要求宪法学内部的调整，以发展出一种功能回应这一需求。窃以为，首担此重任者，非宪法解释学莫属。”[⑥] 由此而言，中国宪法释义学的理论构建，不仅事关中国社会主义宪政的前景，更是关系到中国宪法学能否回归传统法学，而不再“乞食”于政治学、社会学、经济学、科学社会主义等其他社会学科。然则，中国宪法学真的能够循着宪法释义学的研究路径，走出一条回归传统法学的“康庄大道”吗？

德国法学家拉伦茨认为：“法学”是指“以某个特定的，在历史中逐渐形成的法秩序为基础及界限，借以探求法律问题之答案的学问。”“假使法规范得以主张其具有规范性效力，那么不可避免要提出此效力主张的根

① 参见程明修：《行政法之行为与法律关系理论》，台北，新学林出版股份有限公司，2005，第10页，第19页。

② 〔德〕弗里德里希·卡尔·冯·萨维尼：《论立法与法学的当代使命》，北京，中国法制出版社，2001，第37页。

③ 颜厥安：《那日渐扩大的矛盾——代序》，载颜厥安：《宪邦异式：宪政法理学论文集》，台北，元照出版有限公司，2005。

④ 黄俊杰：《税捐基本权》，48页，台北，元照出版有限公司，2006。

⑤ 林来梵：《规范宪法的条件和宪法规范的变动》，载《法学研究》，1999（2）。

⑥ 林来梵：《所谓“围绕规范”——续谈方法论意义上的“规范宪法学”》，载《浙江学刊》，2005（4）。

据及界限何在的问题。对于这个问题，法学本身不能回答，因为法学总是由现存的法秩序及其情状中取得立足点。”① 但是，对于宪法学而言，宪法规范“由谁解释”及“如何解释”的问题，或者说，宪法规范具有何种效力、此效力主张的根据及界限何在等问题，却不能外在于宪法学而存在，因为：宪法解释本身的正当性或合法性是基于分权体制下释宪主体的宪法权限，故，不同的分权体制对于宪法解释方法或宪法适用技术的选择影响至深。宪法学者对于宪法文本中分权条款的理解不一，在缺乏权威解释的条件下，尤其会造成理论上的重大分歧——中国宪法释义学理论构建之艰难正在于此。而以财政宪法释义学为范例之部门宪法学的兴起，似乎为突破传统宪法释义学的逻辑困境提供了可能的发展路径。

（一）“悖论”或“矛盾”：中国宪法释义学构建的逻辑困境分析

“悖论是思维或理论中出现的一种似乎正反言说皆有理的现象，它困扰人的思维，有时甚至会有造成某种理论坍塌的危险。”② 中国宪法释义学之理论构建，当前也面临着这样一种逻辑上的“悖论”或者“矛盾”——我国《宪法》“序言”最后一段明确宣布：“本宪法以法律的形式确认了中国各族人民奋斗的成果，规定了国家的根本制度和根本任务，是国家的根本法，具有最高的法律效力。全国各族人民、一切国家机关和武装力量、各政党和各社会团体、各企业事业组织，都必须以宪法为根本的活动准则，并且负有维护宪法尊严、保证宪法实施的职责。”同时，《宪法》第 5 条明确规定：“中华人民共和国实行依法治国，建设社会主义法治国家。国家维护社会主义法制的统一和尊严。一切法律、行政法规和地方性法规都不得同宪法相抵触。一切国家机关和武装力量、各政党和各社会团体、各企业事业组织都必须遵守宪法和法律。一切违反宪法和法律的行为，必须予以追究。任何组织或者个人都不得有超越宪法和法律的特权。”由此而言，宪法条款之具有直接的法律效力，并无疑义。但是，《宪法》第 67 条第 1 款又规定全国人大常委会有权“解释宪法，监督宪法的实施”。本条中所规定的宪法解释权与宪法监督权之具有排他性，至少是权威性，应无疑义，但是这样一来，人民法院又如何有权适用宪法条款审理案件？如此，宪法释义学发展将陷入一个“难以自拔”的逻辑困境：宪

① 〔德〕卡尔·拉伦茨著、陈爱娥译：《法学方法论》，北京，商务印书馆，2003，第 19 页，第 74 页。

② 倪荫林：《关于悖论本质及其研究之应然方向的新见解》，载《自然辩证法研究》，2006（2）。

法明确规定它具有最高的法律效力，其他一切规范性法律文件均不得与之相抵触。继宪法文本之后，2000 年制定的《立法法》第 78 条也明确规定："宪法具有最高的法律效力，一切法律、行政法规、地方性法规、自治条例和单行条例、规章都不得同宪法相抵触。"由此而言，法院可以此为依据拒绝适用违宪之法律及其他规范性文件，似是当然之理。另一方面，宪法又规定全国人大常委会享有宪法监督权与宪法解释权，且在人民代表大会制度的体制之下，法院乃是由人大选举产生并对其负责，报告工作，如法院行使释宪权，不论其是否直接宣告拒绝适用某一法律规范，都可能被指责为"违宪"。于此前后悖逆的条款之中，财政宪法之释义学研究，究竟该采取何种诠释的路径方具有完全的正当性？这个问题并非可以"其义自明"，而是引起了宪法学者持续不断的争论。

王磊认为："宪法的适用是指国家司法机关根据法定职权和法定程序，应用宪法处理具体案件的专门活动。一般将这种活动称为'司法审查'或'违宪审查'。"而"全国人大或全国人大常委会的这种监督权属于立法上的监督权，立法权一般不涉及具体个案，不属于宪法的适用，更不能以立法上的监督来代替私法上的适用，况且立法监督也代替不了司法适用。"[①]王禹更是从"宪法具有最高法律效力"的命题出发，提出宪法当然可以直接适用于公法案件与私法案件。[②]与此截然对立的是，童之伟教授与刘松山教授提出要严格界定"宪法的适用"，并将人民法院排除在宪法适用权主体的范围之外。他们认为："宪法的适用，是指适格的宪法关系主体依照宪定职权范围和宪定方式把宪法规范的一般规定应用于处理国家政治、经济和社会生活等方面的具体事务或事项的活动。""许多人、许多年来一再地脱离中国现行的宪法架构，强求没有适用宪法的主体资格的法院去违宪越权适用宪法。这种做法不仅注定毫无成效，还造成时间、机会等宝贵资源的浪费，还给人们带来了对宪法适用主体和宪法适用基本方式的认识的混乱、模糊等问题。在现行宪法架构下，全国人大及其常委会是适用宪法的主要机关，国务院、国家主席和中央军委在行使职权的过程中，有时也有权适用宪法，但法院和检察院现阶段缺乏适用宪法的可能权力能力。法院判决书引用宪法与法院适用宪法完全是两码事。促使全国人大及其常

① 王磊：《宪法的司法化》，北京，中国政法大学出版社，2000，第 19 页。

② 参见王禹编著：《中国宪法司法化：案例评析》，北京，北京大学出版社，2005，第 4 页。

委会充分适用宪法，同时发挥法院以及其他有关宪法关系主体在协助全国人大及其常委会监督宪法实施中的作用，才是实现民主宪政的根本途径。中国的政治家、社会活动家和包括法学家在内的学者们需要学会离开司法机关来思考和推进中国的宪法适用。”①

由上所言，中国宪法学界对于宪法解释与适用的有权主体显然尚未达成一致意见，1999年普通司法机关援引宪法条款审理的“齐玉苓案件”也引起了广泛的争议。司法机关审理普通案件究竟是否可以适用宪法条款，如何适用宪法条款？各种学说观点都自称以宪法文本为依据而各执一端，争论不休！再者，现当代中国宪法学在寻求理论证立路径上，逐渐形成了（几乎）完全依赖西方法学资源的现状。然而欧美诸国的宪法解释原理本身也因其国别背景、尤其是因为其分权体制的差异而有所不同，其宪法释义学方法及原理是否真的具有普适性？是否能够真正对应于中国社会的问题情境？如果其方法与原理不能被当做“当然的前提”而予以尊重，中国的法学家们又该从何处寻求有效的理论支持呢？德国宪法学者 Christian Starck 指出：“透过宪法法院审判权开创的宪法的理性化经由学术而增强。由于学术不建造空中楼阁，并且抑制了概念的僵化与吹毛求疵的混乱，因此学术从宪法法院审判权中获利。宪法学之主要任务在于，法释义学式地探讨宪法法院之裁判并且指出可能发生的矛盾。裁判愈多，对于有拘束力的宪法依据合乎科学的论理之思想内容的需求就愈大。”② 宪法释义学之发达，权威释宪机关的宪法解释活动乃是学术研究最为重要的发展动力。由于缺乏全国人大常委会的权威解释，司法机关的释宪权又面临诸多质疑，因而，不论是具有实证主义倾向的原旨解释观还是具有实用主义倾向的主观解释论，似乎均难以逾越“自说自话”的“逻辑困境”，无法以司法释宪为基点构建“经世致用”的宪法释义学体系。

（二）从“立宪科学”到“宪法释义学”：财政宪法学发展的学术路径

我国素有马克思主义理论的学术传统，马克思有关“经济决定论”的思想对于理论界影响至深；尤其是马克思对于“人的物质依赖性”的论断，从中可以推演出“政府对于财政的依赖性”及“财税问题乃是政府与

① 童之伟、刘松山：《论社会转型时期的宪法适用》，载《中国法学会宪法学研究会2007年年会论文集》，2007年10月。

② 〔德〕Christian Starck 著、杨子慧译：《权力分立与宪法法院审判权》，载《辅仁法学》，第三十三期。

人民矛盾之源”的结论，引起了宪法学者对于财税问题的关注。[①] 特别是受我国台湾地区葛克昌等学者的影响，财政宪法研究在近年来蔚然成风，俨然已经成为宪法学理论的新兴领域。[②] 从时间上看，财政宪法问题引起法学界的关注，大体上始于21世纪的最初几年。张守文在《财政危机中的宪政问题》一文中明确提出，“宪法的缺失”是造成中国现阶段财政危机的一个重要的法律原因，认为“财税法制要体现宪法精神，形成宪政秩序”，才能形成良好的公共经济秩序。[③] 王怡在《立宪政体中的赋税问题》中提出：“当前的财政危机导致对源自民间的赋税的依赖性增强，从而凸现出赋税合法性的危机。解决这一危机的方向是继续沿着财产权入宪的思路，确立‘税收法定’的宪政主义的赋税模式。”[④] 刘剑文主编的《财税法论丛》中发表了许多相关的论文，如焦建国的《法律运营财政——日本的财政民主主义与立宪财政制度》[⑤]，翟继光的《税收立宪的理论与实践问题》[⑥]，吕中梅、赵立新的《税收的宪政之维》、姚来燕的《论财政民主》、丁一的《宪政下我国纳税人权利保护机制之设计》[⑦]，等等。刘剑文明确提出：“在现代国家，人民与国家的基本关系就是税收关系，税收牵涉到人民的基本财产权与自由权，不得不加以宪法约束。”他还提出税收立宪的基本事项主要是在宪法文本内确立“税收法定原则”、“税收公平原则”

---

① 马克思曾经指出：“使查理一世上了断头台的英国革命就是从拒绝纳税开始的。以宣布北美脱离英国而独立告终的北美革命也是从拒绝纳税开始。拒绝纳税在普鲁士也可能是非常不愉快的事件的先兆。但是，使查理一世上了断头台的并不是约翰·汉普敦，而是他自己的顽固不化，他对封建等级的依赖性，他想用强力压制新生社会不可抗拒的需要的狂妄想法。拒绝纳税只是国王与人民之间分裂的标志，只是政府和人民之间的冲突已经达到紧张而危险的程度的证明。并不是拒绝纳税引起了分裂和冲突——它只是证明了分裂和冲突的存在。在最严重的情况下，它将导致推翻现存政府，推翻现存政治制度。但这根本不会触及社会基础。因此，在当前的情况下，拒绝纳税正是社会对于威胁其基础的政府所采取的一种自卫手段。”参见《马克思恩格斯全集》（第六卷），北京，人民出版社，1961，第304页。

② 台湾大学教授葛克昌的两本著作对大陆财政宪法之法学研究深具影响力。参见葛克昌：《税法基本问题——财政宪法篇》，台北，月旦出版社股份有限公司，1996；葛克昌：《国家学与国家法——社会国、租税国与法治国理念》，台北，月旦出版社股份有限公司，1996。

③ 参见张守文：《财政危机中的宪政问题》，载《法学》，2003（9）。

④ 王怡：《立宪政体中的赋税问题》，载《法学研究》，2004（5）。

⑤ 参见刘剑文主编：《财税法论丛》第1卷，北京，法律出版社，2002，第441～464页。

⑥ 参见刘剑文主编：《财税法论丛》第3卷，北京，法律出版社，2004，第1～21页。

⑦ 参见刘剑文主编：《财税法论丛》第5卷，北京，法律出版社，2004。

及“征税权的划分”[①]。此外，李龙与朱孔武及张永忠、王茂庆、钱俊文、陈必福等人也分别阐述了财政立宪主义的重要价值。[②]

从整体上看，近年来法学界对于财政宪法的研究主要是借鉴与总结域外财政立宪的经验，对宪法文本中的不足进行反思，并试图论证财政立宪之理论导向的正当性与普适性。然而，此种研究路径之缺陷则在于，其研究方法未能系统采用传统法释义学之立场，从法规范的层面对财政宪法制度展开系统而精微的诠释；在当前条件下，将过多的研究精力置于立宪方案之探讨上，其学说阐述虽立意高远，在实践中却远离中国的财政税收的司法执法现实，无异于搭建“空中楼阁”，从直接层面上看毕竟无益于学理之演进。拙著《论公共财政与宪政国家》出版之后，承蒙各位学界同仁看顾，多有深刻精辟之批评意见，廖钦福即指出：“本书对于中国……的财政问题，试图从宪政的角度进入，以立宪主义的历史、价值、制度、原则等进行分析，提出公共财政与财政宪法学的一种理论前言，当属难得，已经足以担当本书所称‘理论前言’的角色。但是，可能要面对的问题在于，当诸多的财政争议面临宪法争议，亦即，经由财政宪法为合宪性的控制，当属财政权力性与公共性可否有效检验的指标，不过，在中国……目前尚有争论的违宪审查机制，其定位问题，乃至于其运作与效力，都是一个不容易解决但不可回避不谈的难题，此有待时间的解决，若将来有相关案例，可就个案为单点深入讨论，将可见林又见树。”[③] 诚然，就现在两岸财政宪法的研究风格之比较而言，台湾地区学者以“大法官释宪制度”为依托，已然在宪法释义学领域内登堂入室，更兼之以财政宪法规范统合财税法学研究，其学理之阐微精密，在学术研究造诣上已经渐入佳境，而大陆学者则囿于合宪性审查制度尚不发达之故，宪法释义学如前文所云乃陷入逻辑困境，难以在法解释学层面实行精密细致的操作。但是，如从“部门宪法学”的发展思路而言，则大陆的财政宪法研究之实现由“立宪科学”到“宪法释义学”的转型，进而以财政宪法之规范研究统合财税法

① 刘剑文：《关于我国税收立宪的建议》，载《法学杂志》，2004 (1)。

② 参见李龙、朱孔武：《财政立宪主义论纲》，载《法学家》，2003 (6)；张永忠：《我国财政立宪问题探讨》，载《人大研究》，2004 (11)；王茂庆：《略论财政立宪在我国的可能性》，载《人大研究》，2005 (5)；陈必福：《财政立宪：我国宪政建设之路径选择》，载《亚太经济》，2005 (6)。此外，相关著作还有朱孔武：《财政立宪主义研究》，北京，法律出版社，2006。

③ 廖钦福：《两岸财政宪法的对话——周刚志〈论公共财政与宪政国家：作为财政宪法学的一种理论前言〉评介》，载《月旦财经法杂志》，2006 (7)。

领域的法解释学操作技术，并无不可；我们甚至可以说，恰恰是财政宪法学之作为部门宪法学研究的典范，可以超越传统宪法释义学在大陆适用的逻辑困境，为宪法学返归法学体系开拓广阔的发展空间。

苏永钦认为："部门宪法的释义学不同于传统宪法释义学之处，主要在于它是从实存的秩序切入，去认识整理该秩序的基本、最高与结构规范，而不是从规范本身切入，去做体系化的整理。""部门宪法正是在宪法针对不同社会部门开始作分殊化解释后，顺势发展的自然结果。部门作为一个承担特定社会功能的次体系，一个实存的可供参照的秩序，可为释义学在整合人权、国策和政府体制的规定，乃至厘清主观权利与其各种客观效力之间的关系时，提供一个较清楚的图像与方向。"① 具体言之，作为部门宪法释义学的财政宪法理论，乃是从实存的财经法秩序入手，基于法规范之效力位阶及层级体系的基本认识，去揭示财税法体系中的最高位阶规范，并以此统合整个财税法规范体系，于是宪法与各部门法之间的传统隔阂被打破，宪法精神借助于法解释学的技术原理，自上而下地贯入低位阶的法规范之中，超越形式法治与实质法治的形而上争辩，在实在法体系内部实现正义价值的规范法学理想，正可以由此而达成。由此，以财政宪法学为典范的部门宪法释义学之理论构建，可望走出一条熔域外普适法理与本土具体法制于一炉的"康庄大道"，其应用前景似已依稀可见。当然，为寻求此种理论推演的具体路径，首先需要解决的重要问题就是"财政宪法"本身的定位问题；或者说，我们对于"财政宪法规范"的诠释，是否应该局限于宪法文本之内的财政法规范？在这一问题上，学者之间显然还存在诸多意见分歧。葛克昌曾经从狭义、广义以及实质含义等几种角度予以界定。② 而苏永钦也认为：实质宪法的承认则势将破坏特别修宪机关与程序所要严格区分的法律位阶，这真是实质宪法说的致命缺陷。故而，未来探讨部门宪法，应该就以形式意义的宪法规范为其法源，避免实质意义的提法。就台湾地区而言，形式意义的"宪法"规范，除了"宪法"条文之外，还可包括前面提到的属于"宪法"先期理解的少数法律原则。另外具有"宪法"位阶的"大法官"解释、"宪政"惯例，当然也可纳入。但

① 苏永钦：《部门宪法——宪法释义学的新路径?》，载翁岳生教授祝寿论文编辑委员会：《当代公法新论——翁岳生七秩诞辰祝寿文集》，台北，元照出版社，2002，第759页，第765页。

② 参见葛克昌：《税法基本问题——财政宪法》，台北，月旦出版社股份有限公司，1996，第97页，第98页。

除此之外，都不能当成部门宪法的法源。①

实际上，尽管各国制宪者的立宪观念各不相同，宪法文本之内的财税法规范也各有差异，在一国实在法规范体系内部，必然存在高位阶规范，它可以在法解释学操作中起到统合、协调之功能。是故，财政宪法之研究，实不必囿于宪法文本内之特定条款，凡属财政法规范体系中具有最高效力位阶及相近属性者，概属财政宪法释义学之研究范围。当然，如果高阶规范之存在形式与内容，明显有背于宪法文本或宪政精神，则尤须从立宪科学的角度予以批判性的分析，以期宪法文本之完善，可以为宪法释义学的发展奠定更为坚实的宪政基础。

（三）“合宪性推定”与“合宪性解释”：财政宪法释义学的具体研究路径

宪法释义学的发达，所不同于一般法律释义学者在于，研究者需对宪法所定之实在法秩序，尤其是分权秩序有非常准确的把握——宪法解释方法之选择，自由空间之大小，等等，其实均与一国宪法所规定的分权体制下、不同机关所享有之不同权限有紧密之关联。如前文所云，我国宪法释义学发展的逻辑困境则在于，由于人民代表大会制度之存在，及全国人大常委会享有宪法所规定的宪法监督权与宪法解释权，法院能否解释与适用宪法、如何解释与适用宪法便成为一个“悖论”。笔者以为，唯域外法学中的“合宪性解释”一途，于法律之“合宪性推定”前提下，方得解决宪法之直接司法适用的难题，并以此构筑宪法释义学的“煌煌大厦”。兹于后文分述之。

第一，法律之“合宪性推定”乃是财政宪法学等部门宪法释义学展开的基础。黄茂荣指出：“赋予法院判断法律之违宪性的责任，才能培养出法院判断法律之违宪性的能力。不然，法院的宪法素养将在‘司法院大法官’的监护下，随着立法机关所制定法律的被推定为无违宪性的原则，而慢慢地萎缩下去。”② 诚哉此言！但是，于人民代表大会制度下的人民法院而言，全国人大常委会既然享有立法权及权威的宪法解释权与宪法监督权，它所具有的法律权威则并非法院所能挑战。故而，法律之享有合宪性推定的地位乃势所必然。至于何谓“合宪性推定”，韩大元认为，“合宪性

① 参见苏永钦：《部门宪法——宪法释义学的新路径？》，载翁岳生教授祝寿论文编辑委员会：《当代公法新论——翁岳生七秩诞辰祝寿文集》，台北，元照出版社，2002，第757～759页。

② 黄茂荣：《法学方法与现代民法》，北京，法律出版社，2007，第460页。

推定原则”的基本内涵是：“任何一个违宪审查机关的权力都是相对的，特定机关在行使违宪审查权时应考虑审查对象涉及的因素，要在合理的范围内有节制地行使违宪审查权，以减少可能引起的社会矛盾与社会震动。当判断某一项法律或行为是否违宪时，如没有十分确定、有效的依据认定其违宪，则应该尽可能推定其合宪，作出合宪性判断，避免违宪判决。”① 就中国现有的权力体制而言，法院对于全国人大及全国人大常委会所作的“合宪性推定”似乎并非仅仅体现在“尽量少做或者避免违宪判决”的层面，而是基于对全国人大及全国人大常委会不可挑战的法律权威性，对其所制定的法律一般均得在效力上直接推定为“合宪”。这当然可能会导致宪法本身的“柔性化”，只是此种“宪法柔性化”的弊端并非法院所能克服；法院所能孜孜努力者，只能是在恪守自身职权范围内利用法律适用当中的解释权对之作“合宪性解释”，尽最大可能削减“立法不慎”所带来的违宪结果。当然，全国人大及其常委会所制定的法律在效力上一般需推定为“合宪”，并非其绝不存在违宪之可能。如前揭所述，《宪法》“序言”明确宣布了其自身的“最高法律效力”，并要求“全国各族人民、一切国家机关和武装力量、各政党和各社会团体、各企业事业组织，都必须以宪法为根本的活动准则，并且负有维护宪法尊严、保证宪法实施的职责”。而《宪法》第 57 条亦明确规定，全国人民代表大会是最高国家权力机关，全国人大常委会是它的常设机关。由此，全国人大及其常委会须受宪法约束，乃是当然之理；人民亦得随时对于全国人大及其常委会涉嫌违宪的行为提出质疑与指控，学者亦可从学理视角剖析其违宪行为之现象及危害。不过，在现行权力体制下，人民似乎只能通过“选举”政治与舆论监督等途径，诉诸全国人大的自我纠错机制，以撤销或改正全国人大及其常委会的违宪行为，而不能诉诸“宪法诉讼”等路径求诸最高人民法院的“违宪审查”。

第二，法律的“合宪性解释”乃是财政宪法学等部门宪法释义学展开的具体路径。所谓“合宪性解释”，简单地说就是“依据宪法解释法律法规等规范性法律文件”。盖宪法作为国家根本大法，它不仅作为其他一切法律法规等规范性文件的正当性依据，而得通过约束立法权而间接影响法律的适用，更可作为阐释法律之目的、法律之基础等法律解释因素的权威文本，而直接影响法律解释等法律适用过程。唯“合宪性解释”在法解释

① 韩大元：《论宪法解释程序中的合宪性推定原则》，载《政法论坛》，2003（2）。

学中究竟是“宪法适用方法”、“法律解释因素”，还是重要的“解释原则”，理论界还存在诸多不同观点。兹举三种观点为例：其一，宪法适用方法说。吴庚先生认为，合宪性解释常被认为源于德国联邦宪法法院的案例，实则早存在于各国司法实务之中。德国联邦宪法法院有关合宪性解释的判决不胜枚举，其基本要义在于依据宪法精神来扭转法条的通常理解，而尽量避免法律的违宪宣告——“法律条文运用不同解释规则加以解释，如果所有的结论都认为与宪法不符，只好宣告其违宪。反之，若只要其他有一种结论可避免宣告该项法律违宪时，便优先选择将它作为判决的结论。”[①] 其二，法律解释因素说。黄茂荣认为“合宪性”乃是“法律解释的一种因素（控制性因素）”，其功能在于确保法律解释的结果，不逸出“宪法”所宣示之基本价值决定的范围。虽然学说上常将解释因素与解释方法替代使用，但是将“因素”称之为“方法”者容易倾向为，解释者可孤立适用其中的方法之一，并称之为文义解释、历史解释、体系解释或目的解释。[②] 其三，法律解释原则说。苏永钦在系统考察合宪性解释的理论与实践之后认为，一般所称的合宪法律解释实际上指涉错综复杂的解释活动，包括违宪审查机构通过违宪审查所进行的合宪控制，以及普通司法机构在法律适用过程中援引宪法所为的法律解释活动。作为一种贯穿“方法”、“规范”、“操作”的合宪法律解释原则，其内涵可以表述为：“执法者与司法者各依其功能，在规范内容的发现或创造活动中，因应社会现实，配合修宪者与立法者的意旨，将宪法与其下位法规范互动动态调整而维持法律体系的和谐。”[③] 此外，“合宪性解释”的反对者如德国学者 Betterman 等人提出，“合宪性解释”名为“规范解释”而实为“规范监督”，就违宪审查机构而言此项方法之适用是其放弃违宪审查之责任，且有扭曲立法者原意之嫌疑。[④] 可见，当前宪法学界对于“合宪性解释”仍然是众说纷纭、褒贬不一。但是，宪法之处于实在法体系的最高位阶，当具有实在的法律效力；而且由各种法规范所组成的法律体系在宪法导引下方可被整合为和谐一致的法律秩序，此种内含法律体系观念乃是法解释学技术操作的前提。

---

① 吴庚：《政法理论与法学方法》，北京，中国人民大学出版社，2007，第 363 页。

② 参见黄茂荣：《法学方法与现代民法》，北京，法律出版社，2007，第 359～360 页。

③ 苏永钦：《合宪性控制的理论与实际》，台北，月旦出版社有限公司，1993，第 111 页，第 117 页。

④ 参见吴庚：《政法理论与法学方法》，北京，中国人民大学出版社，2007，第 365 页。

一般而言，在建立了专门违宪审查机构的国家，普通司法机关在适用法律时，如果发现在法律规范的文义解释射程内无法做成合乎宪法的解释，则需要将其提交给专门机构予以违宪审查，该机构在法律的“合宪性推定”条件下做成法律的“合宪性解释”，尽量避免法律违宪之裁决。当法律规范在文义上存在多种解释可能时，普通司法机关选择最为符合宪法的解释方案，此即作为法律解释方法的“合宪性解释”。瑞士学者Campische与N. Muller等人整理出合宪性解释的三种规则：一是单纯的解释规则，指宪法相关规定应在法律解释时直接发生一定影响；二是冲突规则，指在数种可能的法律解释中应优先选择与宪法内容相符者；三是保全规则，指当法律有违宪疑虑而有数种解释可能性时，应选择不违宪的解释。苏永钦认为，由于各国情况不同，很难说哪一种是合宪解释的“原型”。但在专设宪法法官的国家，一般使用显以第三种情形为多。因为此中“保全规则”可以并入“冲突规则”，而“解释规则”特指规范内涵的初步解析，故而“合宪性解释”的操作规则可以分为“解析规则”与“冲突规则”，后者再分为涉及违宪疑虑者与不涉违宪疑虑者。[①] 以上诸种观点，无非是着意于法律文义解释上可能存在的分歧，而以宪法规范为依据，从法律的目的、体系及功能等诸种视角探讨最优解释方案，使其符合宪法之要求。

德国学者魏德士曾言：方法论的问题最终涉及法治国家权力分立的问题，也就是国家的权力分配及其透明度的问题。而那些认为方法论具有非历史及非政治性的文献中，法律方法的这个功能被误解或否认了。[②] 以“法律解释方法”为主要内容的法学方法论，看似具有超越国界的一般性法理准则之价值，实际上始终无法脱离各国宪法所确立的分权体制之框架。“合宪性解释”作为违宪审查机构适用宪法解释法律的方法，其适用范围正在于该机构与立法机关的权力界限；其内含着“放弃违宪审查权”及“曲解立法者原意”之倾向，与公然行使违宪审查权一样存在破坏宪法分权体制的风险，唯有在两大宪法机构均保持某种程度的宪法分权共识下方有协调之可能。而在更多的情况下，“合宪性解释”乃是作为普通司法机关解释法律的一种路径而存在——众所周知，我国的宪法监督主体是全

① 参见苏永钦：《合宪性控制的理论与实际》，台北，月旦出版社有限公司，1993，第84页。

② 参见〔德〕伯恩·魏德士著、丁小春、吴越译：《法理学》，北京，法律出版社，2003，第292页。

国人大及其常委会，因其同时又是法律制定机关，故而适用“合宪性解释”方式审查法律的概率极小，而人民法院以“合宪性解释”方法对法律尽量做成合乎宪法规范之解释则有很大的适用空间。因此，在我国现行分权体制下，“合宪性解释”主要指普通司法机关的一种法律解释方法，譬如：张翔认为：“法官作为受宪法约束的公权力主体，基于其宪法义务，有在具体案件中对法律进行合宪性解释的必要。合宪性解释并非宪法解释，而是法律解释的一种方法。”[①] 然而，“合宪性解释”也涉及法官对宪法的认识，一般以法官于裁判文书中援引宪法条款解释法律为标志。[②] 如此一来，虽然法官主要是适用法律裁决案件，其在援引宪法条款时仍然不免需要对宪法进行解释；此种意义上的解释是否包含着“宪法解释”？因为在中国现行宪法体制下，人民法院并无权威的宪法解释权，那么法官进行“合宪性解释”的时候又如何保证其“宪法解释”的准确性与正当性？正是基于此种疑问，谢立斌提出：“即使我们能够在理论上证成法律的解释应当合宪，但是，我国并没有一个类似于德国联邦宪法法院的机构来监督、审查普通法院对于法律的解释是否合宪。换言之，中国宪法缺乏一个制度层面的代言人。当然，在尚未建立违宪审查机构的情况下，宪法学者也可以对宪法进行解释，然而，这种解释即使再有说服力，它对于普通法院的约束力只是一种软性的约束。”[③] 其实，在我国现行宪法体制下，尽管我国并没有一个类似于德国联邦宪法法院式的违宪审查机构，但是全国人大及其常委会集立法权与宪法监督权于一身，法律、尤其是宪法性法律本身包含对宪法相关条文内涵的界定，它对于法院具有硬性的约束力。在这种意义上，法院的“合宪性解释”不仅要参照宪法条文，还需要参照法律、尤其是宪法性法律。须注意者，以法律解释宪法，看起来好像违反法解释的基本规则，是以“下位法”解释“上位法”，实际上这种解释方法

① 张翔：《两种宪法案件：从合宪性解释看宪法对司法的可能影响》，载《中国法学》，2008（2）。

② 童之伟、刘松山两位教授认为：“法院在判决文书中引用宪法条文，不等于适用宪法。”（童之伟，刘松山：《论社会转型时期的宪法适用》，载朱福惠主编：《社会转型时期的宪法课题——中国宪法学研究会年会论文集2007年卷》，厦门，厦门大学出版社，2008，第20页。）确实，援引宪法条文并非一定是宪法适用，但是适用宪法却必须先援引宪法条文；因为从技术上讲，宪法适用首先必须明确“大前提”即被适用的宪法条文。此外，依据苏永钦的观点，应该区分“单纯合宪认定”与“合宪性解释”。当法律解析既未引用宪法，又未在数种可能解释中引用宪法作为判断标准时，并非合宪法律解释。参见苏永钦：《合宪性控制的理论与实际》，台北，月旦出版社有限公司，1993，第90页。

③ 谢立斌：《德国法律的宪法化及其对我国的启示》，载《浙江社会科学》，2010（1）。

恰恰深刻体现了宪法解释的重要特征：宪法解释不同于一般法律解释者在于，民事、刑事与行政法律中，司法机关作为案件的终局裁决者，对法律享有权威的解释权；而宪法乃是事关公民基本权利与国家权力体制的根本大法，原则上不能由某一个国家机关、特别是司法机关来独享解释权，否则必形成某一机关的凌驾地位，以致有宪定分权体制被破坏之风险。而且，既然立法机关拥有宪法授予的立法权，那么它对自身宪法权限之内的事务应当具有决定权，甚至是最终的决定权，对此释宪机关应当尽量予以尊重。尤其是在最高国家权力机关及其常设机关集法律制定权、宪法解释权与宪法监督权于一身的权力体制下，其立法意志、尤其是它在宪法性法律中所体现的立法意志，当然代表了其宪法决断意志，故而我们对于其宪法意志之探询，可以从宪法性法律中寻求之。在这种意义上，“法律的合宪性解释”与“合法律的宪法解释”自然融为一体，普通司法机关的“合宪性解释”以宪法文本及宪法性法律中蕴含的宪法决断意志为基础，可资为吾等研究中国宪法适用状况的实证基础。进而言之，在中国现行宪法体制下，“合宪性解释”作为宪法作用于法律解释而得以间接适用的基本路径，正是未来中国宪法适用的前景之所在。

第二章　财政国家的宪法类型及其中国模式

在宪法学研究中，以国家类型、阶级属性为标准，将宪法分为资本主义宪法与社会主义宪法，乃是社会主义国家宪法学者共识；何华辉谓之“实质分类方法”，认为它不仅可以揭示宪法的本质，而且可以避免形式分类法由于宪法形式相互转换所带来的混乱。[①] 此为中国宪法理论通说。但是，现代社会中任何国家均须承担一定的经济、社会职能，并基于其意识形态、国家理念而形成相应之财政制度模式。就此，在社会主义国家相互之间（譬如中国与苏联）、资本主义国家相互之间（譬如美国与瑞典），亦存在巨大差别。是故，仅仅从所谓“阶级本质”来界定社会主义国家与资本主义国家的“实质差异”，并简单满足于社会主义宪法与资本主义宪法之间的类型化研究，在当今时代已经逐渐显现其局限性。法国学者杜甘曾言：“一个古老的哲学观点是，关于自我的知识源自关于他者的知识。自我通过多元比较的迂回途径来验证自身。儿童通过模仿或反对得以成长。个人原初的或独一的特质，只是在相对的意义上存在。黑格尔明确指出，意识通过他人来认识自身，通过自身来认识他人。”“实际上，建构类型学的艺术不是分类的艺术，而是发现能够在逻辑上解释各个国家或者被比较的各部分的相对位置的坐标轴的艺术，一个类型学，在最完善的形式上，应该不仅是一个资产负债表，而且是深刻的和解释性的；它应该概述先前发现以便进一步的探索；它为研究者提供武器。”[②]“类型化”作为宪法学研究的重要方法，当然可以适用于财政立宪制度之研究——德国学者Isensee即深刻指出，传统的宪法学说往往忽略财政制度之重要价值，未能从这一“统治工具”深入剖析“财政国家”，并经由类型化分析而对此

---

① 参见何华辉：《比较宪法学》，武汉，武汉大学出版社，1988，第35页。

② 〔法〕马太·杜甘，文强译：《国家的比较：为什么比较，如何比较，拿什么比较》，北京，社会科学文献出版社，2010，第8页，第56页。

展开细致、深入之研究。[①] 进而言之，尽管各国财政制度均具有一定之共性，但是其宪法理念、政治传统及国家职能等方面亦存在巨大差异；故而，以“类型化”方法研究财政国家形态，不仅可以更为清晰地阐释各国财政宪法制度之差异，还可更为深入地诠释中国的“财政国家”模式，以推进中国宪法释义学体系之发展。

笔者认为，宪法学上“财政国家”的类型化研究，当可基于财政宪法制度的不同“面向”，对当今世界各国的财政制度模式予以深入之比较分析，并以此为背景诠释中国的财政宪法规范及其制度模式，为中国政宪法释义学之理论建构开拓广阔的研究视野。具体而言，“财政国家”之立宪制度体系均可由“一体两翼”分析之——所谓“一体”，即“财政体制”。在当今世界，除非人数为几万人以下、面积极为狭小的城市国家或者岛屿国家，囿于财政管理上的信息成本和执行成本，全国性政府必然不能对所有公共事务予以直接处理。由此，政府层级之设置、收支职能之划分乃势所必然，此中必然衍生出“财政收支划分”等“财政体制”重大课题，并以“集权型国家”、“均权型国家”为两“极”而衍生不同的宪法类型。所谓“两翼”，即每一级政府的财政活动均包含的“收入”与“支出”两个方面之内容：就“收入面”而言，其制度形态可以区分为“所有权者国家”与“税收国家”等数种类型；就“支出面”而言，以财政支出之控制手段作为标准，“财政国家”可区分为“计划国家”与“预算国家”等类型，以财政支出之社会职能作为标准，“财政国家”可区分为“企业者国家”与“夜警国家”（“自由放任国家”）、“福利国家”等类型。

第一节　财政收支划分制度的宪法类型

在宪法学意义上，就全国性政府与地方政府之关系，通常有“联邦制”与“单一制”两种类型。一般而言，单一制国家的全国性政府在制定财政分权规则等方面具有更为强势的地位，故而其财政制度上中央集权的属性更为明显；联邦制国家的联邦成员在财政分权规定之制定与形成的过程中具有一定的参与权甚至主导权，故而其财政制度上“分权”或“均

① 转引自葛克昌：《国家学与国家法》，台北，月旦出版社股份有限公司，1996，第141～142页。

权”的特征较为典型。但是，现代单一制国家也普遍在宪法或法律文本中设定“地方自治”等分权制度，它亦得具有“均权型国家”之形态，某些联邦制国家如前苏联，其财政收支划分制度亦具有高度集权的特征。因此，在财政收支划分制度的宪法类型研究领域，我们或许需要引入新的类型化方法。

一、单一制国家与联邦制国家：财政收支划分制度的传统宪法类型

葛克昌指出：“财政宪法为联邦制国家结构之核心问题，中央与地方均权国家亦然。财政宪法用以确保公共事务之不同主体的活动基础，并作为全部经济社会事务之张本。”[①] “财政分权”为财政宪法“管理面”之核心问题，又因其兼及财政收、支制度，实为一国财政宪法制度之“中枢系统”。然则，在传统宪法学的研究领域内，何谓“单一制”？何谓“联邦制”？这向来就是一个聚讼不休的话题。

民国时期宪法学家王世杰认为，联邦制的最初历史可以追溯至公元4世纪希腊各城市国家间与近世联邦制类似的联合组织，古罗马的各城市国亦尝有同样的联合，这是联邦制的开始；近代联邦制的风行则以北美合众国实开其端。“至于联邦制与单一制根本区别之所在，我们以为应全在国家事权划分的手续。凡属联邦国家，其中央政府与各邦政府的事权，全由宪法划定，所以各邦政府的事权，由宪法为保障；其在单一国家，无论分权至如何程度，其地方团体的事权，总系经由中央政府以普通的法律或命令规定，所以地方团体的事权，初无宪法的保障。”[②] 对于这个观点，当代宪法学者童之伟曾经提出质疑，他认为，单一制与联邦制的区别，从根本上看只有一条，即主权权力（在国家生活中一定的国家机关对某一方面公共事务的最终的决定权）是由全国性政府独享还是由其与区域性政府分享。[③] 此种观点与德国学者耶里内克颇为相近，后者曾经指出：“成员国可以在不受联邦权力支配的领域内主张其高权，因此成员国与地方团体具有本质上的差异。地方团体只拥有被授予的统治权力，而无自己的统治权力。加入联邦不会使成员国的统治权力被联邦完全吸收，允许在至今完全受到联邦权力支配的领土上建立新的成员国就等于允许新的独立的统治权

---

① 葛克昌：《税法基本问题——财政宪法篇》，台北，元照出版公司，2005，第81页。

② 王世杰、钱端升：《比较宪法》，北京，中国政法大学出版社，1997，第311页，第316～317页。

③ 参见童之伟：《国家结构形式论》，武汉，武汉大学出版社，1997，第146页。

力的产生。”[①] 其实，“联邦制”作为一个重要的宪法学理概念，或许本无某个固定不变的宪法内涵；王世杰亦曾指出美国联邦制与加拿大及欧洲大陆的联邦国家如瑞士、德国、奥地利等国的区别所在。至于“单一制”，其本身并非一个宪法文本的概念，其内涵就更加不确定；王世杰以“地方团体的事权是否有宪法保障”作为区分标准，显然已经落后于当今时代的宪政标准。譬如，日本宪法学家卢部信喜就曾经提出：“就地方自治应如何在法上加以保障而言，各国并不相同。明治宪法不以宪法本身，而均以法律加以规定。这种地方自治具有浓厚的官治色彩。与此相反，日本国《宪法》在第八章特设‘地方自治’一章，将其作为宪法上的制度加以深切保障。”[②] 可见，第二次世界大战结束以后，法、日等传统的单一制国家在宪法专门规定“地方自治”制度确认地方团体的权力，以防止中央政府恣意侵犯，已成新的宪政传统；故而“地方团体的事权是否有宪法之保障”不能再作为联邦制与单一制的区别标准。至于童之伟所提出的“主权性权力是独享还是共享”标准，虽然更具有科学性，但是在宪法实践中也难以实行全然区分——所谓“主权”，其内涵无非是对内事务的最高决定权与对外的独立自主权，而在地方自治得到严格宪法保障的单一制国家，地方团体在某些领域内也享有某种最终的决定权。故而，笔者认为，当今时代联邦制与单一制之区分标准，除了各国宪法文本所确认之“国名”及国家体制是否冠名以“联邦”、“地方团体是否拥有宪法”等因素可以作为形式标准之外，我们还可以参酌某些实质性的区分标准，譬如“国家原始权力的归属主体究竟属于中央政府还是地方团体”等；其中最主要的区分标准，则在于中央政府（全国性政府或者代表机构）是否拥有单方面修改分权规则的权力。[③] 当然，随着社会经济形势的发展，当今时代全球范围内联邦制国家与单一制国家已经呈现出某种趋同的取向，如美国从传统的“二元联邦主义”向“新联邦主义”过渡，联邦权力一度呈现出日益扩张的趋势，而法国则通过“放权法案”与“地方自治”制度体现出“集权体制”向“均权体制”转型的趋势，等等。可以预见，在未来单一制与联邦制趋同甚至可能“混同”的趋势下，其各自的制度形式还会发生某种程度

① 〔德〕格奥格·耶利内克，曾韬、赵天书译：《主观公法权利体系》，北京，中国政法大学出版社，2012，第262页。

② 〔日〕卢部信喜，林来梵等译：《宪法》，北京，北京大学出版社，2006，第320页。

③ 关于这一问题的详细讨论，请参见拙著《财政分权的宪政原理——政府间财政关系之宪法比较研究》，北京，法律出版社，2010。

的变化。因此，笔者主张以“全国性政府与地方政府是否具备财政资源配置的独立权限”，及其“是否实现了财政资源的均衡配置”等因素作为标准，将国家财政收支划分制度区分为“集权型国家”与“均权型国家”两种类型，以此对“财政国”的收支划分制度模式予以更为深入的分析。

二、“集权型国家”与“均权型国家”：财政收支划分制度的现代宪法类型

（一）“集权型国家”：传统社会主义国家财政收支划分制度之宪法类型

高度集权的计划经济体制乃是苏联社会主义经济模式之典型特征，它决定了高度集权的财政收支管理制度模式——在计划经济体制之下，经济计划制定权之所在，即财政决策权之所在，中央政府的经济计划支配整个国家的经济活动，各级财政预算均沦为国家经济计划之“附庸”。但是，此种计划体制的实施必然产生两类信息问题，其一是因为管理宽度和长度而产生的信息问题，其二是由于产品供需复杂而产生的信息问题。[①] 为了解决经济计划制定与执行过程中的信息成本问题，中苏两国在财政收支管理体制方面均进行了积极探索。譬如，从1917年到1957年，苏联施行高度集中的财政体制，联盟预算占国家预算总额的70%～80%。从1957年开始，苏联开始下放大批中央企业，并着力通过制定《苏维埃社会主义联盟和加盟共和国预算法》、《加盟共和国预算法》及《自治共和国和各地方苏维埃预算法》扩大地方政府的财政权力；从1957年到1965年间，联盟中央财政收入平均占国家财政收入的48.8%，支出占42.6%。从1965年开始，勃列日涅夫重新收回下放的企业和财权，恢复联盟中央财政的主导地位，到1981年中央财政支出比重上升到54.5%。[②]

相对而言，中国的财政收支管理体制改革则比苏联走得更远。早在1956年，毛泽东主席就提出中国不应当学习苏联集权式的模式，应当注意美国分权式的联邦制模式，他还认为地方权力过小对建设社会主义不利。1957年11月，一届全国人大常委会批准了国务院改建管理体制的文件，决定于1958年实行“下放权力”的改革，其中包括：下放计划权、企业管理权、物资分配权、基本建设项目审批权、投资和信贷管理权、财政权和税收权、劳动管理权等。此后，中国政府进行了长期的“权力下

① 参见胡书东：《经济发展中的中央与地方关系——中国财政制度变迁研究》，上海，上海三联书店、上海人民出版社，2001，第43页。

② 参见郭连成：《俄罗斯经济转轨与转轨时期经济论》，北京，商务印书馆，2005，第65～66页，第91页。

放”改革试验。胡鞍钢认为：“到 1975 年，中央占财政总收入只有 11.8%，是历史最低点，在世界各国这一比重也是最低的，同期中央占财政总支出的 49.9%。由此看来，很难说当时的中国计划经济是属于一个典型的中央集权经济，说是地方分权型的计划经济也许更确切。”① 从比较宪法学意义上讲，中国当时的财政体制可能更加接近于“权力下放”体制而非真正的“地方分权体制”或“中央—地方均权体制”。“权力下放”是指“权力在同一机关内部转移的技术，其中一个高级机构的决定权向同一机关的下级机构转移”②。但是，中国的地方政府经由“权力下放”改革而逐渐获得相当之自主权限，这不仅使中国的制度模式迥异于苏联高度集权的传统社会主义财政体制模式，而且此种改革试验还在实质上奠立了改革开放以后中国“财政联邦主义”制度模式之历史基础。自 20 世纪 70 年代末、尤其是 1994 年以后，中国的“放权”改革开始突破传统社会主义国家的财政收支划分制度模式，向财政分权改革及企业市场化改革的方向转型。具体而言，国务院于 1993 年 12 月 15 日颁布《关于实行分税制财政管理体制的决定》，对于中央与地方的事权和支出、收入作了比较明晰的划分，并规定从 1994 年 1 月 1 日起分设中央税务机构与地方税务机构，由中央税务机构即国税系统专门负责中央税收的征缴工作。分税制的建立，不仅极大地增强了中央政府的“财政能力”，而且地方政府，尤其是县市等基层政府，亦经由分税制改革在一定程度上获得财政收支上的独立地位。譬如，在财政收入方面，地方固定收入包括：营业税、地方企业所得税、地方企业上缴利润、个人所得税、城镇土地使用税、固定资产投资方向调节税、城市维护建设税、房产税、车船使用税、印花税、牧业税、耕地占用税、契税、遗产或赠予税、土地增值税、国有土地有偿使用收入等等。中央与地方共享收入包括增值税、资源税、证券交易税等。一般而言，各省区以下的财政分权体制各不相同，地税局由省政府直管，而且县（市）级政府一般可以获取部分增值税及国有土地有偿使用收入。这足以说明，自 20 世纪 70 年代末开始，中国的财政收支划分制度已经逐渐开始脱离昔日之“集权型国家”之传统社会主义模式，向“均权型国家”

① 胡鞍钢：《中国政治经济史论（1949—1976）》，北京，清华大学出版社，2007，第 678 页，第 680 页。

② Pierre Esplugas，Christophe Euzet，Stéphane Mounton et Jacques Viguier，Droit Constitutionnel，Paris：Ellipses，2006，p. 27. 转引自王建学：《法国国内公法领土观的基本概念与借鉴》，载《太平洋学报》，2008（9）。

形态发展演进。

(二)“均权型国家”:现代社会主义中国财政收支划分制度之新型模式?

法国宪法上,“地方分权”有别于“权力下放”,因为它是“建立于地方利益的概念上,是区别于国家的公共团体,由民选议会自由治理,由宪法规定并受法律保障,具有法人资格、财政自主权和自身的审议与执行机关,得在行政法院和审计法院的监督下负责独立于国家的财产管理和公共服务”①。更为明确地说,此种“地方分权”乃是以宪法和法律所确认的“地方自治”等制度作为载体,而形成的一种“宪政分权型制度”而非“行政分权型制度”。依据中国现行《宪法》第89条第4项、第6项、第14项、第15项和第17项之规定,国务院有权“统一领导全国地方各级国家行政机关的工作,规定中央和省、自治区、直辖市的国家行政机关的职权的具体划分”,“领导和管理经济工作和城乡建设”,“改变或者撤销地方各级国家行政机关的不适当的决定和命令”,乃至“批准省、自治区、直辖市的区域划分,批准自治州、县、自治县、市的建置和区域划分”,“审定行政机构的编制,依照法律规定任免、培训、考核和奖惩行政人员”。因此,在宪法和法律没有明确确认“地方自主权限”的条件下,中国能否形成真正的财政分权制度并成为“均权型国家”,在宪法释义学上不无疑问。其实,从公法学上功能主义学派的视角来看,中国在经过多年的财政收支体制改革之后,国务院实际上已不可能仅凭单方面的政治决断自由地行使财政收支划分决定权。1994年分税制改革之前中央政府与各省区政府之间的艰难博弈过程,即为明证。经济学家钱颖一等人正是由此而将20世纪80年代以后中国的“财政包干制”、“分税制”称为“市场保护型联邦主义”(market-preserving federalism),其特点在于:多级政府的存在及其在各自权限范围之内的自治,次中央一级政府在其权限范围内对经济生活拥有决策权,而中央政府则有能力维护市场的统一与贸易自由,各级政府之间共享的财政收入有限而政府间的借贷受到严格控制以确保财政预算的硬性约束,政府间的权力分配规则趋于稳定化而不能由中央政府或者地方政府单方改变。他们认为,中国的权力下放改革自1978年以后则开始向市场化转轨,1980年开始的“财政包干制”增强了地方政

① Henri Oberdorff, Les institutions administratives, Paris: Dalloz, 2006. p. 127. 转引自王建学:《法国国内公法领土观的基本概念与借鉴》,载《太平洋学报》,2008(9)。

府尤其是省级政府的财政权力，在改革中获益的地方政府使得中国的市场化改革更加难以逆转。[①] 然则，诚如财政学家马寅初先生所言："整个行政制度的确定，不是以财源来限制权职，乃是由于权职的需要来决定财源。如此方不致倒因为果……不实行均权制，中央之集权必有地方之滥权。"[②] 中国目前的财政分权体制还存在诸多问题，譬如：财权与事权不完全匹配，分权规则缺乏权威、稳定的法律依据，省以下财政分权体制尚不规范，各省区、市县之间财力配置严重失衡，地方政府财政支出难以得到有效监控等。这些问题均暴露了中国的财政收支划分制度作为"行政分权型国家"的严重弊端，凸显了其向"宪政分权型国家"及"中央—地方均权型国家"彻底转型的紧迫性。中国未来地方分权制度之筹划，当须以保障人权为根本宗旨，而以建立"公正法治国"、"民主宪政国"为直接目标，积极、稳妥地推进宪政改革之步伐。

第二节　财政收入制度的宪法类型

公共管理学学者马骏认为："根据收入来源不同，历史上主要存在六种财政国家：领地国家（domain-state）、贡赋国家（tribute-state）、关税国家（tariff-state）、税收国家（tax-state）、贸易国家（trade-state）、自产国家（owner-state）。自产国家和税收国家是20世纪财政国家的两大主要类型。在自产国家，由于国家控制了社会中的绝大部分财产，所以，国家的财政收入主要来自于国家自有的财产形成的收入，国家自己生产财政收入。税收国家的财政收入主要来自于非国有部门缴纳的税收。"[③] 马骏所言之"自产国家（owner-state）"，即财政宪法学上之"所有权者国家"。葛克昌曾经指出："所谓'租税国'乃相对于'所有权者国家'。远古时期，国家从事农牧活动，以土地收入为主要财源，其后国家独占盐铁酒专卖权、货币制造权、部分企业统营权，以其收入为财政主要来源。现代共产主义国家，原则上把生产工具收归国有，故此种'企业者国家'亦

---

① See Gabriella Montinola，Yingyi Qian，and Barry R. Weingast：Federalismm，Chinese Style：The Political Basis for Economic Success in China. World Politics，October 1995，48（1），pp. 50-81.

② 马寅初：《财政学与中国财政——理论与现实》，北京，商务印书馆，2001，第171页。

③ 马骏：《中国公共预算改革理性化与民主化》，北京，中央编译出版社，2005，第31页。

可归入广义‘所有权者国家’概念之内。”① 此番见解深刻揭示了传统社会主义的财政经济制度模式之核心特征，但是当今中国似乎正在“独辟蹊径”，试图走出一个兼容“所有权者国家”与“税收国家”的制度模式，尽管其中还存在诸多重大争议与制度冲突。

一、“所有权者国家”：传统社会主义“财政国”之典型模式

20世纪50年代初期，中国在“社会主义改造”的基础上逐步建立了社会主义公有制经济，并实施“高度集权”、“政企不分”的计划经济体制。在所有制结构上，1975年宪法与1978年宪法均明确规定“中华人民共和国的生产资料所有制现阶段主要有两种”，即“社会主义全民所有制”和“社会主义劳动群众集体所有制”，此为传统社会主义模式的经济制度之基础，学者多将其归因于意识形态等因素之决定性影响。但是，正如林毅夫所指出，中国、苏联、东欧等社会主义国家，以及亚洲、中南美洲等非社会主义发展中国家，都曾经选择大致相同的传统经济体制：这种经济体制的逻辑起点是其“赶超型发展战略”选择，此种战略的核心是扭曲产品和要素价格的宏观政策环境，而其实施保障则是高度统制的管理体制，其中包括：为控制经济命脉而推行经济的国有化或过高的国有经济比重；政府参与稀缺资源的配置和实行贸易垄断，为扶持没有自生能力的工业而建立产业保护制度和设置进入障碍；为了向处于战略优先地位的产业提供优惠的投入条件而订立利率上限并控制金融业，实行金融压抑；为了鼓励工业发展和鼓励工业企业家而实行向城市倾斜的社会福利政策；等等。②据世界银行（1995）统计，第二次世界大战后各国盛行国有化浪潮，20世纪70年代到达鼎盛时期。1978年，国有企业在8个工业化国家的比重达到8%，在发展中国家达到23%；英、法、西班牙及印度、墨西哥、巴西等诸资本主义国家，国有企业备受执政党推崇。③ 可见，传统社会主义模式之所以选择“所有权者国家”模式，并非意识形态因素所独使然，更为重要的原因在于其选择的“赶超型发展战略”——此种发展战略不仅需要“扭曲产品及生产要素价格”的政策环境，还需要以工业国有化、农业

---

① 葛克昌：《国家学与国家法》，台北，月旦出版社股份有限公司，1996，第142页。

② 参见林毅夫、蔡昉、李周：《中国的奇迹：发展战略与经济改革》，上海，上海三联书店，1999，第57～59页。

③ 参见陆军荣：《国有企业的产业特质：国际经验及治理启示》，北京，经济科学出版社，2008，第1～2页。

集体化等高度集权的资源配置机制以及国营企业上缴的“利润税”、农业税、产品“价格剪刀差”中的“隐性农业税”等组成的财政制度作为制度基础，方可有效运作。[①] 具体而言，采用传统社会主义模式之“所有权者国家”，具有如下几个方面的制度配置：

第一，工商业部门国有化并由国营企业收入构成政府的主要财政收入。从理论上说，重工业乃是生产钢铁及机器设备等生产资料的工业部门，它的发展可以为其他生产部门迅速实现工业化奠定基础，故而优先发展重工业似乎是社会主义国家或非社会主义的发展中国家实行出口替代战略的“理性选择”。但是实际上，在产业体系中，重工业的发展只有在其他生产部门存在“有效需求”的条件下才有生存与发展的能力，而且它还需要大量资金、技术与人才。显然，发展中国家大都不具备这些条件。为了支持重工业的发展，中国以苏联社会主义模式为蓝本，试图通过“三大改造”实现各生产部门的国营化或集体化，以此支撑重工业优先发展的战略选择。具体而言，在各工商经济部门实现国营化之后，国家就可以通过行政手段直接获取企业的利润，为重工业发展提供资金支持。马斯格雷夫指出，虽然社会主义国家并不将公营企业的利润说成是税收，但是它与税收之间并没有实质性的区别，这种“利润税”的年税率取决于计划的资本投资范围。[②] 从统计数据上看，从 1950 年到 1957 年间，国家财政收入主要由各项税收与企业收入组成，但是企业收入由初期仅占 14%的比重迅速扩展为 47%的比重，1958 年企业收入即已超过各项税收的收入，这种状况一直持续到 1978 年。[③] 这说明，工业部门国有化并由国家直接征收国有企业的利润本身就是“赶超型”经济发展战略实施的重要途径，以国有企业为主体的公有制经济乃是传统社会主义经济制度模式的重要基础。

第二，农业集体化并通过农业税及“价格剪刀差”为工业发展提供资本积累。20 世纪 20 年代，苏联经济学家普列奥布拉任斯基曾经提出了原

---

① 所谓“赶超型”战略，从狭义上讲是指一种“不顾资源的约束而推行超越发展阶段的重工业优先发展战略”，其政策工具有：“低利率政策”、“低汇率政策”、“低工资和能源、原材料低价政策”及“低农产品和其他生活必需品及服务价格政策”。参见林毅夫、蔡昉、李周：《中国的奇迹：发展战略与经济改革》，上海，上海三联书店，1999，第 38 页。

② 参见〔美〕理查德·A·马斯格雷夫著、董勤发译：《比较财政分析》，上海，上海人民出版社、上海三联书店，1996，第 45 页，第 48 页。

③ 参见中华人民共和国财政部主管：《中国财政年鉴（2008 年）》，北京，中国财政杂志社，2008 年编辑出版，第 400 页。

始社会主义积累理论。根据这一理论，为了将投资集中于重工业，必须主动推迟轻工业和农业的发展，严格控制消费，甚至不惜降低消费，以很低的价格从农民那里购买产品，同时通过税收和制定很高的工业品价格削减农民的购买力。[①] 实际上，斯大林从 1929 年起决定推行农业全盘集体化，其主要目的就是控制粮食生产，为超高速的工业化取得资金。这样，粮食收购实际上就变成了余粮征集制的性质。[②] 美国学者奥尔森也认为："集体农庄主要是征税的一种工具，而不是出于意识形态的要求。意识形态所倾向的组织体系是国家农庄，在农庄内工人被支付工资，而国家获得剩余产品。但国家农庄的大部分产出以工资形式支付给个人，所以这些农庄不用向政权提交大量的剩余。斯大林故而选择了集体农庄，并规定集体农庄成员有义务供应它所要求的数量的产品：集体农庄无法保有所需的资源，以向其成员支付国家农庄的工资。集体农庄不像国家农庄，似乎是为了'税收征集'的目的而不是为了'集体主义'治理而组织起来的。"[③] 20 世纪 40 年代以后，"农业集体化"被苏联《政治经济学教科书》上升为建设社会主义的一般规律，最终成为所谓"莫斯科共识"的重要内容，并为当时的中国领导人所采纳。从这种意义上说，农业部门集体化并由国家通过农业税、"价格剪刀差"等方式征收农业的"剩余产品"，这也是"赶超型"经济发展战略的重要方式。是故，"农业集体化"亦为传统社会主义模式之"所有权者国家"的重要构成。

二、"税收国家"：现代市场经济"财政国"之基本形态

如前揭所言，计划经济体制中存在的弊端引起了中国领导人的注意，中国财政管理体制自 20 世纪 50 年代起即开始了以"放权"为内容的改革进程；从 20 世纪 70 年代末以后，中国则逐步走上政府向国有企业或集体企业"放权让利"的市场化改革道路，国家的财政税收制度模式亦随之而发生深刻变化。从 1978 年以后，最初是为了"调节企业的利润水平"、"加强对企业的财务监督"，后来则主要是为了"增强国营企业的活力"，

① 参见〔匈〕雅诺什·科尔奈著、张安译：《社会主义体制——共产主义政治经济学》，北京，中央编译出版社，2007，第 188 页。

② 参见陆南泉：《苏联经济体制改革史论（从列宁到普京）》，北京，人民出版社，2007，第 58 页，第 105 页。

③ 〔美〕曼瑟·奥尔森著、苏长和、嵇飞译：《权力与繁荣》，上海，上海世纪出版集团、上海人民出版社，2005，第 98 页。

经过了 1979 年到 1983 年试点之后，中央政府从 1983 年起对国营企业全面开征企业所得税，以部分取代原来的国营企业上缴利润。从 1984 年第四季度开始，中央政府又试图从"税利并存"过渡到完全的"以税代利"，其具体做法是对盈利的国营企业征收所得税（国营大中型企业按 55%的比例税率征税，国营小型企业按照新的 8 级超额累进税率征税）和国有企业调节税。但是，1987 年开始实施的企业承包经营责任制使得国营企业所得税名存实亡，故而从 1988 年开始我国又对国营企业实行"税利分流，税后还贷，税后承包"的改革试点，在此情形下企业所得税税率有所调减，而国有企业调节税则最终被取消。① 与此同时，个体经济、私营经济等非公有制经济迅速发展，不仅为政府财政收入开拓了广泛的税源，更是契合了中国人口众多、劳动力资源丰富的"比较优势"，其宪法地位被逐渐承认。譬如：1988 年通过的宪法修正案第 1 条承认了私营经济的合法地位，并规定其是"社会主义公有制经济的补充"；1999 年通过的宪法修正案第 16 条将"法律规定范围内的个体经济、私营经济等非公有制经济"定位为"社会主义市场经济的重要组成部分"；2004 年通过的宪法修正案第 22 条则进一步明确宣布"国家鼓励、支持和引导非公有制经济的发展，并对非公有制经济依法实行监督和管理"。非公有制经济逐步被承认的过程，其实也是中国内资企业税收制度及整体税制不断发展完善的过程。1986 年国务院颁布了《城乡个体工商户所得税暂行条例》、1988 年国务院颁布了《私营企业所得税暂行条例》，特别是 1994 年 1 月 1 日实施的《中华人民共和国企业所得税暂行条例》，国有企业、集体企业和私营企业统一实行 33%的企业所得税比例税率。从国家财政收入的各个项目来看，1978 年国营企业收入为历年最高（571.99 亿元），此后逐年降低，到 1993 年仅有 49.49 亿元；而税收收入则由 1978 年的 519.28 亿元逐年增加，1993 年增至 4 255.30 亿元，2004 年更是增加到 26 396.47 亿元。当前，税收已经成为中国政府财政收入的主要来源，占财政收入的 90%左右。②

葛克昌认为："租税国家与所有权者国家之区分，主要在于租税国家承认私有财产权，纳税义务人之经营基本权活动（如职业与营业自由）受

① 参见刘佐：《中国税制改革三十年》，北京，中国财政经济出版社，2008，第 71 页，第 86 页。

② 参见中华人民共和国财政部主管：《中国财政年鉴（2008 年）》，北京，中国财政杂志社 2008 年编辑出版，第 11 页，第 400 页，第 401 页。

宪法保护；国家对生产工具再无概括及全面之支配权；国民无公法上之服劳役义务；并肯认私法自治原则，以自行安排其社会及经济生活。”[①] 通过数十年改革开发的发展，纳税人之私有财产权、营业自由权以及私法上之当事人自治原则已经为中国宪法和法律所肯认；由此来看，则“税收国家”在中国已然确立。但是，作为社会主义国家，中国政府依然拥有数额巨大的国有资产，尤其是城市土地之所有权依然归属于国家所有。可见，中国依然属于“所有权者国家”。然则，在传统社会主义模式的强大影响下，其“税收国家”形态是否可以存续？胡书东博士认为，企业之存在不仅可以为政府提供充足的政府财政收入来源，而且可以解决本地区劳动力就业等社会问题，更可促进本地区的经济发展，增加地区经济发展之“政绩”。故而，中国政府不仅对国有企业有“父爱主义”倾向，对非国有企业同样存在“父爱主义”倾向；其中的关键并不在于企业是否国有，而在于企业是否能够为相关政府带来前述三大好处。[②] 正是在财政收入、经济效率等因素的作用之下，从20世纪80、90年代起中国国有企业数量、就业人数、产出比重等等均在逐年下降：2002年中国国有企业数量不到30 000家，占全国企业总数仅为16.22%；国有企业现价总产出为17 271.1亿元，总产出占国家工业总产出的比率降至15.59%。[③] 事实上，尽管中国的国有企业之数量虽然在市场竞争条件下有所调减，但是政府却通过强化行政管制等方式依然保持了对社会经济的强势控制。如果中国脱离“所有权者国家”的传统社会主义模式之后，又能避免沦为过度干预市场运作的“统制型国家”；如此，则与市场经济相适应的“法治国家”、“税收国家”将可以继续得到巩固与完善。

第三节 财政支出制度的宪法类型

以法学之视角而言，财政支出制度包括“形式”与“内容”两个方面。前者主要体现为财政支出的控制手段、方式等，以此为标准，“财政

① 葛克昌：《国家学与国家法》，台北，月旦出版社股份有限公司，1996，第178页。

② 参见胡书东：《经济发展中的中央与地方关系——中国财政制度变迁研究》，上海，上海三联书店、上海人民出版社，2001，第59页。

③ 参见Shahid Yusuf，Kaoru Nabeshima，Dwight H. Perkins著，王世华等译：《转型：中国国有企业民营化》，北京，中国财政经济出版社，2006，第57页。

国家”可区分为“计划国家”与“预算国家”等类型。后者主要体现为财政支出的社会职能，以此为标准，“财政国家”可区分为“企业者国家”与“夜警国家”（“自由放任国家”）、“福利国家”等类型。

一、自由国家、福利国家与“企业者国家”：财政支出职能的宪法类型

在现代社会中，各国政府在国防、公共安全等公共服务职能上大体一致，政府之诸种作用中最富有争议者乃在于其经济职能，尤其是政府是否需要通过设立国有企业、强化行政管制以提供社会福利、提高经济效能，最为各国“左”“右”两翼的政治及学术派别所关注。当今时代，不论是资本主义国家还是社会主义国家，都面临着“监管经济”和“社会福利”两大职能，故而美国政治学家迈克尔·罗斯金指出：西方政治学家一般使用所谓“四格图”来标识“社会主义国家”与“自由放任型”、“政府统制型”及“福利型”等资本主义国家之间的不同类型；“社会主义体制既实行国家所有又实行广泛的社会福利。以苏联为例，政府拥有绝大部分生产资料，代表全社会来运营经济。”①

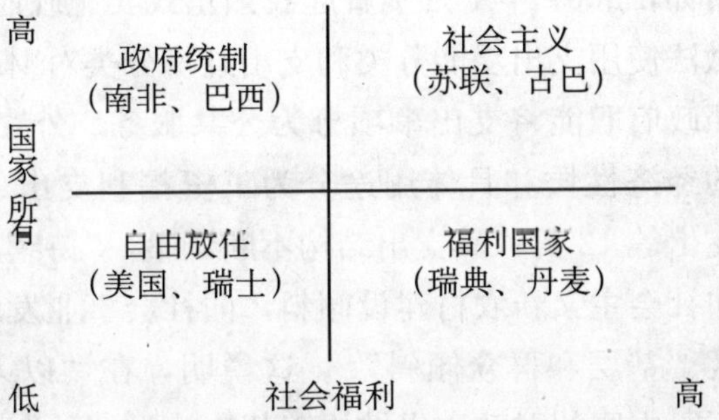

然则，迈克尔·罗斯金等人将社会主义国家与资本主义福利国家均视为“高社会福利型”国家，此种评价与中国等社会主义国家颇具差异——中国等社会主义国家长期实行所谓“赶超型战略”，虽然政府财政收入所占国民总收入之比重为多，但是从其财政支出职能来看，其财政支出之重心始终在经济建设领域而非社会福利领域，其国家形态颇近于一个“巨型企业”，故而其可谓“企业者国家”而非“福利型国家”。譬如，以国家职能划分为标准，中国的国家财政支出事项主要包括经济建设支出、社会文

① 〔美〕迈克尔·罗斯金等著、林震等译：《政治科学》，北京，中国人民大学出版社，2009，第53页，第55页。

教支出、国防支出与行政管理支出、债务支出等五大方面。政府经济建设支出由1981年的544.43亿元上升到1990年的1 546.22亿元，占财政总支出的比重一直在40%以上。[①] 从整体上看，这种财政收支结构所反映的"生产建设型财政模式"，其支出工具即为"经济发展计划"。相对而言，西方市场经济比较发达的国家在这方面的财政支出所占比重相对较少。例如，以日本政府为例，1955年、1970年、1980年、1990年、1996年日本中央政府财政的产业经济费（主要是政府对农业、矿产业、运输通信业等的支出）所占财政总支出的比重分别是6.0%、11.8%、9.0%、5.9%、5.9%，大都保持在10%以下。[②] 美国联邦政府的财政预算支出主要由"国防"、"人力资源"、"物质资源"、"净利息"、"其他资源"和"未分配冲减性收入"等构成，其中"物质资源"一项主要是政府用于经济建设的资本投入，但是其所占比例也一直保持在10%左右，分别为：8.6%（1950年）、8.7%（1960年）、8.0%（1970年）、11.2%（1980年）、10.0%（1990年）、4.1%（1995年）。[③] 当然，自20世纪90年代以后，随着市场经济建设的推进与政府职能的转换，中国政府的财政支出结构已经有所改变。譬如，2007年1月1日起我国正式实施政府收支分类改革，按照国际通行做法使用支出功能分类和支出经济分类对财政支出事项进行分类，前者按照政府职能将支出事项分为公共服务、外交、国防等大类，后者按照支出的经济性质和具体用途分为工资福利支出、商品和服务支出、基本建设支出等12类；其支出结构不断调整，"持续加大对民生领域的投入力度，向社会主义新农村建设倾斜，向社会事业发展的薄弱环节倾斜，向困难地区、基层和群众倾斜"[④]。这说明，在"以人为本的科学发展观"指引之下，中国的财政支出结构正朝着建设"社会主义民生福利国家"方向发展完善。然则，此种国家形态与"资本主义民生福利国家"及传统社会主义之"企业者国家"有何区别，我们或许可以从下表一察端倪。

---

① 参见财政部综合计划司：《中国财政统计（1950—1991）》，北京，科学出版社，1992，第106页。

② 参见财政部财政制度国际比较课题组：《日本财政制度》，北京，中国财政经济出版社，1998，第48页。

③ 参见财政部财政制度国际比较课题组：《美国财政制度》，北京，中国财政经济出版社，1998，第29页。

④ 中华人民共和国财政部编：《中国财政基本情况（2008）》，北京，经济科学出版社，2009，第23～24页。

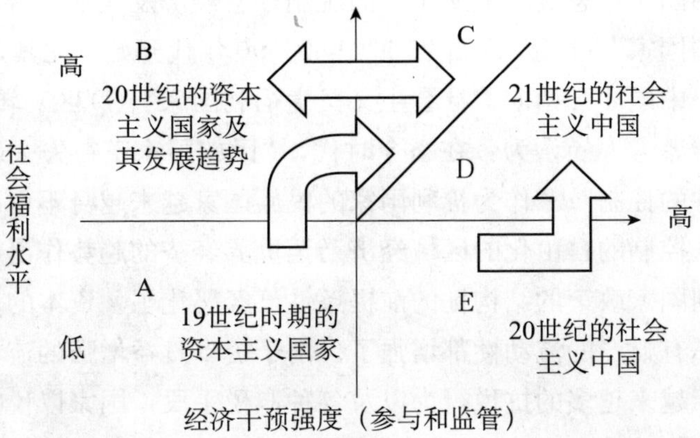

葛克昌指出："福利国家之相对概念为'资产阶级自由（法治）国'，依财政宪法之观点，就财政支出面来看，国家之预算，如仅用之于消极地维持法律秩序，亦即以治安、御侮、维护市场自由竞争机能为限，以防杜权力之滥用，保障个人之基本自由，谓之'自由国家'，反之，国家之预算除用之于法律秩序之维护外，政府亦同时成为社会秩序之促成者，以积极达成保护、教养、预防、重分配等功能，谓之福利国家或给付国家。"① 在 19 世纪时期，西方诸国的国家形态普遍为"自由放任国家"，公共支出均处于较低水平。譬如，在 1870 年前后，美国财政支出仅占 GDP 的 7%，绝大多数欧洲新兴工业化国家如德国、英国和荷兰等等，其公共支出均不超过 GDP 的 10%。而到 20 世纪 20 年代，许多欧洲国家都已经建立基本社会保险制度，"经济大衰退"掀起了一场事实包括社会计划在内的政府支出扩张浪潮。1937 年欧美诸国公共支出占 GDP 的平均比重已达 22.8%，约为 1913 年的 2 倍。② 事实上，除了福利支出急剧增加之外，美、日诸国政府还广泛采取提供计划、建议以及广泛的产业合作、贷款，甚至设立国有企业或者为私营企业提供财政补贴等方式干预社会经济，促进本国产业发展。故而，我们可以看到，西方国家发展的趋势是从"自由放任国家"（A 区）向"民生福利国家"（B 区）演变，甚至向"统制型福利国家"（C 区）转变。不过，自 20 世纪 80 年代新自由主义理论兴起之后，西方国家亦有向"民生福利国家"（B 区）回归的诸多改革。相反，在 20 世纪，中国作为社会主义国家在传统"赶超型发展战略"的影响下，

① 葛克昌：《国家学与国家法》，台北，月旦出版社股份有限公司，1996，第 174 页。

② 参见〔美〕维托·坦齐、〔德〕卢德格尔·舒克内希特著、胡家勇译：《20 世纪德公共支出：全球视野》，北京，商务印书馆，2005，第 9 页，第 13 页。

其所建立的国家形态实际上属于全面统制社会经济发展却实行低福利支出的“企业型国家”（E区）。自20世纪80、90年代开始，尤其是在进入21世纪以后，中国才开始向“社会主义民生福利国家”（D区）转型。

德国学者考夫曼认为：在当今时代，“民族国家正在失去对自己的经济发展条件的控制”；“作为福利国家的民族国家越来越身不由己，不得不对它所无法控制的自由化的区域经济乃至世界经济的趋势作出反应。实行坚定的福利国家政策的结构性的前提条件已经恶化了。资本的流动性乃至富人们的私有财产的流动性都增强了。由于资本日益增强的流动性，此外可能还由于越来越多的抗税行为以及各种避税手段，国家以税收和保险费的形式提留部分收入的能力受到了限制。”① 在当前国际竞争日趋激烈的环境下，实行适度的社会福利政策，提高经济干预的效率，维护国民经济持续、稳定、快速发展，依然是中国政府的重要政策目标，此亦为“社会主义民生福利国家”（D区）与资本主义“统制型福利国家”（C区）的区别之所在。进而言之，西方国家虽然也重视发挥政府的经济职能，但是其政策取向通常维持传统的自由主义倾向，其国家形态常在“民生福利型国家”（B区）与“统制型福利国家”（C区）之间徘徊。而对于发展中国家而言，一味强调“减轻税负”的自由主义政策可能会降低政府的财政汲取能力，使它们陷入公共产品供需上的“低水平均衡陷阱”；着力提高社会福利水平则会加重企业税负，影响就业率和经济发展速度，故而政府的福利政策将受到经济发展水平等诸多因素之限制。此间，宪法上自由权与生存权、发展权等社会权孰轻孰重的价值冲突已经若隐若现。中国作为新兴社会主义国家，在市场经济条件之下政府依然需要承担“推进基础设施建设”、“支持高科技发展”等重要职能，以减少企业的“外生交易费用”，提升整个社会的生产效率。② 故而，未来中国的财政国家模式当维持与经济发展水平相适应的福利水平，并适时调节政府管制程度，即将其国家发展目标设定为“适度均衡”的“社会主义民生福利国家”（D区靠近斜线区域），即“服务型国家”、“创新型国家”，并努力构建社会主义和谐

---

① 〔德〕弗兰茨-克萨韦尔·考夫曼著、王学东译：《社会福利国家面临德挑战》，北京，商务印书馆，2004，第46～47页。

② 杨小凯认为，外生交易费用是指在交易过程中直接或间接发生的那些费用，它包括商品运输过程中所消耗的资源，以及用于生产运输、通讯以及交易设施所消耗的资源，等等。参见杨小凯、张永生：《新兴古典经济学和超边际分析》，北京，中国人民大学出版社，2000，第99页。

社会。

二、“计划国家”与“预算国家”：财政支出控制手段的宪法类型

2008年金融危机发生之后，有学者曾经乐观地评价道：以“居民高储蓄”、“政府高投资”及“半市场经济半计划经济”为基本特征的“中国发展模式”当在全球金融风暴中继续“一枝独秀”，“傲然置身事外”[①]。然则，短短几年之后，由于政府的大规模投资计划，其对于社会经济的高强度介入，特别是国家通过税收等途径与方式常规性、强制性地提取部分社会生产剩余并用于经济建设，已经持续产生“高企业税负”与“低社会福利”的双重效应。[②] 在税收、土地收入均难以满足财政扩张需求的条件下，地方政府将透过国有企业等途径向银行肆意举债，又会造就持续高涨的地方债务，最终转化为沉重的居民税负或者诱发严重的通货膨胀。这些现象均为我们重新认识中国的财政国家模式提供了新的契机及紧迫动力。

（一）由“税收国家”到“预算国家”？——中国财政支出制度的宪法类型之惑

近年来，王绍光所提出的“预算国家”观念引起了不少学者的关注。他提出：“我把‘预算国家’定义为拥有现代预算制度的国家……现代预算必须是经法定程序批准的、政府机关在一定时期的财政收支计划。它不仅仅是财政数据的记录、汇集、估算和汇报，而且是一个计划。这个计划必须由行政首脑准备与提交；它必须是全面的、有清晰分类的、统一的、准确的、严密的、有时效的、有约束力的；它必须经代议机构批准与授权后方可实施，并公之于众。拥有这种预算体制的国家，才可以被称作预算国家。”[③] 笔者非常赞同王绍光关于“预算国家”的理论创见及其有关中国财政预算制度改革的理论观点。但是，王绍光将“税收国家”作为与“预算国家”相对应的“财政国家类型”，并且认为“只有‘税收国家’才可能变为‘预算国家’”[④]，则此种观点似乎有失偏颇。“税收国家”乃是国家财政收入制度的一种宪法类型，其对应者为古代的“领主国家”或者

---

① 刘涛：《中国模式再次让西方“傻眼”》，载《中国改革报》，2008-11-17。

② 根据美国《福布斯》杂志公布的各国税负调查表，2004年度中国排名第二，仅次于法国，是全球税负最重的第二个国家。中国财政学者也认为中国税收总负担偏重，税收收入占GDP的比重较高，主要税种的税率也偏高。参见安体富、孙玉栋：《中国税收负担与税收政策研究》，北京，中国税务出版社，2006，第113页，第111页。

③ 王绍光：《从税收国家到预算国家》，载《读书》，2007（7）。

④ 王绍光：《从税收国家到预算国家》，载《读书》，2007（7）。

今日之“所有权者国家”；而“预算国家”则是国家财政支出制度的一种宪法类型，其对应于古代“家计财政国家”或者今日“计划国家”。一般而言，“税收国家”与“预算国家”均须以政治民主为宪政基础，故而，人民通过税收法律主义原则限制国家的税收权力之后，再通过财政预算控制政府的财政支出事项及其金额，乃势所必然。因而，在“税收国家”的基础上建立“预算国家”，或许恰如王绍光所说的那样顺理成章。然则，这并不意味着“预算国家”必须以“税收国家”为前提——如前揭所言，在财政收入制度的宪法类型上，我国属于“所有权者国家”与“税收国家”之混合形态，其典型特征在于经营性国有资产、资源性国有资产的大量存在。尤其是，我国地方政府以“所有权者国家”之身份不断获取巨额土地收益，其对应之支出事项不仅关乎民生幸福，还关系到社会稳定和经济发展，具有纳入“预算国家”制度体系的紧迫需要。

进而言之，尽管政府的所有财政预算均属广义上的“公共预算”，但是在预算编制技术上，我国政府的预算则是由“公共预算”（狭义）、“国有资本预算”等部分组成：“公共预算”主要以“税收国家”形态为依托，主要保证政府一般管理职能和事业发展的资金需要，以供政府等公共部门维持日常运转之需，其资金来源于税收或者行政收费。而“国有资本预算”则主要以“所有权者国家”形态为依托，它是由国有资本管理机构汇编，反映政府经营性国有资本收支、运营过程、结果、效率、现金流转和资本投入产出状况、投资规划与资金安排，以及国有企业经营者在任期内制定的国有资产保值增值率、净资产利润率等预期指标的年度计划①，其资金来源包括商业融资、政府拨款或者国有资产收益等等。因此，以中国之具体情形来看，唯有同时以“所有权者国家”和“税收国家”为基础推进预算制度改革，方可真正实现财政预算的统一性与权威性，形成实质意义之“预算国家”。

（二）从“计划国家”到“预算国家”——中国财政支出制度的宪法类型之辨

在传统的计划经济体制下，所有企业和基本建设单位都必须按照中央政府批准的计划和预算使用财政资金，事先报计划，事后报决算，以核实资金的来源和用途，保证财政资金的按计划使用。与此同时，建设银行作

---

① 参见王金秀、陈志勇编著：《国家预算管理》（第二版），北京，中国人民大学出版社，2007，第151页，第189页。

为负责基本建设投资拨款和监督的专业银行，统一办理中央和地方各部门对基本建设的所有拨款业务。企业机关等用于基本建设的自筹资金，也集中于建设银行并根据中央政府批准的计划和预算监督拨付。[①] 由此可见，计划经济体制下也有财政预算或者概算，但是真正决定财政支出事项及其金额的却是政府发展经济的行政计划，财政机关及建设银行等部门则仅仅充当了“出纳”的角色。因而，“计划国家”与“预算国家”之差异，并不仅仅在于财政预算本身是否具有“内容的统一性”、“监督的有效性”(财政预算的此种特征在计划经济的极盛时期即已初步具备)。更为准确地说，这两种财政支出制度之宪法类型间的本质区别，更在于财政预算本身的民主化、法治化——凡政府财政预算仍然主要依照行政机关议定的计划、规划得以编制，并通过行政命令、行政纪律保证其实施之效力者，均属“计划国家”（或者“新型计划国家”）而非“预算国家”。有学者曾经深刻指出所谓“中国模式”的五大困境，此即：“腐败困境”、“国富民穷困境”、“国有病困境”、“两极分化困境”、“社会创新能力弱化困境”等。[②] 除了“两极分化”与“社会创新能力弱化”还与国家税收制度紧密相关之外，这些“困境”之形成在一定程度上正是由中国的财政支出制度类型所致。

近年来，中国政府为推进公共财政建设而采取了诸多改革措施，譬如深化部门预算、国库集中收付、政府采购和“收支两条线”管理改革，以及完善财政转移支付制度、加强审计监督等。无疑，这些措施均有助于增强财政预算的法律效力，促使政府财政真正朝代表民众公共意志、履行公共服务职能的“民主财政”、“法治财政”转型。但是，国家在推进财政统一管理的同时，还须遵循预算法律主义原理，凭借人大及其常委会的民主议决与民主监督制度，增强财政预算本身的民主性并强化其法律效力，甚或引入域外的“纳税人诉讼”、“居民诉讼”等公益诉讼制度，适度扩张财政预算的“外部效力”，以便于公民监督权之行使。对于违反财政预算的违法机关或公务员个人，除了已构成犯罪者需要承担刑事责任者之外，人大及其常委会还可以通过“罢免案”等方式追究其政治责任。此种违反财政预算的法律责任追究制度不断发展完善，财政预算的法律效力方可得到

① 参见赵梦涵：《新中国财政税收论纲》，北京，经济科学出版社，2002，第203页，第369页。

② 参见萧功秦：《中国模式面临五大困境》，《人民论坛》，2010（31）。

切实保障，并最终落实其民主法治之功能。如此，中国或可真正实现由“计划国家”向“预算国家”的转型。

三、结语

经济学家熊彼特认为，受人民支出意愿之影响，租税国家的财政支出大量扩充，导致其常规租税无法支应，国家不得不过度举债，或者过度课税，终而使自身陷入危机。是故，初由“财政危机”，转为“经济危机”，终陷入“宪法危机”的困境，乃是资本主义发达国家与发展中国家共同的不归之路。① 然则，在中国等发展中国家，受民主决策体制相对滞后等因素的影响，此种受人民扩张财政支出意愿所引发的财政危机尚不明显；但是，国际金融危机等外在环境却容易诱发政府盲目投资的财政支出扩张冲动，由此而可能引发严重的“财政危机”甚至加重“金融危机”。

科尔奈曾经提出：在资本主义体制下，投资失败的风险将限制企业家盲目扩张的冲动；但是，“在社会主义体制下，只有官僚而没有所有者，这样就几乎不存在任何内部的自我约束机制来控制这种扩张冲动，投资饥渴必然泛滥成灾”。如果政府决策者存在重大失误，则环境破坏和资源耗竭还可能继续恶化——“每一代人都会为下一代人留下沉重的包袱（由于总是推迟，紧急和繁重的任务将不断累积）和极不协调的经济结构。”② 科尔奈的分析，固然不乏对于社会主义体制的偏见，但客观地说，我国基层民主政治相对滞后，地方民众难以通过选举、诉讼等方式遏制地方政府之非理性财政投融资行为，而中央政府事实上也无力适时、全面地监督地方政府的财政投融资行为。因此，地方政府的公共资金难以真正由生产性领域向公共领域（如医疗、卫生、教育等）转移。而且，政府对于社会经济的高强度介入，特别是国家通过税收等途径与方式常规性、强制性地提取部分社会生产剩余并用于经济建设，或将产生“高企业税负”却“抑制普通劳动者的工资与福利”之财政效应。在税收、土地收入均难以满足财政需求的条件下，地方政府只能透过国有企业等途径向银行肆意举债，酿

① 参见葛克昌：《国家学与国家法》，台北，月旦出版社股份有限公司，1996，第98页，第95页。

② 〔匈〕雅诺什·科尔奈著、张安译：《社会主义体制——共产主义政治经济学》，北京，中央编译出版社，2007，第155页，第162页，第169页，第173页，第192页。

成持续高涨的地方债务。据财政部财政科学研究所的统计，截至2009年4月，中国地方政府负债总额（包括“直接债务”、“担保债务”和“政策性挂账”三个部分）已经超过4万亿元。[①] 而2009年全国9万亿信贷中，仅有10%左右流向民企，央企和各级政府的“融资平台”、“投资公司”则获得了另外90%的规模。[②] 由此推断，中国现阶段地方政府负债额可能已经突破了10万亿元，这一规模或许还将继续扩大。如此，“社会主义民生福利国家”的国家形态或将陷入持续“滞胀”的严重困境：政府提高社会福利水平将不可避免地加重企业等纳税人的税负，甚至影响劳动者的就业率，而其非理性投资行为则会扭曲正常的市场供需信息，并以财政的“挤出效应”而破坏经济体系的均衡发展，进而引起经济效率的巨大损失。

由上所言，初由“国际金融危机”，转为国内经济危机，进而诱发地方政府非理性投资的“财政危机”，最终诱发“国内金融危机”与“宪法危机”，将可能成为国人挥之难去的“梦魇”。笔者以为，唯有建立“宪政分权国家”、“税收国家”、“预算国家”等“立宪主义财政国家”之基本形态，方可遏制危机的蔓延与深化，而“以人为本”的“社会主义民生福利国家”，和谐、稳定的“节约型国家”、“创新型国家”等等，此种拥有坚实之宪政基础的“中国模式”，亦方有存续并发展完善之可能。

---

① 参见韩洁、闻喧：《聚焦地方政府“债务风险”》，载《半月谈》，2009（7）。

② 参见王海平：《中央摸底地方政府负债率风险逼近警戒线》，载《21世纪经济报道》，2010-01-19。

第三章　中国宪法的国家目标规定及其演变

韩大元曾经提出："立宪主义是依照宪法监督国家权力和保障人权的政治原理，在制宪、行宪与修宪等不同环节上起着指导作用，其中制宪是立宪主义运行的基础与前提，没有制宪活动，难于形成行宪的过程。立宪主义并非仅指立宪活动，其价值在于反映和实现宪法精神。"[①] 由此而言，"立宪"或者"立宪主义"大抵上相当于"宪治"，涵盖了整个制宪、行宪与修宪等宪治活动。朱孔武则认为："财政立宪主义是一个动态过程，财政宪法是其静态的制度体现。'财政立宪主义'的概念不仅可以反映'财政议会主义'和'财政民主主义'，而且更适合我国的宪政理论和实践背景。"[②] 这里引申出来的一个重要问题即在于，如果"财政立宪"仅仅局限于一国宪法文本中财税法条款之制定、修改与实施的活动，我们对于一国财政制度演变过程的考察势必大受局限。实际上，由于各国制宪者的立宪观念各不相同，宪法文本之内的财税法规范之规定也各有差异；但是，在一国财税法规范体系内部，必有处于最高位阶的法规范之现实存在，此即"实质意义上之财政宪法"。若不做违宪审查基准之考量，财政宪法规范变迁之研究，甚至可以不必囿于宪法文本内之形式宪法规范，其变迁形式亦不必限于宪法文本内财政规范之创制或者修改；凡财政税收法规范体系中具有最高效力位阶之规范，只要其与宪法文本内之条款具有直接或间接之联系，概属"实质意义之财政宪法"。例如，宪法文本中之"国家发展战略条款"或者"国家发展目标规定"，其中衍生出许多法律法规及政策文件；凡涉及此种财政法规范重大变动之行为，不论是以修宪形式还是

① 韩大元：《亚洲立宪主义研究》，北京，中国人民公安大学出版社，1996，第2页。

② 朱孔武：《财政立宪主义研究》，北京，法律出版社，2006，第7页。

以立法甚至其他形式，概属广义上之“财政立宪”活动。[①]

谚云：“财政乃庶政之母。”一国宪法中有关财政的根本法规范，即所谓“财政宪法”者，必得涵盖该国政府与人民关系、政府间相互关系之经济内容。换而言之，当今时代，宪法作为型构整个国家政治与经济生活的根本大法，亦得确立国家发展的目标、发展战略及其相应的经济体制、财政模式。故此，吾等研究中国财政宪法规范之变迁过程，亦即中国之“财政立宪”历史，必得回顾中国经济体制变迁与财政体制改革之主要经历。为此，我们首先需对中国宪法文本中的“国家战略条款”作一番系统梳理与回顾，进而深入透析当前经济生活与财政实践中存在的主要宪法问题，以为今后中国的财政立宪之道提供有益之理论参考。

第一节　中国“国家目标规定”之宪法变迁

通说认为，宪法规范主要指涉两个方面，即“国家权力”与“公民基本权利”。但实际上，在此两方面之外尚有宪法规范的“第三领域”，即所谓“国家目标规定”或“基本国策条款”等宪法规范存在，它一般见诸宪法序言或宪法总则之中。以德国为例，魏玛共和国时期，学者安序兹即认为：并非所有的宪法条文皆能赋予人民直接之权利，宪法文本当中单纯作为法律原则而存在的所谓“方针指示条款”，例如魏玛宪法第 109 条 3 项 1 款（“公务员关系之原则，由联邦法律定之”）等，须由立法者制定法律方可实现及具体化。此种将所谓“方针条款”解释为“对立法者无法律拘束力之指示”的学说，在第二次世界大战结束之后遭到全面检讨。[②] 于是，以德国基本法第 20 条第 3 项之规定为基础，不少德国学者试图以所谓“国家目标规定”理论取代传统的“方针条款”学说，认为它具有直接拘束国家权力行使之效力。譬如：德国学者 Urlich Scheuner 认为：“国家目标规定”不仅作为“主观权利”而存在，亦具有“客观法”的性质，它与其他宪法规范的区别在于其具有“动态性特质”，用以指出国家将来必

---

① 在宪法条文文义所能涵盖的界限之内，通过公权力机关的灵活解释及公权力行为的作为或者不作为，对宪法规范所作的实质性变更，中外宪法学者称之为“宪法的变迁”，亦即“宪法的无形修改”。这个理论概念的详细叙述参见朱福惠、刘连泰、周刚志：《宪法学专论》（科学出版社，2006 年版）。

② 参见陈新民：《宪法基本权利之基本理论》，台北，元照出版公司，1999，第 38～48 页。

须解决的社会问题，其功能在于为国家之行为指示道路而非设定界限。[①] 学者苏永钦则否认美、德宪法尚有“基本国策条款”之存在——“美国宪法不仅没有基本国策的规定，即使增修的人权规定也相对简约。战后德国基本法同样有意地不设国家目标的规定，保持宪法对公共政策基本的中立性。这使得民主多数决的唯一界限就是人权，因此国家与社会的基本关系，就决定于人权的解释。”[②] 美国学者詹姆斯·威尔逊也认为，保护“生命、自由、财产”等基本权利，不仅是美国革命的目的，也是美国宪法的目的。[③] 其实，从广义而言，除了“保护基本权利”之外，德、美诸国的宪法文本中亦不乏专门的“国家目标规定”或“基本国策条款”之内容。譬如，除联邦德国基本法第 20 条之一可以视为“国家目标规定”外[④]，美国联邦宪法“序言”亦宣称：“我们美国人民，为了建立一个更完美的合众国、树立正义、保证国内治安、筹建国防、增进全民福利及谋求吾等及子孙永享自由之幸福，特制定本宪法。”这一段内容亦近于德国学者所探讨的“国家目标规定”，但美国学者多以为其缺乏具体之规范效力。其实，宪法规范之法律效力并不局限于司法适用效力；就其适用范围而言，其当然包括对于立法机关、行政机关甚至政党等人民团体之拘束力。即使对司法机关而言，宪法文本所揭櫫之“国家目标规定”或“基本国策条款”缺乏明确的国家权力或基本权利事项之内容，故而难以发生确定之效力。[⑤] 但是国家目标规定或基本国策条款明确揭櫫宪法上之价值理念，其预示了未来的国家立法规划，对于国家权力条款与基本权利条款之解释与适用具有强烈的价值导向功能，其在宪法解释学上的意义不容小觑。进而言之，对于缺乏宪政传统、却将宪法视为型构“理想国

① 参见林明昕：《公法学的开拓线——理论、实务与体系之建构》，台北，元照出版有限公司，2006，第 10～18 页。

② 苏永钦主编：《部门宪法》，台北，元照出版有限公司，2006，第 154～155 页。

③ 参见李道揆：《美国政府和美国政治》，北京，商务印书馆，1999，第 9 页。

④ 《联邦德国基本法》第 20 条之一明确规定：“国家为将来之世世代代，负有责任以立法，及根据法律与法之规定经由行政与司法，于合宪秩序范围内保障自然之生活环境。”

⑤ 一个完整的法规范同时应该包括“构成要件”与“效果要件”两个部分，如果某一法条的“构成要件”本身并不明确，或者缺乏“效力要件”，则该法条为“不完全法条”。黄茂荣认为：“将法律效力联接或归属于构成要件之意义为效力规定，而非如叙述性的句子仅在描写一个主张。换言之，前者规定在哪种情形，即在哪条件下，系争法律效力应该发生。立法者并不通过法条来表示事实上这是什么，而在表示什么才是对的，或什么应该适用。”参见黄茂荣：《法学方法与现代民法》，北京，法律出版社，2007，第 137 页，第 145 页。

家”甚至“理想社会”之重要工具的中国而言，宪法上的“国家目标规定”或者“基本国策条款”实为宪法规范体系中最为重要的部分之一，因而，有关“国家目标规定”之诠释，亦为中国宪法释义学体系所不可或缺之学说内容。在中国宪法文本中，最为典型的“国家目标规定”或“基本国策条款”即“国家发展战略”条款。

马克思曾言：“美洲金银产地的发现，土著居民的被剿灭、被奴役和被埋葬于矿井，对东印度开始进行的征服和掠夺，非洲变成商业性地猎获黑人的场所：这一切标志着资本主义生产时代的曙光。这些田园诗式的过程是原始积累的主要因素。跟踵而来的是欧洲各国以地球为战场而进行的商业战争……资本来到世间，从头到脚，每个毛孔都滴着血和肮脏的东西。”[①] 而实际上，西方国家在现代化初期的此种以商业战争和军事战争作为载体之“外向掠夺型”“非和平发展”路径，还深刻影响了欧美以外的其他地区，以日本为例：“自明治开国以来日本所实施的‘近代化’和‘富国强兵’等国策，在旧普鲁士流‘明治宪法’的误导下，走向了‘军事大国、殖民地大国’的歧途。”[②] 第二次世界大战结束之后，特别是20世纪90年代“冷战”终结以来，“和平发展”问题备受关注。对于第二次世界大战以后独立的广大发展中国家而言，它们普遍面临“资金短缺”、“科技落后”、“人口增长过快”等诸多困境。故而，为了确保国家独立和实现现代化，许多发展中国家（包括亚、非、拉的社会主义和非社会主义国家）都推行了“政府主导型”的“内向汲取型”“和平发展”战略模式，希望经由不同于西方各国早期通过血腥掠夺方式获取“原始资本”的新型发展道路，建立同发达国家类似的工业体系。在第二次世界大战之后发展中国家所探索的诸种“内向汲取型”“和平发展”战略模式中，中国在借鉴苏联工业化模式的基础之上所建立的所谓“赶超型”发展战略或“追赶型”发展战略，无疑是其中最为典型的一种发展模式。进而言之，此种以“政府主导”、“城市主导”、“工业主导”为基本特征的发展战略模式，对内而言乃是一种以“工业化”、“现代化”为目标的“赶超发展”战略，对外而言则是一种依靠内

① 《马克思恩格斯选集》（第二卷），北京，人民出版社，1995，第265～266页。

② 〔日〕千叶真、小林正弥编著、白巴根等译：《日本宪法与公共哲学》，北京，法律出版社，2009，第9页。

部经济资源完成资本积累的“和平发展”战略。自1978年改革开放以后，特别是21世纪以来中国领导人提出了“科学发展观”作为新型发展战略的核心思想以来，中国的此种“和平发展”战略模式屡经演变，均深刻体现于历部中国宪法文本之中，它深刻决定了中国的政治经济制度的运作模式及其制度变迁的路径。

一、“工业化”：新中国宪法的“国家目标规定”及其“财政国家”模式

（一）“工业化”目标及其“财政国家”模式之宪法内涵

从历史上看，1949年《中国人民政治协商会议共同纲领》（以下简称《共同纲领》）第1条即国家目标规定，它规定“中华人民共和国为新民主主义即人民民主主义的国家”，其目标在于“中国的独立、民主、和平、统一和富强”。为此，《共同纲领》第3条规定“国家任务”是“发展新民主主义的人民经济，稳步地变农业国为工业国”。显然，此种“国家目标”虽然深受苏联社会主义模式影响，但与后者之间依然存在重大区别。然则，在“莫斯科共识”及苏联模式的影响下，中国的国家目标及其实施模式迅即通过1954年《宪法》的制定而得以重大修改。1954年《宪法》在其“序言”中规定中国的“国家目标”在于“建成繁荣幸福的社会主义社会”；为此，“国家在过渡时期的总任务是逐步实现国家的社会主义工业化，逐步完成对农业、手工业和资本主义工商业的社会主义改造”。从历史上看，这些规定均是以苏联重工业发展模式为蓝本，实际上也决定了中国“财政国家”的模式及其构成体系。譬如，《共同纲领》第35条对此已有明确规定：“关于工业：应以有计划有步骤地恢复和发展重工业为重点，例如矿业、钢铁业、动力工业、机器制造业、电器工业和主要化学工业等，以创立国家工业化的基础。同时，应恢复和增加纺织业及其他有利于国计民生的轻工业的生产，以供应人民日常消费的需要。”胡鞍钢对此种国家发展目标及其实施路径作了更为细致的描述：“就中国自己而言，在发动工业化方式方面，选择了由国家发动工业化，排斥私人发动工业化；在发动工业化主要领域方面，选择了以城市为主导的工业化，排斥了在农村搞工业化；在发展工业与农业关系方面，选择优先发展工业，排斥了优先发展农业或平衡发展农业的战略；在发展重工业与轻工业关系方面，选择了优先发展重工业，排斥了优先发展或平衡发展轻工业的战略；在处理国内与国际关系方面，选择了‘自给自足’的内向型进口替代战略和国内贸易保护政策。尽管中国从苏联吸收了大量投资和技术，但基本上排斥了

参与全球经济的外向性或开放型工业化。”[①] 可见，为了急于实现建立“工业国”的国家发展目标，几乎所有的经济资源均被置于政府的控制之下，扶持和发展“重工业”成为经济发展计划的“重中之重”。

林毅夫指出，重工业由其资本密集特点衍生出三个基本特征：第一是建设周期长；第二是在发展的早期，大部分设备需要从国外引进；第三是初始的投资规模巨大。又因为“赶超型”发展战略所确定的产业目标与资源禀赋所要求的产业结构之间存在着巨大的差异，它在市场竞争中无法获得社会可接受的利润水平，甚或会发生大量的亏损，因而没有“自生能力”。由此，为了贯彻这一国家发展战略需要几个方面的政策环境，即：“低利率政策”、“低汇率政策”、“低工资和能源、原材料低价政策”，“低农产品和其他生活必需品及服务价格政策”[②]。其实，如果我们不拘泥于名义上的“税收”概念（1985 年以前中国税收主要分为“工商各税”、“关税”与“农业各税”），而将主要的财政收入均纳入考察的范围，则不难发现：“工业化”的“国家目标规定”之实现，不仅需要“扭曲产品及生产要素价格”的政策环境，还需要以工业国有化、农业集体化等高度集权的资源配置机制以及国营企业上缴的“利润税”、农业税、产品“价格剪刀差”中的“隐性农业税”等组成的税制作为制度基础，方可有效运作。实际上，从 1949 年到 1978 年间，中国的“名义税制”（即明确以税收名义存在的各种制度，如工商税、农业税、船舶吨税等）也经历了多次改革，譬如：20 世纪 50 年代末期试行的人民公社财政包干制度、部分城市试行的国营企业“税利合一”制度；20 世纪 60 年代中期试行的“国营企业积累税”制度；20 世纪 70 年代试行的“综合税”、“行业税”及“工商税”制度，等等。[③] 从整体上看，这一时期的“财政国家”制度模式的基本构成在于：在财政支出工具上，选择了“国家经济发展规划”和“国家指令性计划”；在财政收入工具上，存在“名义税制”与“隐性税制”；在财政管理体制上，处于“高度集权”与“择机放权”、“择机收权”的交替轮换状态。[④] 而作为这一制度体系之集中体现的经济制度，当然就是

① 胡鞍钢：《中国政治经济史论（1949—1976）》，北京，清华大学出版社，2007，第 142 页。

② 林毅夫、蔡昉、李周：《中国的奇迹：发展战略与经济改革》，上海，上海三联书店，1999，第 36 页，第 38 页。

③ 参见刘佐：《中国税制改革三十年》，北京，中国财政经济出版社，2008，第 13～29 页。

④ “财政国家”的制度体系主要由财政收支划分制度、财政收入制度和财政支出制度构成，关于这一问题的论述可以参见周刚志：《论“财政国家”的宪法类型及其“中国模式”》，载《法学评论》，2012（1）。

"经济计划"。譬如，《共同纲领》第33条要求："中央人民政府应争取早日制定恢复和发展全国公私经济各主要部门的总计划，规定中央和地方在经济建设上分工合作的范围，统一调剂中央各经济部门和地方各经济部门的相互联系。中央各经济部门和地方各经济部门在中央人民政府统一领导之下各自发挥其创造性和积极性。"而1954年《宪法》第15条更是明确规定："国家用经济计划指导国民经济的发展和改造，使生产力不断提高，以改进人民的物质生活和文化生活，巩固国家的独立和安全。"就其实施效果而言，这种以"计划经济"体制为核心的"财政国家"模式本是因应"工业化"的国家目标规定而产生的，它在实际上也支撑了这一目标的实现。

（二）"工业化"目标及其财政国家模式之理论评判

林毅夫认为，一个国家的产业结构和技术结构乃是内生于其经济的禀赋结构。发展中国家禀赋结构的关键特征是：自然资源或非熟练工人相对丰裕，人力资本和物质资本相对稀缺；因此，只有劳动密集型和资源密集型产业在开放、竞争的市场中才有比较优势。在违背比较优势的战略下，有限的资本被用来优先发展重工业，具有比较优势的劳动密集型产业就无法获得足够的资金支持，从而不得不依靠传统技术。这样，优先发展产业中的企业不能创造经济剩余，符合比较优势的产业中的企业也难以获得投资所必需的资本，总的经济剩余将会很少，能够提高给下一期的投资也就很有限。最终，优先发展的产业以及整个经济的技术进步都会非常慢，同发达国家的技术差距也会迅速扩大。所以，违背比较优势的战略的推行不仅不会缩小发展中国家同发达国家之间的差距，反而会使这种差距不断扩大。[①] 诚然！1949年到1975年间（1975年至1978年间略有调整），中国宪法文本确立的"工业化"发展目标及其"财政国家"模式，乃是以计划经济体制为依托，政府在高度集中社会财富的同时全面支配企业等微观经济组织的经营活动，导致了资源配置的整体低效，人民生活水准长期徘徊在维持生存状态。尽管此种"财政国家"模式在其存续期间也取得了一些成就，但是它在经济发展的管理机制和动力机制等问题上都面临无法克服的制度缺陷，因而无法因应经济持续发展的需要，最终被实践证明为一种"失败的体制模式"。

---

① 参见林毅夫：《经济发展与转型：思潮、战略与自生能力》，北京，北京大学出版社，2008，第33～37页。

第一，“工业化”发展目标及其“财政国家”模式的运行机制问题。胡书东博士认为：“就计划经济来说，中央计划当局不可能像一个企业的经理人员那样成功地收集、处理整个国民经济的绝大部分宏观、微观信息，也不可能准确、及时地作出决策，并直接监督各微观单位执行这些决策。我们可以将这种因为管理宽度和长度而产生的信息问题称为计划体制的第一类信息问题。”[①] 从功能主义的理论视角来看，此类“信息问题”将会导致计划当局决策的信息成本和执行成本剧增，最终导致制度配置的严重错位和功能紊乱。进而言之，政府为了推进经济建设，在财政汲取上适用“量需原则”，不得不最大限度地压制个人的利益需求。[②] 另一方面，计划当局在实现“工业化”目标时又不得不依赖于国营企业等微观经济部门，后者为了他们的共同利益就会在集团内进行共谋，甚至与其直接隶属的行政部门进行共谋。奥尔森指出：“斯大林所建立的攫取体制的僵硬退化使得前共产主义国家内的大型企业更擅长于内部人游说而不是从事生产。每一个这样的组织从整个社会的繁荣中仅可获得有限的利益，因而为满足其自身的利益，它很少或根本不考虑社会的需要。”“只要截留产品、偷盗国有财产、或者不尽责工作只在共谋的小圈子内为人注意，它们就不会为中央所发觉。”这样，“（原有的）税收收入就会不断减少。对中央来说曾经是税收的部分，后来变成了成本——被企业及其管理层、工人及供应方截留下来，或仅仅因为效率低下而浪费掉了，有时甚至确实被人偷走了。”[③] 奥尔森对于社会主义国家的国营企业之评价可能有失偏颇，但是在原苏联、中国等社会主义国家确实存在官僚主义作风和贪污腐败现象，甚至衍生出严重的地方主义与部门主义——“由于各级国家政治和经济机关之间存在利益上的矛盾，而这种矛盾，在经济管理权限上，不可避免地要反映出来，这就会导致各级机关会从自身的利益出发，用各种办法来对付上一级的指令和控制，各级都这样做，就形成管理体制上的等级性和矛盾性。这说明，传统的经济管理体制在其高度集中的同时，实际上又不可避免地存在摆脱国家控制的分散的一面。也就是我们常说的上有政策，下

---

① 胡书东：《经济发展中的中央与地方关系——中国财政制度变迁研究》，上海，上海三联书店、上海人民出版社，2001，第 42 页。

② 譬如，《共同纲领》第 40 条第 2 款明确规定：“国家的税收政策，应以保障革命战争的供给、照顾生产的恢复和发展及国家建设的需要为原则，简化税制，实行合理负担。”

③ 〔美〕曼瑟·奥尔森著、苏长和、嵇飞译：《权力与繁荣》，上海，上海世纪出版集团、上海人民出版社，2005，第 131 页，第 117 页，第 123 页。

有对策。”① 国家主导的“工业化”进程严重依赖“利润税”等“隐性税收”，这使国家与企业等微观经济单位之间形成了利益上的冲突，不仅增加了制度实施的成本，而且在实际上使其所依赖的财政收入不断流失。为此，它不得不诉诸“劳动竞赛”甚至“阶级斗争”等政治方式予以维持。1975年《宪法》“序言”所确认的依靠“无产阶级专政下继续革命”的理论，该《宪法》第10条所确认的“抓革命，促生产，促工作，促战备的方针”，其实都可以视为此种发展目标及制度模式的实施与保障机制，它使中国社会为此付出了沉重的代价。

第二，“工业化”发展目标及其“财政国家”模式中的动力机制问题。除了严重压抑劳动者的生产动机之外，“工业化”发展目标及其“财政国家”模式面临的另外一大困境在于科技创新能力的严重缺失。“持续的技术创新、产业结构升级和相应的制度变迁，是现代社会经济长期增长的驱动力。”② 从根本上讲，唯有通过科技的持续发展，不断提高经济部门的生产绩效，才能在经济剩余不断累积的基础上提高财政收支总量，以用于基本权利之保障，从而实现“财政国家”制度模式的良性变迁。然则，“工业化”发展目标及其制度模式是以发达国家的工业模式为蓝本而由政府有计划的组织力量进行技术模仿与追赶，故而在拥有技术人才的条件下它可以在短时期内迅速实行技术追赶，体现其短暂的“制度优势”。但如哈耶克所说，人们在“知识上的构成性局限（constitutional limitations）实是他们不可能经由理性而建构社会整体的一个永恒的障碍”③。作为一个整体，知识的生产和发展并不受制于任何特定的目的，也不可能完全受制于任何特定的社会组织，任何政府都无法以某种特定的目的来型构科技创新这种“自生自发的”理性认知活动。进而言之，科技创新是一个复杂互动的过程，甚至身处其间的研究人员也无法准确预见科技创新可能带来的所有结果，也无法准确预言科技创新过程中所面临的各种困难、挑战和机遇，更何况置身事外的行政当局？如果政府力图事无巨细地对科技创新活动进行整体规划和干预，并根据经济计划确定科技创新成果的应用，必

---

① 陆南泉：《苏联经济体制改革史论（从列宁到普京）》，北京，人民出版社，2007，第84页。

② 林毅夫：《经济发展与转型：思潮、战略与自生能力》，北京，北京大学出版社，2008，第7页。

③ 〔英〕弗里德利希·冯·哈耶克著、邓正来等译：《法律、立法与自由》，北京，中国大百科全书出版社，2000，第4～5页。

定会阻碍科技创新的有益尝试；能够改进经济效益的科技成果如果不为计划当局所了解，也难以通过市场的自发调节而被迅速应用与推进。这样，科技创新成果在经济领域应用与推广的进程必然被大量阻滞，国民经济也无法实现持续增长，财政国家模式也无法因应国家经济发展的需要实现整体变迁。

二、“现代化”：“八二”宪法的国家目标规定及其财政国家模式

(一)“现代化”目标及其“财政国家”模式之宪法内涵

或许是因为重工业建设的目标在20世纪70年代已经初步实现，更因为政府全力扶持重工业发展的工业化发展模式已经显示出严重的缺陷，1975年《宪法》删除了国家目标规定的具体内容，仅仅在“序言”最后一段宣布：“全国各族人民团结起来，争取更大的胜利！”1978年《宪法》则在“序言”中明确规定：“根据中国共产党在整个社会主义历史阶段的基本路线，全国人民在新时期的总任务是：坚持无产阶级专政下的继续革命，开展阶级斗争、生产斗争和科学实验三大革命运动，在本世纪内把我国建设成为农业、工业、国防和科学技术现代化的伟大的社会主义强国。”其中，建设现代化的社会主义强国成为宪法文本所确认的“国家目标规定”。1982年《宪法》“序言”中将此修改为：“今后国家的根本任务是集中力量进行社会主义现代化建设。中国各族人民将继续在中国共产党领导下，在马克思列宁主义、毛泽东思想指引下，坚持人民民主专政，坚持社会主义道路，不断完善社会主义的各项制度，发展社会主义民主，健全社会主义法制，自力更生，艰苦奋斗，逐步实现工业、农业、国防和科学技术的现代化，把我国建设成为高度文明、高度民主的社会主义国家。”这一段陈述“国家根本任务”与“国家发展目标”的规定经过数次修改，现在表述为：“国家的根本任务是，沿着中国特色社会主义道路，集中力量进行社会主义现代化建设。中国各族人民将继续在中国共产党领导下，在马克思列宁主义、毛泽东思想、邓小平理论和‘三个代表’重要思想指引下，坚持人民民主专政，坚持社会主义道路，坚持改革开放，不断完善社会主义的各项制度，发展社会主义市场经济，发展社会主义民主，健全社会主义法制，自力更生，艰苦奋斗，逐步实现工业、农业、国防和科学技术的现代化，推动物质文明、政治文明和精神文明协调发展，把我国建设成为富强、民主、文明的社会主义国家。”可以说，宪法文本中“国家目标规定”的改变，实际上也为“财政国家”制度模式的变革开拓了道路。

具体而言，1978 年，尤其是 1982 年迄今的二十多年间，为因应宪法上“现代化”发展目标规定的实施，中国的“财政国家”制度体系主要发生了如下几个方面的变革：

第一，在财政收入工具方面，税收成为国家财政收入的主要来源。国营企业实施“利改税”改革，个体经济、私营经济等非公有制经济成分的经济地位逐渐得到宪法承认，外资企业迅猛发展，以增值税和企业所得税为主体税种的税制结构逐渐形成。譬如：1988 年通过的第 1 条宪法修正案承认了私营经济的合法地位，并规定其是“社会主义公有制经济的补充”；1999 年通过的第 16 条宪法修正案将“在法律规定范围内的个体经济、私营经济等非公有制经济”定位为“社会主义市场经济的重要组成部分”；2004 年通过的第 21 条宪法修正案则进一步明确宣布“国家鼓励、支持和引导非公有制经济的发展，并对非公有制经济依法实行监督和管理”。非公有制经济逐步被承认的过程，其实也是中国内资企业税收制度及整体税制不断发展完善的过程。从国家财政收入的各个项目来看，1978 年国营企业收入为历年最高（571.99 亿元），此后逐年降低，到 1993 年仅有 49.49 亿元；而税收收入则由 1978 年的 519.28 亿元逐年增加，1993 年增至 4 255.30 亿元，2004 年更是增加到 26 396.47 亿元。[①] 2004 年，以增值税为主要税种的流转税占税收总收入的 64.4%，而以企业所得税为主要税种的所得税则占到了税收总收入的 25.1%。[②] 这说明，以增值税和企业所得税为主体税种的税制结构初具雏形。据财政部税政司 2013 年 10 月的统计[③]，现阶段我国的主体税种依然是“增值税”与“企业所得税”——2013 年前三个季度中，国内增值税收入所占比重为 24.7%，进口货物增值税、消费税收入的比重为 11.8%，营业税收入占税收总收入的比重为 15.3%，企业所得税收入占税收总收入的比重为 23%；考虑到“营业税改增值税”的改革措施，增值税的比重将更为增加。

第二，在财政支出工具方面，经济计划的功能被逐渐弱化，预算正在成为国家财政支出的主要管理手段。在新中国成立之后的前几部宪法中，

---

① 参见中华人民共和国财政部主管：《中国财政年鉴（2008 年）》，北京，中国财政杂志社 2008 年编辑出版，第 400 页，第 401 页。

② 参见刘佐：《中国税制概览（2006 年版）》，北京，经济科学出版社，2006，第 11 页。

③ 参见财政部税政司：《2013 年前三季度税收收入情况分析》（2013 年 10 月），网址：http://szs.mof.gov.cn/zhengwuxinxi/gongzuodongtai/201310/t20131021_1001158.html；访问时间：2014 年 2 月 8 日。

全国人大批准“国民经济计划”和“国家预算决算”，国务院执行“国民经济计划和国家预算”，几乎已成定则。譬如，1954年《宪法》第27条第9项、第10项，第49条第7项，1975年《宪法》第17条、第20条，1978年《宪法》第22条第7项、第32条第5项，均是作了如此规定。实际上，在此种财政体制之下，“财政预算”成为“国民经济计划”的“附属”或“注脚”，并不具备独立的法制价值。1982年《宪法》第62条第9项、第10项则将全国人大的职权修改为“审查和批准国民经济和社会发展计划和计划执行情况的报告”、“审查和批准国家的预算和预算执行情况的报告”；与此相应，《宪法》第89条第5项将国务院的职权修改为“编制和执行国民经济和社会发展计划和国家预算”。其中，尽管宪法条文上“国民经济计划”仅仅被修改为“国民经济和社会发展计划”，但是经济体制的改革却在实际上弱化了经济计划的效力，财政预算的法制属性有所增强。

第三，在财政管理体制方面，“分权”成为国家财政体制的重要特征。在新中国成立之后的前几部宪法或宪法性文件中，仅《共同纲领》第40条第1款对于财政分权问题作了简要规定：“关于财政：建立国家预算决算制度，划分中央和地方的财政范围，厉行精简节约，逐步平衡财政收支，积累国家生产资金。”此后，可能是因为计划经济体制下已无“财政分权”的法制空间，1975年《宪法》、1978年《宪法》对此均未作明确规定，仅仅在规定地方人大等地方机构的权限时作简要之规定，譬如：1954年《宪法》第60条第1款规定：“地方各级人民代表大会依照法律规定的权限通过和发布决议”；1975年《宪法》第23条规定：“地方各级人民代表大会和它产生的地方各级革命委员会在本地区内，保证法律、法令的执行，领导地方的社会主义革命和社会主义建设，审查和批准地方的国民经济计划和预算、决算，维护革命秩序，保障公民权利”；1978年《宪法》第36条第1款规定“地方各级人民代表大会可以依照法律规定的权限通过和发布决议”；等等。1982年《宪法》第89条第4项则明确规定：国务院有权“统一领导全国地方各级国家行政机关的工作，规定中央和省、自治区、直辖市的国家行政机关的职权的具体划分”。据此，国务院1993年制定了《关于实行分税制财政管理体制的决定》，其中提出：“根据建立社会主义市场经济体制的基本要求，并借鉴国外的成功做法，要理顺中央与地方的分配关系，必须进行分税制改革。分税制改革的原则和主要内容是：按照中央与地方政府的事权划分，合理确定各级财政的支出范围；根据事权与财权相结合原则，将税种统一划分为中央税、地方税和中央地方共享税，并建立中央税收和地方税收体系，分设中央与地方两套税务机构分别征管；科学核定地方收支数额，逐步实行比较规范的中央财政对地方的税收返还和转移支付制度；建立和健全分级预算制度，硬化各级预算约束。”实际上，1994 年开始实施的“分税制”，赋予地方政府以发展经济的强劲动力（地方政府可以分享经济增长过程中产生的增值税收入），使中国的市场化进程在地方政府竞争中迅速发展，维持了中国经济近二十年的高速增长。[①] 尽管这一财政分权体制仍然亟待发展完善，但是“财政分权”已经成为中国财政管理体制的重要特征。

（二）“现代化”目标及其“财政国家”模式之理论评析

林毅夫认为，经济发展归根结底是要改变资源结构，即增加资本在资源禀赋中的相对丰富程度。资本来自积累，而社会资本的积累水平取决于经济剩余的规模，而后者又依赖于生产活动的绩效和特点。如果一种经济的产业和技术结构能充分利用其资源禀赋的比较优势，那么这个经济的生产成本就低，竞争能力就强，创造的社会剩余也就多，积累的量也就大，这样也就更加能够促进产业升级与技术创新。[②] 中国自 1978 年《宪法》以来，宪法确立的“现代化”发展目标及其“财政国家”模式摒弃了传统社会主义国家之单一“工业化”的发展目标，强调工业、农业、国防、科技等部门共同发展，尤其是 1982 年《宪法》及其修正案弱化了经济计划的功能，为市场经济建设开拓了改革空间，契合了中国当时的资源禀赋特征，因而取得了较为明显的经济建设成就。然则，以“经济发展”为核心内容的“现代化”目标，以及相应“财政国家”模式依然存在严重缺陷。

第一，自然资源迅速耗竭。科尔奈曾经提出，“外延式增长”在经典社会主义体制下占主导地位，因为用来保护环境的额外投资往往完全被忽略，而节约下来的环境保护投资都被用于其他重点优先项目的建设。[③] 中国自改革开放以后，尤其是 1994 年实施分税制以后，地方政府受政绩考核指标及分享增值税收入的刺激，其争夺投资的竞争日趋激烈，市场化

① 参见周刚志：《财政分权的宪政原理：政府间财政关系之比较研究》，北京，法律出版社，2010。

② 参见林毅夫、蔡昉、李周：《中国的奇迹：发展战略与经济改革》，上海，上海三联书店，1999，第 112 页，第 106 页。

③ 参见〔匈〕雅诺什·科尔奈著、张安译：《社会主义体制——共产主义政治经济学》，北京，中央编译出版社，2007，第 172 页，第 169 页。

进程迅速推进，经济多年持续高速增长。然则，如前文所言，“自然资源”并非中国的“比较优势”。可以说，资源巨量消耗并日趋枯竭，已经成为限制中国经济发展的“瓶颈”。另一方面，经济持续高速增长、计划生育政策和免除农业税等三大因素正在促使中国社会快速接近“刘易斯转折点”[①]。“刘易斯转折点”的来临，农村地区不会再向城市工商业发展提供无穷无尽的劳动力，中国经济发展面临的资源限制将更加严苛。

第二，财政资源浪费严重。如前揭所言，“国民经济和社会发展计划”与“财政预算”的并存乃是当前中国财政支出法的重要特征之一，但是中国的“财政国家”形态依然属于新型“计划国家”而非“预算国家”，原因并不仅在于此。笔者曾经提出，“计划国家”与“预算国家”之差异，并不仅仅在于财政预算本身是否具有“内容的统一性”，更在于财政预算本身的民主化、法治化——凡政府财政预算仍然主要依照行政机关议定的计划、规划得以编制，并通过行政命令、行政纪律保证其实施之效力者，均属“计划国家”（或者“新型计划国家”）而非“预算国家”[②]。进而言之，财政预算作为一种“特殊法律”，其效力之保障需借助于民主代议机关等外部监督，而非行政机关系统的内部监督。《预算法》第 47 条虽已明确规定：“各级政府财政部门必须依照法律、行政法规和国务院财政部门的规定，及时、足额地拨付预算支出资金，加强对预算支出的管理和监督。各级政府、各部门、各单位的支出必须按照预算执行”，但是，《预算法》对于执行部门违反财政预算的法律责任之规定，却仅有第 73 条至第 75 条等寥寥几个条款，其违法形态亦仅限于“违法擅自动用国库库款”与“隐瞒预算收入”等几种类型，其第 73 条甚至规定，“未经依法批准擅自变更预算”，只有在“使经批准的收支平衡的预算的总支出超过总收入，或者使经批准的预算中举借债务的数额增加的”条件下，才需要“对负有直接责任的主管人员和其他直接责任人员追究行政责任”。此种制度当然弱化了财政预算的法律效力，使得诸如“公费出国”、“公车消费”、“公款吃喝”等“三公消费”费用急剧增加，导致财政资源的严重浪费。

---

① 美国经济学家刘易斯认为，新兴工业化国家通常都是传统农业经济与新兴工业经济并存的“二元经济”，在此条件下农业劳动力过剩属于常态，但是经济发展会创造越来越多的就业机会，劳动力将从“无限供给”转变为“有限供给”。劳动力供求关系变化的转折点，经济学上通常称之为“刘易斯转折点”。参见蔡昉：《刘易斯转折点——中国经济发展新阶段》，北京，社会科学文献出版社，2008，第 27 页，第 79 页。

② 周刚志：《论“财政国家”的宪法类型及其“中国模式”》，载《法学评论》，2012 (1)。

第三，民生困境日益凸显。科尔奈认为，社会主义体制下的增长模式是“强制增长”，即“发展速度的加快并不是源自社会整体运动的自发推动，而是由官僚体制自上而下强迫执行。”“强制增长”的主要特征包括：“高投资和低消费”、“一系列优先原则”、“采取外延发展方式加速利用各种可见的资源潜力；以牺牲质量为代价的数量驱动。”[①] 国家的高强度介入，特别是国家通过税收等途径与方式常规性、强制性地提取部分社会生产剩余并用于经济建设，地方政府利用“土地财政”聚敛财富、通过巨额负债获取资金，再开展大规模的财政投资，必将产生“高企业税负”却“抑制普通劳动者的工资与福利”之财政效应，这是传统社会主义国家之“财政国家”模式的典型特征，它实际上也蕴含着很大的财政风险——此种税收制度不仅可能加大民众的生活压力，而且会扭曲正常的市场供需信息，更可能会由于财政的“挤出效应”而破坏经济体系的均衡发展，如果政府投资不当则更将引起经济效率的巨大损失。因此，如何通过合理的税制配置与财政体制改革实现中国未来的“可持续发展”，这是中国“财政国家”模式无法回避的课题。

第二节 中国“国家目标规定”之宪法重释

如前文所述，自 1949 年《共同纲领》以来中国宪法（以及宪法性文件）所确立的“工业化”目标及其财政国家模式，自 1978 年以后逐渐被“现代化”目标及其财政国家模式所取代。在宪法文本上，尽管 1993 年宪法修正案第 7 条以“市场经济体制”取代了传统的“计划经济体制”，但是“促进经济增长”依然是各级政府的核心任务；与此相应，现行宪法所确立的“财政国家”模式仍然在扮演着服务于第二代“赶超型经济发展战略”（“现代化战略”）的工具角色。问题在于，此种“财政国家”模式中，政府在资源配置上占有太多的财政资源、承担了过多的经济职能，却只能适应于市场经济建设初期阶段“粗放型经济增长”之需要，无法确保现代“财政国家”之“尊重市场规律”、“纾解民生困境”、“缓解社会矛盾”以及“促进产业升级”等功能，亟须再次转型。胡鞍钢认为：“国家现代化包括

① 〔匈〕雅诺什·科尔奈著、张安译：《社会主义体制——共产主义政治经济学》，北京，中央编译出版社，2007，第 187 页。

两个方面的现代化，一是人们通常所说的四个现代化，二是指国家制度现代化。作为前者，就是增加一个国家的硬实力，作为后者就是增加一个国家的软实力，这是两个互补的国家建设，不仅不相互排斥，而且还相互作用，互为条件，互为动力、互为因果。三十年前，中国的改革开放之初，是世界最贫穷的国家之一，当时最为紧迫的是国家经济建设、实现四个现代化，提高硬实力，所以我们将第一代改革战略核心称之为经济建设。随着中国经济现代化的迅速发展，硬实力的不断上台阶，必然提出以制度建设为中心的新思路。”① 尽管胡鞍钢在此富有创意地将“制度现代化”纳入“现代化”范畴，但是他试图以“制度建设”取代“经济建设”作为国家的“中心”任务，则不仅可能夸大了“制度建设”本身的独立价值，甚至会进而迷失制度建设本身的价值与宗旨。因此，我们或许需要超越理论界对于《宪法》序言中的“国家根本任务”、“国家目标规定”之传统理解和诠释，更为深入的探讨“国家发展的终极目的”问题。显然，无论是“工业化”还是“现代化”，无论是“四个现代化”还是“制度现代化”，都只是某一发展阶段的国家目标规定，而非国家发展的“终极价值”或“终极目的”。

其实，从世界立宪主义的实践来看，除了部分社会主义国家之外，大多数国家的宪法中并无具体而明确的“国家目标规定”，仅在“序言”等宪法开篇部分抽象地设定立宪的宗旨或者基本原则。譬如，美国宪法序言中明确宣布：“我们合众国人民，为建立更完善的联邦，树立正义，保障国内安宁，提供共同防务，促进公共福利，并使我们自己和后代得享自由的幸福，特为美利坚合众国制定本宪法。”联邦德国基本法第 1 条第 1 款规定：“人的尊严不可侵犯。尊重和保护人的尊严是一切国家权力的义务。”因此，为了因应经济发展与制度转型之需要，我国《宪法》序言部分的“国家目标规定”，在解释学上亦可依据“体系解释”方法，借鉴域外宪法学上所谓“整合理论”②，而作更为灵活之解释。具体而言，在现

① 胡鞍钢、王绍光、周建明主编：《第二次转型：国家制度建设》，北京，清华大学出版社，2009，第 3 页。

② “整合理论”认为宪法乃融合国家政治力与法律、文化价值观念等所整合形成的根本规范体系，主要为德国宪法学者 Rudolf Smend 所倡导。他认为，宪法学上所谓“整合”，并非一项永恒不变的规范理念，而是指在“法与时转”的宪法发展过程中，探讨如何以国家存在的时间为导向，就许多现实的政治与国家行为，加以整合而为公平、合理的定位之意。参见苏俊雄：《从“整合理论”之观点论个案宪法解释之规范效力及其界限》，载刘孔中、李建良主编：《宪法解释之理论与实务》，北京，“中央研究院中山人文社会科学研究所”，1988，第 20 页。

阶段，国家发展的直接目的依然在于建设“富强、民主、文明的社会主义国家”，但是政府施政的具体目标则不再局限于“四个现代化”或者“制度现代化”等任何单一目标，而在于通过建立、健全公共服务体系维护与促进全体人民的福祉。与此相适应，中国的“财政国家”模式则应该在应对国际金融危机、协调国内社会矛盾的过程中“浴火重生”，服务于“富强、民主、文明的社会主义国家”之建设，最终服务于人民基本权利之保障。可喜者在于，近年来国家发展理念的更新已经开始为中国财政立宪提供新的契机。而新世纪最初十年中国政府的改革措施，如“深化部门预算”、“加强审计监督”、“财政公开改革”、“发展社会保障制度”等，也愈来愈鲜明地彰显出财政立宪主义的内在精神，昭示着中国建设“预算国家”、“民主法治国家”及“民生福利国家”的前景。

一、“公共预算国家”初现端倪

（一）预算制度改革稳步行进

中国的预算制度至今仍然存在许多的陋习，严重危及财政预算的统一性、权威性、民主性，兹列举三种主要现象为例：

第一，预算外资金、制度外资金大量存在。所谓“预算外资金”，是指国家机关、事业单位和社会团体为履行或代行政府职能，依据国家法律、法规和具有法律效力的规章而收取、提取和安排使用的未纳入国家预算管理的各种财政性资金。预算外资金的合法存在始于新中国成立初期，在计划经济体制时期对于突破上级政府的经济统制、增强地方政府的灵活性、主动性具有一定的积极意义。但是，自从改革开放以来，政府的预算外资金极度膨胀，不仅会侵害公平的经济秩序，而且业已成为滋生行政滥权腐败的“温床”[①]。而实际上，我国除了“预算外资金”之外还存在“制度外资金”，即所谓“自筹经费”。在乡镇政府一级，它包括乡镇企业上缴的利润和管理费、乡镇统筹资金、行政和事业性收费、集资、捐款及各种罚没收入等。[②] 俗语云：“千里之堤，溃于蚁穴。”数额如此巨大的

① 马海涛等：《收支两条线管理制度》，北京，中国财政经济出版社，2003，第31～34页。此外，据统计，从1978年到1991年，预算外资金快速增长，年均增长速度超过了10%，某些年份如1983年、1984年甚至超过了20%；这些年均下来，预算外资金相当于预算收入的83.2%，1991年则达到了94.5%。以上数据转引自赵梦涵：《新中国财政税收史》，北京，经济科学出版社，2002，第588～589页。

② 参见方宁：《中部地区乡镇财政研究》，北京，清华大学出版社，2004，第26页；朱钢等：《乡村债务》，北京，社会科学文献出版社，2006，第78页。

“预算外资金”与“制度外资金”“合法”存在，财政预算作为体现政府施政活动之张本已被“扭曲”，其作为遏制权力滥用、保障公民财产权利的“堤防”将何以自存？面对此种格局，财政部、人民银行于2002年6月28日颁布《中央单位预算外资金收入收缴管理改革试点办法》，规定对于预算外资金的收入与支出实行严格的“收支两条线”管理，以遏制行政部门的“自利”冲动。但是，如果要将全部的预算外资金与制度外资金纳入预算管理之轨道，则还需要政府职能转换、提高预算编制技术及实行法治化分权等条件，断非短期内所能完成。

第二，各机关各自设立独立的银行账户，政府预算会计难以准确体现支出项目。国库作为国家财政资金的集中管理机构，它不仅仅只是政府的“出纳”而已，它对于监控政府各部门的资金出入、提高资金经济效益，特别是为决策层提供完整的财政收支记录等方面具有非常重要的意义。但是，我国现行的行政组织体制是以机关法人为基础，每一个国家机关都设有相对独立的银行账户，在财政支出方面有很强的独立自主性。[①]“我国的现行预算会计在分散（机构层）和集中（国库层）两个层面上进行记录和报告，这与许多国家相似，但仍然存在着重大差异。我国的总预算会计只是记录拨款交易，公共资金进入各个组织后的运作过程（从承诺阶段到付款阶段）无法进行追踪和记录，这使得高层管理者和决策者（如财政部门）无法在集中的层面上追踪机构层发生的财政交易，进而使全面有效的支出控制和实施预算成为一个极大的难题。”[②] 为了破解这个“难题”，财政部于2001年颁布了《中央单位财政国库管理制度改革试点资金支付管理办法》，决定开始逐步推行“单一账户，集中收付”及政府采购等方面的制度改革。可以预见，如果预算外资金与制度外资金都能纳入预算管理，则通过国库制度改革实现对政府所有资金进出的统一管理，则财政预算的完整性、明确性及严密性将得到保障，预算的民主监督方可有望取得监督之实效。

第三，经营性国有资产数额巨大，难以进行有效的预算监督。作为社会主义国家，我国与西方国家不同者在于，依据宪法的规定，矿藏、水流、森林、山岭、草原、荒地、滩涂及城市土地等自然资源都属于国家所

---

① 如财政部1998年1月6日发布的《行政单位财务规则》第五条规定：“行政单位的财务活动在单位负责人领导下，由单位财务部门统一管理。行政单位应当单独设置财务机构，配备专职财务会计人员，进行独立核算。人员编制少、财务工作量小的单位，可以实行单据报账制度。”

② 王雍君主持：《政府预算会计问题研究》，北京，经济科学出版社，2004，第118页。

有。这些资源性国有资产之外中，政府可以通过资源使用费、土地出让金等方式获取收益，它们与数量众多的国有企业共同构成了所谓之“经营性国有资产”。1995年国务院颁布的《中华人民共和国预算法实施条例》第20条规定：“各级政府预算按照复式预算编制，分为政府公共预算、国有资产经营预算、社会保障预算和其他预算。复式预算的编制办法和实施步骤，由国务院另行规定。”此中“国有资产经营预算”是否涵括了土地等资源性国有资产的经济收益，笔者并未查到国务院“另行规定”的法律文件，而地方政府所颁发的文件却似乎各所差异。《甘肃省企业国有资产收益管理暂行办法》第2条明确规定：“本办法适用于占有、使用国有资产以及设置国有股权的省内各类地方企业或公司、各级政府授权的投资部门或机构（以下简称‘企业’）。”由此而言，其所言之“国有资产收益”主要是指各类公司企业国有资本的经济收益。而1994年吉林省人民政府转发的、由省财政厅、国有资产管理局制定的《关于加强国有资产管理工作的意见》则明确指出：“为了加强国有资产收益管理，规范国家与企业分配关系，确保国有资产的再投入，今后凡属国有资产的经营性收益，如国有独资企业的税后应交利润、股份制企业的国家股红利、中外合资合作经营企业的中方国有资产投资收益、集体企业占用国有资产收取的占用费等，都应由国有资产产权经营机构统一监缴，纳入国有资产经营预算。”由此而言，“凡属国有资产的经营性收益”都需纳入国有资产预算进行管理，“国有土地”收益等似应包括其内。《宪法》第7条明确规定：“国有经济，即社会主义全民所有制经济……”所谓“国家所有”，亦即“全民所有”，人民当然有权对于国有企业等经营性国有资产的经营规划、经济效益进行审查，而人民审查国有资产经营的最佳途径当然是通过人大实施国有资本经营的预算监督。否则，不仅所谓“国有资产之全民所有”徒为“画饼”，还可能会因其“与民争利”而背离社会主义制度的基本精神。近年来某些城市政府热衷于“经营城市”，利用“农地征收”与城市土地出让获取巨额收入，即为明证。2007年9月8日，国务院颁布《关于试行国有资本经营预算的意见》，其中规定：国有资本经营预算单独编制，预算支出按照当年预算收入规模安排，不列赤字；各级财政部门为国有资本经营预算的主管部门。各级国有资产监管机构以及其他有国有企业监管职能的部门和单位，为国有资本经营预算单位。中央本级国有资本经营预算从2008年开始实施，2008年收取实施范围内企业2007年实现的国有资本收益；等等。这标志着我国国有资本经营预算制度正式开始实施，却仍然遗留了许多亟待解决的问题，譬如：国有企业之外的其他经营性国有资产如何编制预算？如何确定国有独资企业的利润上缴比例？如何建立合理的国有资产经营管理效率之评价标准？显然，国有资产之经营管理，既不能对国有企业经营之利润“竭泽而渔”，亦不能听任政府或相关企业无视民众诉求肆意追求市场利润最大化的目标，如何兼顾与协调民众利益与国有资产运营效益之间的关系，将可能是未来国有资产预算亟须解决的最大问题之一。

然则，中国预算制度的改革，早在 20 世纪 90 年代就已经拉开序幕。1998 年 12 月 29 日，第九届全国人大常务委员会第六次会议决定设立预算工作委员会。1999 年 12 月 25 日，九届全国人大第十三次会议又通过了《关于加强中央预算审查监督的决定》。时任全国人大财经委员会副主任、全国人大常委会预算工作委员会主任的郭振乾在会议上明确表示：“目前，全国人大及其常委会对中央预算的审查监督基本上是程序性的，难以发挥实质性作用。”他还提出，预算编制存在三个突出问题：一是没有编制部门预算，二是报送人大的预算过于简单，三是预算编制太迟；因此，“编制部门预算、细化预算和及时编制预算，是改革预算体制的重要内容，也是加强和改善预算审查监督工作的重要基础。”[①] 从 2000 年开始，深化部门预算成为中国预算制度改革的重要措施。如蔡茂寅所言：“国家固然透过预算的执行以达成所与追求的政策目的，国民以及其代表所组成的议会亦透过预算的审议，对整体国政进行监督。”[②] 预算不仅是国家的财政收支计划，更是人民通过其代表授权政府从事公务活动的法律文件，它必须预先制定、准确反映政府的实际收支行为，方便于人民及其他国家机关进行适时监督，如此才具有现实的宪政意义。中国公共预算制度改革的持续推进，或许正在预示着中国建成“公共预算国家”的宪政前景。

（二）审计监督风暴“席卷狂澜”

2004 年 6 月 23 日，审计长李金华在十届全国人大常委会上的审计报告中提供了一份“触目惊心”的清单，引起了民众的高度关注甚至“担忧”[③]。而此次被称为“风暴”的审计监督行动，还引起了人大常委与媒

① 郭振乾：《〈全国人民代表大会常务委员会关于加强中央预算审查监督的决定（草案）〉的说明》，载于全国人大常委会预算工作委员会办公室编：《预算审查监督》，北京，中国民主法制出版社，2000，第 5～9 页。

② 蔡茂寅：《预算法之原理》，台北，元照出版有限公司，2008，第 2 页。

③ 方奕晗：《调查显示 76% 的人担心审计长李金华遭打击报复》，载《中国青年报》，2004－07－19。

体对于财政违法违规行为处理结果的持久追问，愈加彰显出审计制度的宪政价值。[①] 正如国际最高审计组织第九届代表大会所通过的《利马宣言》所称："鉴于恰当有效地使用公共资金是适当管理公共财政事务和保证主管当局决策有效性的先决条件之一"，"鉴于各国已将其活动扩展到社会和经济的各个部门，其业务已大大超出了传统的财务工作范围"，"每个国家都必须设置一个其独立性受法律保障的最高审计组织"；"要保持各国的稳定和发展，达到联合国的目标，就必须实现审计工作的特定目标，如恰当有效地使用公共资金、建立健全财务管理、有条不紊地开展政府的各项活动、通过客观性报告的公布向公共当局和公众传播信息等"[②]。现代政府财务活动的极其复杂性，愈来愈使得代议机构的预决算监督独力难支，更何况于普通民众？审计机关作为专业性的财政监督机构，在现代财政监督体系中具有至关重要的作用。而在近年的审计立法中，尤为引人瞩目的是，2006 年 2 月 28 日十届全国人大常委会通过了《全国人民代表大会常务委员会关于修改〈中华人民共和国审计法〉的决定》（简称《决定》），原来仅有五十一个条款的《审计法》竟有三十四条被大幅修改。本次立法修改虽然囿于宪法文本等局限而未能完全确立审计机关的独立地位，却对于审计机关的职权有比较大的扩张，譬如：增加了"财政资金的使用效益"审计、规定审计机关可以根据工作需要设立派出机构，"地方各级审计机关负责人的任免，应当事先征求上一级审计机关的意见"；增加了对金融机构的审计监督，规定审计机关有权查询被审计单位以个人名义在金融机构的存款，有权封存有关资料和违反国家规定取得的资产；规定"上级审计机关可以责成下级审计机关予以变更或者撤销，必要时也可以直接作出变更或者撤销的决定"；等等。

当然，社会各界最为关注的问题是行政机关或其他单位违反财政预算及其他财政法规范应当承担何种法律责任的问题。对此，2006 年《决定》也试图作出一些规定——"对本级各部门（含直属单位）和下级政府违反预算的行为或者其他违反国家规定的财政收支行为，审计机关、人民政府或者有关主管部门在法定职权范围内，依照法律、行政法规的规定，区别情况采取下列处理措施：（一）责令限期缴纳应当上缴的款项；（二）责令

---

① 参见张立勤：《"审计风暴"再追问：大案要案结果将如何?》，载《南方周末》，2004－07－1。

② The International Organization of Supreme Audit Institutions（INTOSAI）：The Lima Declaration of Guidelines on Auditing precepts，http：//www.intosai.org/2_LIMADe.html.

限期退还被侵占的国有资产；（三）责令限期退还违法所得；（四）责令按照国家统一的会计制度的有关规定进行处理；（五）其他处理措施。”事实上，由于预算在实质上与一般法律规范有所差异，在域外素有“预算行政说”、“预算法律说”与“预算法规范说”等理论争议，我国台湾地区学者蔡茂寅认为：“岁出预算虽不具有强制执行机关须为全额支出之义务，但却具有限定支出之最高数额的效力。亦即，支出系以法定预算各岁出预算机关（含主管机关与单位预算机关、分预算机关等）各科目所定之金额为最高限度。逾越各科目金额的支出，原则上固然构成违法，但不足额之支出则不当然构成违法；再者，各单位预算机关除有例外情形外，逾越该机关预算金额之支出即构成违法。”“法定预算之效力主要表现在支出部分，并且其授权性远大于限制性，后者则表现在支出目的、金额及时期之限制上。”① 换而言之，超过预算支出金额、超越预算支出目的、逾越预算支出时间等，均属于违反财政预算法案的违法行为；至于违法后果，虽然新《审计法》赋予审计机关“责令相关部门限期缴纳、退还相关款项或者国有资产”的权限，但是这并非最终的法律责任承担方式。在笔者理解，凡违反财政预算法案者，除了依据刑法应当承担刑事责任、依据行政法应当承担行政责任者外，还需要借助于人大的任免权机制追究相关官员的政治责任，以维护财政预算法案的法定性与权威性。

二、“民主法治国家”建成有望

2010 年 1 月 24 日，四川省巴中市白庙乡召开“乡财政预算公开暨民主议事会”，乡党委书记张映上决心公开每一笔公费开支去向。2 月 5 日，“白庙乡政府机关 1 月公业务费开支公示栏”正式上线；从 1.5 元的“购信纸一本”，到 1 269 元的“财政预算公开民主议事会观摩来客”，公示表统统记录在案。3 月 4 日，白庙乡政府如期在网站上继续公布 2 月开支，从中依然可见数额小到 4 元的“购信纸两本”。3 月 19 日，巴中市巴州区区长张平阳召集区辖乡镇、街道办等单位领导，召开深入推进乡镇政务公开工作会，张映上作为代表发言。3 月 22 日，关于白庙乡改革过程的汇报材料被送达至四川省政府办公厅；3 月 31 日，白庙乡召开深入推进村级政务公开大会。白庙乡政府机关的财政公开主要适用“两表五步法”：

① 蔡茂寅：《预算法之原理》，台北，元照出版有限公司，2008，第 83 页，第 273 页。

第一表是乡公业务费开支统计表，第二表是资金运行程序表；“五步”依次是申请、办理、申报、上网和结算。[①]尽管目前还有不少人对于白庙乡的财政公开实践提出了若干质疑，譬如：白庙乡政府仅仅公开了公业务费，但其总项目资金和专项资金都没有公开；白庙乡属于贫困乡镇，当地居民缺乏上网条件，等等。但是，从整体效果来看，白庙乡政府的财政公开举措获得了很多民众的支持。据张映上书记介绍，2010 年白庙乡全乡的年公用经费支出比上一年节约 3.3 万元，老百姓更亲近更信任（政府），干部更自律，外出务工返乡人员的赞成度更高。[②] 这说明，白庙乡的财政公开实践已经取得了良好的政治经济及社会效应。更为重要的是，白庙乡财政公开实践及此后中国各级政府的财政公开改革，均深刻体现了民主法治国家公共财政之“民有”、“民治”、“民享”的内在精神，昭示着中国未来民主法治建设的方向与路径。

（一）“财政公开”的宪法规范基础

继白庙乡政府财政公开之后，2010 年 3 月 30 日，国土资源部在其官方网站上发布了“2010 年部门预算”，成为该年度第一个公开部门预算的中央部委。此后，财政部、科技部、住建部、农业部、商务部、工信部等部委也相继公布了 2010 年部门预算。其实，早在白庙乡实施财政公开之前，财政部已于 2008 年 9 月 10 日颁发《关于进一步推进财政预算信息公开的指导意见》，其中提出要“重点公开政府预算、部门预算、预算执行以及财政转移支付等内容”。不过，相对于大多数政府部门“犹抱琵琶半遮面”、大量采用“其他支出”项目掩盖其支出细目的行为而言，白庙乡政府公布了“公业务开支”的所有细目，因而被媒体形像地称为“全裸财政”事件。从宪法释义学的视角来看，“财政公开”的实质乃是“预算公开”，即：政府及其职能部门不仅向人大及其常委会，而且向人民公开财政预算的内容及执行情况，以便于接受人民之监督。孔子云：“名不正则言不顺，言不顺则事不成。”此种逾越传统权力体制之“藩篱”而直接诉诸民众监督的财政公开方式，其规范基础何在，依然值得吾等从学理上深入阐释。笔者认为，白庙乡“财政公开”的宪法规范基础主要是如下几个方面：

---

① 参见贾玥：《白庙乡书记回应质疑：“招待费”占全年支出比不超 1%》，载《人民日报》，2010-03-31。

② 参见刘炎迅：《白庙乡：裸帐一年》，载《中国新闻周刊》，2011-01-20。

第一，宪法上的“监督权”、“表达自由权”条款。从当前学界所讨论的情形来看，通说认为白庙乡财政公开事件的规范基础乃是《宪法》第41条第1款：“中华人民共和国公民对于任何国家机关和国家工作人员，有提出批评和建议的权利；对于任何国家机关和国家工作人员的违法失职行为，有向有关国家机关提出申诉、控告或者检举的权利，但是不得捏造或者歪曲事实进行诬告陷害。”我国宪法学者多将这一条款解释为“监督权”条款，其保障性条款为《宪法》第41条第2款——“对于公民的申诉、控告或者检举，有关国家机关必须查清事实，负责处理。任何人不得压制和打击报复。”其实，从白庙乡财政公开实践来看，人民对于国家机关及其工作人员的监督权，既可以由人民主动行使，亦可由政府主动作为再接受人民监督，此乃“监督权”作为基本权利的“主观权利”与“客观法”双重功能之体现。① 与此相关者，还有《宪法》第35条所规定的“表达自由权”——“中华人民共和国公民有言论、出版、集会、结社、游行、示威的自由。”盖“监督权”与“表达自由权”等基本权利之行使，须以了解政府财政预算执行情况等相关信息为前提；故而此两项基本权利之实现，还需要法律法规进行“知情权”等具体权利之续造或者具体的制度化，此即财政公开制度的宪法价值之所在。当然，政府在财政公开之后须接受人民监督，此时人民行使监督权既可适用《宪法》第41条，亦可适用《宪法》第35条。由上所言，“财政公开”制度乃是实现宪法上“监督权”与“表达自由权”之客观要求；或者说，“财政公开”制度乃前揭宪法上两项基本权利的“客观法秩序”功能之直接体现。

第二，宪法上的“基本国策”条款。如本书第二章所介绍，宪法规范主要指涉三个方面，即“国家权力”条款、“基本权利”条款与“国家目标规定”或“基本国策条款”，后者一般见诸宪法序言或宪法总则之中。因此种宪法条款明确揭橥宪法上之价值理念，其预示了未来的国家立法规划，对于国家权力条款与基本权利条款之解释与适用具有强烈的价值导向功能，其在宪法解释学上的意义不容小觑。我国《宪法》第27条规定：“一切国家机关实行精简的原则，实行工作责任制，实行工作人员的培训和考核制度，不断提高工作质量和工作效率，反对官僚主义。一切国家机

① 所谓基本权利的“客观法”功能，亦称基本权的“客观秩序功能”，它要求国家除了承担针对防御权功能的“不侵犯义务”和针对受益权功能的“给付义务”以外，还应当运用一切可能和必要的手段来促成基本权利的实现，其义务范围非常广泛。参见张翔：《基本权利的规范建构》，北京，高等教育出版社，2008，第45页。

关和国家工作人员必须依靠人民的支持，经常保持同人民的密切联系，倾听人民的意见和建议，接受人民的监督，努力为人民服务。”这一条款是典型的“基本国策条款”，其明确规定了国家机关的“精简原则”，其中又蕴含着财政支出行为的“节约”、“高效”等宪法理念，当可为财政公开制度之宪法上的规范基础。

此外，我国《宪法》第2条规定：“中华人民共和国的一切权力属于人民。人民行使国家权力的机关是全国人民代表大会和地方各级人民代表大会。人民依照法律规定，通过各种途径和形式，管理国家事务，管理经济和文化事业，管理社会事务。”就本条的文义而言，“人民”乃是作为一个整体来行使权力，而且主要通过各级人民代表大会的形式而为之。但是，在人民有条件直接行使国家权力或者监督政府的权利之时，自不能以其缺乏明确的法律依据而视其为“违法”或“违宪”行为。故而，《宪法》第2条实际上也为民众直接参与国家预算决策、监督政府执行财政预算等行为埋设了的“规范的管道”：人民行使国家权力主要是通过人民选举产生的代议机关来进行的；但是，这并不意味着人民只能通过人民代表大会行使权力。政府财政开支全部公开之后，人民分别以公民的个人身份行使“表达自由权”、“监督权”等“政治参与权”，当然也符合宪法上“一切权力属于人民”的基础规范之精神。

(二)“财政公开”的宪法价值

财政部于2010年3月1日颁布了《关于进一步做好预算信息公开工作的指导意见》，其中提出：“预算反映整个国家的政策，规定政府活动的范围和方向。预算信息公开是公共财政的本质要求，是推进政务公开的重要内容，也是各级财政部门和各部门贯彻落实《条例》要求的具体体现。当前，随着社会主义民主政治进程的推进，社会各界对预算信息公开的期望和呼声也越来越高。做好预算信息公开工作，有助于保障公民的知情权、参与权和监督权，推动社会主义政治文明与和谐社会建设；有助于建设高效廉洁政府，提高政府执政能力和办事效率；有助于促进依法理财、民主理财，加强财政科学化精细化管理；有助于提升预算管理水平，提高财政资金使用效益。”这一段“意见”较为准确地表明了财政公开的宪法价值。然则，从“宪治国家”之于保障基本权利、巩固政府合法性基础的功能而言，“财政公开”的宪法价值依然可以从更深层次予以解读。

第一，“财政公开”之于人民的基本权利。财政公开制度之建立，在效果上首先当有助于实现人民了解政府财务信息的“知情权”。当前，我国法学界对于“知情权”(the right to know)的权利属性、规范基础等问题还存在颇多争议。有学者认为“知情权”兼具“自由权”与“社会权”的特征，乃是一项基本权利，可以从“表达自由权”、“国民主权”或者“信息自由权”中导出“知情权”[①]。也有学者认为“知情权”没有明确载于宪法文本，故而并非基本权利。[②] 从域外法上的情形来看，“知情权”之承认虽然可以追溯至更为久远的历史，但是其作为一种正式的法律制度得以产生则主要依赖于政府信息公开制度之建立。日本学者多将其宪法基础归结为日本宪法第 21 条所规定的“表现自由”。亦有学者如阿部泰隆等人则认为“表现自由”本属于“自由权”，即“信息发出不受妨碍的权利”；此种权利内涵与“知情权”相异，故而主张以“日本宪法序言”中所揭櫫之“国民主权”作为“知情权”的宪法基础。还有学者以日本宪法第 25 条规定的“生存权”或者日本宪法第 93 条规定的“地方团体居民自治权”作为“知情权”的规范基础。[③] 如前揭所言，财政公开制度乃是宪法上“表达自由权”、“监督权”的“客观法秩序”功能之体现与要求，而“知情权”又是以“财政公开”等政府信息公开制度之建立为前提，故而财政公开制度并非以“知情权”为宪法基础，却可以促进“知情权”的法律续造与制度保障，此则为“客观法再主观化”之生动体现。[④] 进而言之，“财政公开”制度所续造与保障之公民“知情权”，乃得构成实现“表达自由权”与“监督权”等基本权利之重要条件；故而，“财政公开”制度不仅是“表达自由权”、“监督权”之客观制度保障，亦为此两项基本权利在当今时代之新型内涵。

此外，“财政公开”制度之实行，在客观法秩序上亦有助于公民财产权之保护。“作为基本权利的财产权主要是针对公共权力而存在的，一旦被规定为宪法内容后就脱离民法上财产权的概念，为私法上的财产权保障

① 张衡、丁波涛：《公众信息获取权的法理基础——基于知情权的研究》，载《图书情报知识》，2009 (5)。相关观点还可参见李国际、田强：《知情权的权利属性及其宪法保护》，载《特区经济》，2007 (2)。

② 参见王平正：《公法意义上的知情权解读》，载《河北法学》，第 25 卷第 7 期。刘艺博士也认为，知情权至今在大多数国家既非基本权利，也不是必然的法定权利。参见刘艺：《知情权的权利属性探讨》，载《现代法学》，2004 (2)。

③ 参见刘杰：《日本宪法上的知情权与信息公开法》，载《法学家》，2007 (3)。

④ 德国宪法法院在“大学判决”中首先确定“学术自由”为客观价值决定，但是又认定，如果国家的某项具体措施对于基本权利的实现是不可或缺的，那么个人对此项措施就有主观请求权；由此，客观价值秩序就转化为一项主观权利。参见张翔：《基本权利的规范建构》，北京，高等教育出版社，2008，第 136 页。

提供法律基础。"[1] 在现代法治国家，公民宪法上财产权利之保护端赖于两大宪法原则或制度，其一为"税收法律主义原则"，它所针对者乃是国家为维护公共利益而要求公民承担"税收"这一"普遍牺牲"之情形；其二为"公益征收补偿原则"，它所针对者乃是国家为维护公共利益而要求公民承担"征收"这一"特别牺牲"之情形。财政公开制度之设立，主要旨在规范政府的财政支出行为，政府的税收、收费等制度系由法律所定，主要非由财政预算所规制；但是，政府的财政支出行为之受到严格规制，客观上有助于节省公共经费而减轻人民之税负，进而促进公民宪法上财产权利之保护。更何况，财政预算之于行政规费、政府公营事业收费等可能侵害公民财产权的财政行为，亦具有相当之约束效力。

第二，"财政公开"之于政府的合法性。"合法性"即英文"Legitimacy"一词之意译，也有学者将其翻译为"正当性"或"正统性"，它与"Legality"有所不同，后者是法律职业者通常所讲的"合法律性"，即"合乎法律规范"。"合法性"理论最先源自德国著名学者马克斯·韦伯，他认为政治统治有三种途径赢得被统治者的合法性认同，即对传统权威的崇拜、对统治者个人魅力的崇拜，以及对合理的法律制度的信任感与义务感，由此而形成了三种相应的合法性类型：传统型、个人魅力型和法理型。[2] 无疑，韦伯的此种观点，使"合法性"之标准具有浓厚的"社会心理"之经验属性，因而它无法摆脱"成王败寇"的相对主义之历史局限，故而德国当代哲学家哈贝马斯主张引入某些稳定的"政治价值"因素，并试图以"程序主义"框架克服传统"合法性"标准之不足。哈贝马斯指出："如果合法性信念被视为一种同真理没有内在联系的经验现象，那么它的外在基础也就只有心理学的意义。""对于现时代的合法性问题来说，具有决定意义的框架的是证明水平已成为反思性的。现在，证明的程序和假设前提本身是合法化之有效性立于其上的合法性基础，某种协议——这种协议乃是作为自由的平等的全体涉及这中间产生——的观念决定着现代合法性的程序类型。"[3] 事实上，现代经济学对于预算过程的研究，恰恰是将财政预算视为一种国民与政府之间的"委托—代理关系"，其特点在于："财政预算"中的"委托—代理"链条太长，削弱了委托人（国民）

① 胡锦光、韩大元：《中国宪法》（第二版），北京，法律出版社，2007，第287～288页。

② 参见〔德〕马克斯·韦伯著、林荣远译：《经济与社会（上卷）》，北京，商务印书馆，1998。

③ 〔德〕哈贝马斯：《交往与社会进化》，重庆，重庆出版社，1989，第206页，第191页。

的控制能力，而且此种委托关系无明确的财产所有者和委托人，无法建立有效的激励机制，等等。[①] 由此而言，无论是诉诸“崇高的政治价值理念”还是“反思性的协商程序制度”，传统的相对封闭的预算决策、监督体制均难以遏制政府官员的“自利”冲动，而政府官员滥用公共资财亦必然会削弱其政府的“合法性”基础。唯财政公开制度之推行，不仅有效解决了人民监督政府财政支出行为的“信息不足”等问题，政府将自身置于人民的监督之下，亦可有效补强、巩固其政治合法性。

正如法国学者让-马克·夸克所言：“最通俗地讲，合法性是对被统治者与统治者关系的评价。它是政治权力和其遵从者证明自身合法性的过程。它是对统治权力的认可。”[②] 现代国家的合法性乃是奠基于人民自觉认同的基础之上。然则，人民对于一个国家及其权力体制、权力秩序的合法性认同，不仅取决于国家及其权力体制本身的合理性，而且取决于人民自身的因素。进而言之，一个国家的人民究竟是依靠“深思熟虑和自由选择来建立一个良好的政府”，还是“永远注定要靠机遇和强力来决定他们的政治组织”[③]，部分取决于这个国家的人民是否具备真正的民主宪政素养。故而，阿伦特颇为深刻地指出：“法国革命者不懂得如何区分暴力与权力，相信一切权力必须来自人民，他们向群众这一前政治的自然力量打开了政治领域的大门，却被这种力量扫荡一空，重蹈了国王和旧权力的覆辙。相反，美国革命者透过权力而懂得了一种前政治的自然暴力的对立面。对他们来说，只有当人们走到一起，并通过承诺、立约和相互誓约来缔结契约的情况下，权力才会产生。只有这种建立在互惠性和交互性基础之上的权力，才是真正的权力，才是正当的，而国王、君主或贵族的所谓权力，因为不是来自于交互性，充其量也只是以同意为基础，故而是欺骗性和篡夺性的。”[④] 财政预算则是一切政府活动的“血脉”之所在，从中可以透视一切政府活动的经济内容；从这个角度而言，“财政预算”并非人民与政府的“协议”，而是人民在互惠性、交互性的实践基础之上，所

---

① 参见张志超等：《美国政府绩效预算的理论与实践》，北京，中国财政经济出版社，2006，第19～20页。

② ［法］让-马克·夸克著，佟心平、王远飞译：《合法性与政治》，北京，中央编译出版社，2002，第1页。

③ 〔美〕汉密尔顿、杰伊、麦迪逊著、程逢如等译：《联邦党人文集》，北京，商务印书馆，1980，第3页。

④ 〔美〕汉娜·阿伦特著、陈周旺译：《论革命》，北京，凤凰传媒出版集团、译林出版社，2007，第167页。

作出的“承诺、立约和相互誓愿”行为。任何民主，如果抽空了其经济内容，都会沦为一种可有可无的“政治游戏”而为人民所疏远；唯有在预算民主的基础之上，方可真正形成现代社会中富有政治正当性、合理性的政府权力，亦方可造就真正具备民主议事能力的“人民”。对比法国大革命和美国革命之迥然不同的过程与结果，我们不难发现：民众的民主宪政素养并非“自然天成”，而是真实形成于基层民主宪政的实践过程当中；唯有从财政预算监督等民主宪政实践开始，方可构建更高层次的宪政民主。唯其如此，当“宪法时刻”（constitutional moment）到来的时候，“人民”才不会成为一种“毁灭性”的“前政治的自然力量”。

三、“民生福利国家”隐约再现

2004 年 3 月 14 日，第十届全国人民代表大会第二次会议通过了《宪法修正案》，除增加了私有财产及土地的征收征用条款之外，更在宪法文本中明确规定：“国家建立健全同经济发展水平相适应的社会保障制度”，“国家尊重和保障人权”。虽然有人认为这几个条款仅具有象征意义，但是笔者仍然认为，本次宪法修正案仍然得构成中国财政立宪进程中的重大步骤。盖所谓立宪者，本当以保障与促进人权为终极之价值取向；财政立宪者，当于国家财政与私人财产之际划定宪法界限，又须为国家财政设立体制框架与制度理念，方可缓急相济、渐成大功。显然，“人权入宪”甚为契合此种立宪之宗旨。又，在现代国家，公民不仅需借助于“税收法定主义”等诸原则奠定自由权等防卫权的制度基础，还需凭借社会保障制度享受诸种社会福利，以期生存权、发展权等社会权利免受社会经济动荡之严重影响；“社会保障制度入宪”已然彰显出此种立宪主义的价值关怀。正是在此种立宪精神的促进下，第十届全国人民代表大会常务委员会第十九次会议于 2005 年 12 月 29 日通过了《全国人民代表大会常务委员会关于废止〈中华人民共和国农业税条例〉的决定》，温家宝总理 2006 年 2 月 17 日颁布了《国务院令第 459 号》，正式废止了《国务院关于对农业特产收入征收农业税的规定》、《屠宰税暂行条例》。此外，2006 年 1 月 11 日，国务院通过了《农村五保供养工作条例》，其中规定“农村五保供养资金，在地方人民政府财政预算中安排”，从此取代了农村五保户由集体经济组织供养的传统。同年 6 月 29 日，十届全国人民代表大会常务委员会第二十二次会议对《中华人民共和国义务教育法》进行修订，废止了原《义务教育法》第 12 条第 3 款有关征收“教育事业费附加”的规定，真正实现了完全意义的义务教育。这些立法措施虽然看似与社会保障制度无关，但实质上废止涉嫌侵害农民生存权的农业税、停止征收可能妨害公民生存权与发展权的学杂费，于人权保障事业均是功莫大焉。

但是，不容回避的是，我国还存在社会保障基金收不抵支、保值增值困难、隐性债务快速增长且数额巨大等问题。[①] 尤其是中国作为一个农业人口占大多数的国家，耕地面积有限而城市又无法完全吸纳众多的剩余劳动力，无论是以"糊口"为目的的农业还是高度现代化的城市工商业，都无法提供全国均等社会保障所需要的巨额资金。对于中国农村在资源局限下"有增长无发展"的传统格局，黄宗智称之为"过密型增长"。他认为："过密化必须区别于现代经济发展，因为它不会把农村引向结构性质变。"[②] 因此，我们必须面对的现实是，"在中国农业只可能长时期是小规模农业的前提下，为当前的农业和农村问题寻求出路……现、当代中国与西方先进国家的一个基本不同是小规模农业长时期延续的现实。面对这个现实以及当前十分紧急的'三农问题'，我们不能期待西方模式在中国的将来的实现，而必须抓住当前的历史性契机，由国家带头大规模投入于新时代的小规模农业，借以解决农村贫穷问题，促进整个国民经济发展。"[③] 在2001年世界卫生组织所公布的报告中，在全世界191个国家和地区中，中国的卫生费用公正性指数居188位，排名倒数第四。[④] 经过多年努力，当前中国医疗卫生事业已经取得了很大的成就。譬如，据国家统计局公布的数字，2011年我国新型农村社会养老保险试点参保人数32 643.5万人，领取保险的人员已经达到8 921.8万人。[⑤] 如果要发挥政府在促进经济发展、实现社会转型、推进社会保障等诸方面的积极作用，财政资金的合理安排与有效组合至关重要，遏制政府财政资金与国有资产的浪费尤其不可缺少。

---

① 参见杨良初主编：《社会保障基金管理》，北京，中国财政经济出版社，2003，第48～51页。

② 〔美〕黄宗智：《长江三角洲小农家庭与乡村发展》，北京，中华书局，2000，第12页。

③ 〔美〕黄宗智：《前言》，载黄宗智：《经验与理论——中国社会、经济与法律的实践历史研究》，北京，中国人民大学出版社，2007，第9页。

④ 参见刘翠霄：《天大的事——中国农民社会保障制度研究》，北京，法律出版社，2006，第12页、第17页、第19页。

⑤ 参见国家统计局"国家数据"官方网站，网址：http：//data. stats. gov. cn/workspace/index? m=hgnd，访问时间：2014-04-10。

四、结语：中国的财政立宪之道

在中国财政立宪主义运动的历史中，前述白庙乡的财政公开改革，或许只能被视为其中的“小小的花絮”。然则，从这个似乎“微不足道”的宪法事案中，我们或许可以深入发掘财政立宪主义改革的“深层动力”：2007年，白庙乡便爆出政府私收计划生育超生款的丑闻。当时，在百姓间流传乡领导借计划生育之名，乱开白条大收罚款，这些钱都流入了乡领导的腰包。一些村民找到懂法律的村民黄开智诉苦。确认属实后，黄开智找到一百多名共产党员联名上书，要求罢免当时的乡领导；后来，几个涉案的乡领导都被处理。黄开智说：“以前不敢把财务公开，一是怕麻烦，二是有些人心怀鬼胎。很多事情光听政府说，老百姓自然是不能信服的，得让他们实实在在地看到。”正因此事，村民对白庙乡政府的信任一度丧失。张映上调任白庙乡党委书记后，面临的是一个信心重建的过程。[①] 事实上，“财政公开”的改革，正是张映上书记领导的白庙乡政府重建政府公信力之重大举措。美国政治学家查尔斯·蒂利指出：“民主化意味着增强政府代理人和政府所管辖之人口同呼吸共命运的平等关系，增强政府所管辖人口对政府人员、资源和政策的有约束力的协商，增强对人口（特别是少数人口）的保护使之免遭政府代理人独裁行动的侵害。”“民主抗争，在很大程度上，都发生于政体所规定和容忍的政治参与之中或相邻之处，例如，公共集会为当权者和持不同政见者都提供了载体，竞选则通过有组织的批评，一并为选举的、超选举的、反选举的诉求提供机会。”[②] “财政公开”制度及其所续造的公民“知情权”、“监督权”、“表达自由权”及其保障机制，正是当今中国宪法体制所规定的、能够增进政府与人民互信关系的一种重要的“政治参与途径”；尽管其可能会对政府官员的财政支出行为构成极大的限制，在整体上它却有助于社会稳定与政治安定，提升政府的公信力与合法性。

日本宪法学者杉原泰雄曾言：“在人类的历史进程中有一个不可忽视的特点，这就是人类在不断地为共同生活制定规则。特别是近代以来，人类以国家为单位的各个历史阶段，每走过一个艰难困苦的里程，都要通过

---

① 参见沈佳音、王鹏：《四川白庙乡财务公示始末：曾担心导致社会不稳定》，载《京华时报》，2010－03－22。

② 〔美〕查尔斯·蒂利著、陈周旺等译：《欧洲的抗争与民主（1650—2000）》，上海，格致出版社、上海人民出版社，2008，第13页，第28页。

宪法来制定为克服困难所需要的新规则，以此来继续人类的发展；每经历一段苦难深重的生活，都要通过宪法来确定为消除苦难所需要的新的政治及社会的基本形态，从而进入新的历史阶段。”① 从中国公共财政转型的历史现实来看，财政立宪主义的理论命题并非仅为少数知识精英群体之“学术共识”；事实上，它可能是政治精英与普罗大众为消除财政预算法制中的“痼疾”而达成的普遍共识和理性抉择。唯其如此，白庙乡的“财政公开”事件，方得折射出中国财政转型的“阵痛”与“艰难”，并因此而具有崇高的宪法价值。进而言之，中国的财政立宪主义理论乃是计划经济向市场经济转轨、传统农业社会向现代工业社会转型的过程中，学者们借鉴市场经济发育成熟国家的立宪模式与立宪理论所提出的一种理论主张。需警醒中国社会结构、国际环境及其所影响的政府职能等因素，均迥异于西方国家，因此，中国财政立宪所要完成的使命，如政府职能的调整、财政体制的重构等，也将更为复杂。相对而言，中国财政立宪还面临着传统农业社会及计划经济体制时期所遗留的诸多问题，如民主机制发育不成熟、政府财务制度过于分散、从整体看政府财政资源仍然紧缺等。故而，宪法文本之完善固然重要，在宪法文本之下的具体制度，包括法律法规、规章及其他规范性文件甚至行政惯例之发展，亦是十分重要，因为它们所构成的整个“活法”规范体系，乃得构成宪法规范之存续与实施的实质内容。中国的宪法学者常常高度关注那些身居庙堂之上的“法袍贵族”（譬如美国的联邦最高法院、德国的宪法法院等），然而，宪法真正的根基却在民众的社会生活之中。以实质宪法的视角观察，上世纪 70 年代末以来三十多年中国宪法规范的变迁过程，深刻涉及国家理念之变更、经济体制之转型与财政体制之变革，中国的财政立宪其实已经稳稳当当地“行在路上”。《宪法》序言第七段明确揭橥新中国的建国目标乃是“建设富强、民主、文明的社会主义国家”。这一目标的确立乃是中国人民基于近现代复杂国内国际环境中诸种惨痛经历的社会历史经验总结。中国财政立宪之演进，需本着“建设富强、民主、文明的社会主义国家”之立国理念，详考本国政治经济历史上之经验教训，遍察各国优良体制之历史由来与规范体系，锱铢必较、孜孜努力，以期为永葆中华民族之福祉确立永久性的宪法基础。

---

① 〔日〕杉原泰雄著、吕昶译：《宪法的历史——比较宪法学新论》，北京，社会科学文献出版社，2000，第 1 页。

第四章 税收法定原则与税收债权说之适用

近年来，中国财政税收法制建设逐步推进，“税收法定原则”、“量能课税原则”伴随着个人所得税等税制改革的措施逐渐深入人心，并已然具有制度化、法律化之趋势。譬如，《宪法》第56条（“中华人民共和国公民有依照法律纳税的义务”）是否可以构成“税收法定原则”或“税收法律主义原则”之规范依据，学者间还存在较大争议。但是《中华人民共和国税收征收管理法》（以下简称《税收征管法》）第3条则明确规定：“税收的开征、停征以及减税、免税、退税、补税，依照法律的规定执行；法律授权国务院规定的，依照国务院制定的行政法规的规定执行。任何机关、单位和个人不得违反法律、行政法规的规定，擅自作出税收开征、停征以及减税、免税、退税、补税和其他同税收法律、行政法规相抵触的决定。”这一条款将“法律”与“行政法规”相并称，其中“税收法定原则”的意义已经非常明显，其与《宪法》第56条相呼应，得构成中国宪法上“税收法定原则”之规范基础。与此同时，在中国财政转型的大背景之下，作为一个富有操作性的学术理论，“税收债权债务关系”说正在逐渐得到中国财税法学者的普遍关注与深入探讨。这是中国税法学继受域外税法学理论之典范，乃得益于刘剑文等诸多国内税法学者的大力提倡。譬如，刘剑文曾经提出：“税收债法是税法的核心，是税法的基本理念、价值和原则最直接的体现……严格意义上讲，税法学研究首先是对税收法律关系的研究，税法学理论的核心就是税收法律关系理论。”①

然则，税收债权债务关系说的引入，实际上使得传统上完全属于公法的税法规范体系中也被植入某些私法精神。进而言之，国家的税收债权之实现，甚至亦可通过税务机关行使“撤销权”、“代位权”等，以传统私法路径寻求救济。由此，部分私法规范得融入税法规范体系之中。然则，素

① 刘剑文：《我国应重视税收债法的研究》，载《税务研究》，2004（1）。

以“意思自治原则”为圭臬的债权债务关系，又如何与“税收法定原则”相协调？对此，目前我国税法理论界与实务界还存在诸多分歧。尤其是，国家及其税务机关所具有的“税权”，其法理性质如何定位等，均亟待我们予以深度解读。

第一节 税收法定原则辨析

2011年1月底，国务院决定在重庆市和上海市进行对个人住房征收房产税改革试点，试点城市据此制定征税方案，决定从1月28日起开始对个人所有非营业性住房征收房产税。国务院的此番举措引发了举国上下的普遍关注和激烈争辩，又引发出学者对于中国宪法是否已经确立“税收法定原则”（或“税收法律主义原则”）这一议题的激烈争议，以及“房产税改革试点是否违法违宪”等诸多质疑。鉴于目前法学界对于前揭问题似乎依然存在巨大分歧，笔者在此拟再以“合宪性解释”的方法论视角作简要之阐述，以求教于学界同仁。

一、中国宪法是否已经确立“税收法定原则”？——基于法解释学方法论的理论探讨

《宪法》第56条明确规定：“中华人民共和国公民有依照法律纳税的义务。”问题在于，本条款中的“法律”是否特指全国人大及其常委会所制定的“狭义法律”？对此，韩大元曾经指出：“宪法文本中的‘法律’到底是什么涵义，应该由宪法自身来说话。宪法制定之后，就需要法定机构通过宪法解释来进行说明，以澄清其涵义，明确其界限。例如，宪法规定，公民有依照法律纳税的义务。如果行政法规、规章设定了新的税种，公民要不要服从？这里就需要对这里的‘法律’进行解释。”[①] 然则，拥有宪法解释权的全国人大常委会从未对这一条款作过任何解释；如此，第56条中的“法律”又当作何理解？实际上，这是一个非常复杂的宪法解释学课题，法学者们对此的观点迄今依然充满分歧。概括地说，学者否认《宪法》第56条构成中国税收法定原则的规范基础者，其理由有如下几种：

---

① 韩大元、王贵松：《中国宪法文本中“宪法”的涵义》，载《法学》，2005（2）。

第一种观点认为，《宪法》第56条仅仅规定了“公民依据法律纳税的义务”，却没有规定“国家要依照法律征税”，“这不能不说是我国宪法的缺失和欠完善之处”①。尽管《宪法》第56条侧重于规定“公民的基本义务”，但是“纳税”与“征税”之间却存在严格的对应关系——如果本条的“法律”属于“狭义的法律”，则“公民有依据法律而且仅仅依据法律纳税的义务”，当然可以从中推导出“国家只能依照法律征税”的税收法定原则之精神。否则，公民有依照法律纳税的义务，国家却可以不依据法律征税，前者的规定无疑会丧失其规范意义。前揭观点虽然试图适用“文义解释”的方法进行解释，却有意无意地忽略了税收征纳在概念上的对应关系，因而在逻辑上无法自圆其说。

第二种观点认为，《宪法》第56条主要是“从维护国家权利，保证人民履行义务的角度出发的，所以很难说我国已经进行了税收立宪”，也很难说我们宪法确立了税收法定原则。② 很显然，这种解释方法属于典型的“原意解释”，即试图从制宪者的“原意”推演宪法条款的真实含义。这种解释方法的缺陷在于，它以宪法文义及制宪者的原初意图作为宪法解释之“藩篱”，可能会忽略“宪法变迁”之可能，造成宪法文本与社会现实的严重脱节。③ 事实上，或许正是基于此种考虑，刘剑文教授与熊伟教授在另一本著作中提出，借助于“目的解释方法”，结合《宪法》第13条有关保护公民合法私有财产权的规定，《宪法》第56条可资为中国宪法上的“税收法定原则”之规范基础。④ 作为中国财税法学界的著名学者，刘剑文教授在这一问题上的“矛盾”，似乎可以折射出学者的心理纠结——以《宪法》第56条作为税收法定原则的规范基础，似

① 马克和：《我国“税收法律主义”：问题与对策》，载《财政研究》，2010 (9)。

② 参见刘剑文：《关于我国税收立宪的建议》，载《法学杂志》，2004 (1)。

③ 宪法的变迁，又称“宪法的无形修改”，是指有权的国家机关通过宪法解释等方式使宪法的实质性内容发生转变的宪法变动方式。如前所述，宪法变迁理论历经德国公法学者拉邦德、耶利内克的发展已经形成比较成熟的理论体系，而对后世构成重大影响者尤推20世纪之初留学德国的中国年轻学者徐道邻。1931年，徐道邻在其老师西门教授的指导下，于柏林大学以《宪法变迁》一文取得博士学位。在徐氏看来，宪法变迁乃是由宪法成文规定与宪法实际间的不一致而产生，是宪法的规范无法完全投射到现实而产生的“质变”，它包括“形式上未变更条文而实际运作上所作的变迁”、“宪法所规定的权力与权限无法实现所产生的变迁”、“因违宪运作所产生的变迁”和“经广泛的宪法解释作引起的宪法变迁”等四种。参见陈新民：《公法学札记》，北京，中国政法大学出版社，2001，第209页。

④ 参见刘剑文、熊伟：《税法基础理论》，北京，北京大学出版社，2004，第108～109页。

乎可以“一劳永逸”地解决中国财政宪法领域的“规范依据”问题，却会推演出现行诸多税种违宪的结论，理想与现实的冲突在这里显得如此尖锐而残酷！

第三种观点认为，《宪法》第56条中的“法律”如果仅作“狭义理解”，“我国现实的税收立法绝大多数都是违宪的，而且也是违反《立法法》的。这种解释恐怕是不能令大多数学者和国家决策机构所接受的。”[①]这种解释方法以“社会接受程度”决定宪法条款的可能“文义”，在表面上看不符合解释学原理。但是，如霍姆斯所言：“先判决案件，再确立规则，是普通法价值之所在。根据形式逻辑，当你有一个小前提并得出结论时，意味着一定存在一个当场你便可以断言的大前提。但实际上，与其他人一样，律师通常会非常明确地知道，如果对于判决理由并不非常清楚的话，他们应该如何对某种假定的事实状态作出判断。”[②] 德国学者普珀也认为：“考虑后果的要求，适用于所有的实践行为”，后果考察作为一种目的论解释，其正当性源于“结果的有益性”；“作为目的论解释基础的目的必须被证明为有益且公平，还必须避免解释的结果除了这个有益的作用外，一并带来其他会抵消实现该目的之有益性的负面效果”[③]。因此，规范解释的社会效果，尤其是正负效果的权衡，必须纳入规范解释的方法论。在实际的案件处理过程中，社会民众的接受程度确实是解释者考量的重要因素之一。当然，前揭观点的问题主要在于，仅仅以“学者和国家决策机构能否接受”作为条款解释的依据，依然缺乏理论上的说服力。

第四种观点认为，《宪法》第56条“法律”一词的文义解释，并未向我们提供将其界定为“狭义上法律”的可能，反而说明了其作为广义法律的事实——通过分析“宪法内部结构体系”及“宪法性法律体系”，适用“体系解释”、“历史解释”等方法，可以得出结论，此即“我国《宪法》

---

① 翟继光：《税收法定原则比较研究——税收立宪的角度》，载《杭州师范学院学报》，2005（2）。

② 〔美〕霍姆斯著、明辉译：《法律的生命在于经验——霍姆斯法学文集》，北京，清华大学出版社，2007，第23页。

③ 〔德〕英格博格·普珀著、蔡圣伟译：《法学思维小学堂》，北京，北京大学出版社，2011，第74页。

并未规定税收法定主义”[①]。李刚、周俊琪引入基于宪法文本内部结构的“体系解释”，以及“宪法和宪法性法律”的“体系解释”，尤其是以《立法法》相关条款来否证中国宪法上“税收法定原则”之存在，实际上乃是以“宪法性法律”解释《宪法》第56条。此种以“下位法”解释“上位法”的解释方案是否合理，则在该文中并未有充足之论证。事实上，《立法法》第8条规定：“下列事项只能制定法律：……（六）对非国有财产的征收……（八）基本经济制度以及财政、税收、海关、金融和外贸的基本制度……”然则，“税收征收”是否属于本条所规制的“对非国有财产的征收”部分？笔者以为，答案是否定的，理由有二：其一，税收征收的对象并非仅为民营企业及公民个人，还包括管理经营性国有资产的国有企业，《立法法》第8条第6项的表述迥异于法律上的“税收”概念；其二，《立法法》的第8条第6项与第8项一并列举，从立法技术上说，立法者不可能在同一个条款中对同一类事项，即“对非国有财产的征收”事项与“基本经济制度以及财政、税收、海关、金融和外贸的基本制度”事项，作重复之规定。因此，“税收”及“税收基本制度”均非《立法法》第8条第6款中“对非国有财产的征收”事项；依据《立法法》第8条之规定，仅有“税收基本制度”，而非所有的税收立法事项属于全国人大及其常委会的专属立法权领域。因此，《立法法》第8条并不能佐证《宪法》第56条上的“法律”为“狭义上的法律”，因而也不能证立中国宪法上“税收法定原则”之存在。

由上所言，在探讨“税收法定原则”（或“税收法律主义原则”）之宪法基础的过程中，中国学者已经表现出浓厚的“问题意识”、“本土意识”和“方法论意识”，而非如往昔对域外宪法原理仅作“生吞活剥之理解”或“单纯引介”。而“法学方法论意识”之凸现，正是学术研究日趋成熟的基本标志。

二、中国宪法上“税收法定原则”之法律内涵——基于“合宪性解释”方法的理论分析

前文所述，乃是中国学者试图以“法解释学”方法否证中国宪法上税收法定原则之成立的诸多观点。然则，由于宪法上拥有解释权的主体即全

① 参见李刚、周俊琪：《从法解释的角度看我国〈宪法〉第五十六条与税收法定主义——兼与刘剑文、熊伟二学者商榷》，载《税务研究》，2006（9）。

国人大常委会始终数十年“不开金口”，遂使得诸种解释方案均难以具有理论和实践上的公信力。如德国学者魏德士所言：“方法论的问题最终涉及法治国家权力分立的问题，也就是国家的权力分配及其透明度的问题。而那些认为方法论具有非历史及非政治性的文献中，法律方法的这个功能被误解或否认了。”[①] 笔者在第一章中已经提出，在我国现行宪法体制下，尽管我国并没有一个类似于德国联邦宪法法院式的违宪审查机构，但是全国人大及其常委会集立法权与宪法监督权于一身，法律、尤其是宪法性法律本身包含有对宪法相关条文内涵的界定，它对于法院具有硬性的约束力。在这种意义上，解释者对于法律的“合宪性解释”不仅要参照宪法条文，对于宪法的解释则又可以参照其他的法律，尤其是宪法性法律。[②] 这并非法律解释学上的“循环论证”，而是基于全国人大常委会集立法机关与宪法解释机关、宪法监督机关于一身的宪法性质，以其“立法意志”推定其“宪法决断意志”的解释学路径。实际上，宪法学者在论证中国宪法上之“税收法定原则”时，也在自觉或者不自觉地适用了此种论证思路。譬如，韩大元与冯家亮撰文指出：从“原意解释”方法而论，《宪法》第56条难以被解释为确立了“税收法定原则”。但是，《宪法》第56条所说的“法律”“是指形式法律还是实质法律”，还需要结合其他法律来理解——“《中华人民共和国立法法》第八条规定，涉及基本经济制度以及财政、税收、海关、金融和外贸的基本制度等只能制定法律，第九条规定，第八条规定的事项尚未制定法律的，全国人民代表大会及其常务委员会有权作出决定，授权国务院可以根据实际需要，对其中的部分事项先制定行政法规。《中华人民共和国税收征收管理法》第三条规定，税收的开征、停征以及减税、免税、退税、补税，依照法律的规定执行；法律授权国务院规定的，依照国务院制定的行政法规的规定执行。由此，从规范意义上看，根据《立法法》和《税收征管法》，可以得出，我国宪法中该条所指的法，在实际运用中指狭义的法律及经全国人大授权后制定的国务院行政法规。”[③] 尽管在前文中，笔者已经提出并论证，《立法法》第8条不能作为《宪法》第56条确立“税收法定原则”之佐证；然则，1992年

① 〔德〕伯恩·魏德士著、丁小春、吴越译：《法理学》，北京，法律出版社，2003，第292页。

② 参见周刚志：《论合宪性解释》，载《浙江社会科学》，2010（1）。

③ 韩大元、冯家亮：《中国宪法文本中纳税义务条款的规范分析》，载《兰州大学学报》，2008（6）。

《税收征管法》第3条之规定，将“法律”与“行政法规”并举，说明其中的“法律”特指全国人大及其常委会制定的“狭义法律”，则确实可以进一步说明中国财税法制中“税收法定原则”之初步形成。事实上，以“法律”之立、改、废，推动中国“宪法规范变迁”，乃是中国宪政发展之特色——凡在宪法条款文义解释的可能空间之内，为了避免宪法条款之过于频繁的修改，回避宪法修改所需、难度更大于“立法共识”的“立宪共识”，通过“法律”的制定、修改与废止“改变”宪法条款之实际内涵，以实现“宪法规范之变迁”，不失为一种“更为经济”的宪法改革方式。进而言之，“合宪性解释”在中国的宪政与法治实践中，并非一种单纯与“文义解释”、“体系解释”、“目的解释”相并列的一种“法律解释方法”或者“要素”，而是包含了“宪法的合法律性解释”在内的宪法推定方法与宪法适用方法。

有关税收法定原则之内容，学者见解未尽一致，其内涵大致可分为“课税要件法定主义”、“课税要件明确性原则”与“程序法的合法性原则”等。[①] 显然，依照此种规范内涵之基准，《税收征管法》第3条之规定可谓大致包含了“课税要件法定主义”之部分原理，却尚未达到“税收法定原则”之最低限度的标准。尤其是，该法自1993年1月1日开始实施，以取代1986年4月21日国务院发布的《中华人民共和国税收征收管理暂行条例》，然则国务院通过制定暂行条例已经开征的税种，如房产税、契税、增值税、营业税等，并不在废止之列。事实上，1993年12月13日国务院还发布了《中华人民共和国增值税暂行条例》、《中华人民共和国营业税暂行条例》，以取代1984年的《增值税条例（草案）》和《营业税条例（草案）》。《房产税暂行条例》颁布于1986年9月15日，“房产税”属于1993年《税收征管法》实施之前就已经存在的税种，故而其立法形式不受《税收征管法》第3条之拘束。进而言之，《税收征管法》第3条所确立的，至多是一个法理内涵颇为残缺的“税收法定原则”，它意味着：自1993年1月1日《税收征管法》实施之后，中国政府要开征新的税种、停征某一已开征的税种，以及新开征税种的减免税收、退补税收等事宜，均须以全国人大或其常委会制定的狭义上“法律”为依据；但是，此前国务院通过行政法规已经开征的税种依然可以继续合法存在，甚至国务院利用重新解释既有之行政法规，扩张原有的税收客体，也在合法性范围之内。

---

① 参见陈清秀：《税法总论》，台北，元照出版有限公司，2006，第38页。

三、中国宪法上“税收法定原则”之构成要件——基于财政立宪主义原理的宪治图景

近年来，由于“税收法定原则”所蕴含的民主法治原理，它也被学者视为“税收立宪的首选事项”或者“税收立宪的基本标志”[①]。然则，如葛克昌所言：“传统藉由人民选出国会议员，以立法控制来保障税课对人民基本权侵犯时代已经结束。从强调‘无代表不纳税’之法律保留（议会保留）不得不面临迈向寻求宪法保障之新时代。”[②] 可以说，当今时代之“税收法定原则”非同往昔，它在中国学者尚在争取税收立法之“法律保留”的过程之中，早如“轻舟已过万重山”；中国财政立宪主义运动之目标，亦须在新时代重新诠释“税收法定原则”，方可具有“与时俱进”的合理性。

第一，“国家目标规定”之重释。第二次世界大战结束之后，许多刚刚独立的国家均将“工业化”或“现代化”作为“发展目标”，试图推行“政府主导型”的工业化发展战略，“财政国家”及其税制原则由此成为实现国家发展目标的战略工具。[③] 因而，从宪法上国家目标规定之确立、变迁的过程中，我们也可以发现其相应之“财政国家”选择的主观因素和可能趋向；税制原则之重新确立，须宪法上相应之“国家目标规定”重新调整。具体而言，中国《宪法》序言中所规定的“国家发展目标”，即“实现工业、农业、国防和科学技术的现代化，推动物质文明、政治文明和精神文明协调发展，把我国建设成为富强、民主、文明的社会主义国家”。长期以来，这一目标被片面地解读为“中国政府承担了促进经济高速增长之职能”。于是，为了持续、大额地进行政府投资，国务院以行政法规等方式开征税收，以提高“财政汲取能力”，遂成为一种常态。1985 年 4 月 10 日第六届全国人民代表大会第三次会议甚至通过《授权国务院在经济体制改革和对外开放方面可以制定暂行的规定或者条例的决定》，其中规定：“授权国务院对于有关经济体制改革和对外开放方面的问题，必要时

① 刘剑文：《关于我国税收立宪的建议》，载《法学杂志》，2004（1）。

② 葛克昌：《税法基本问题——财政宪法篇》（第二版），台北，元照出版有限公司，2005，第 37 页。

③ 胡书东认为：“制度选择受制于国家的发展战略，作为计划经济体制一部分的中国传统财政体制也不例外，也内生于改革开放前所推行的赶超战略。”参见胡书东：《经济发展中的中央与地方关系——中国财政制度变迁研究》，上海，上海三联书店、上海人民出版社，2001，第 10 页。

可以根据宪法，在同有关法律和全国人民代表大会及其常务委员会的有关决定的基本原则不相抵触的前提下，制定暂行的规定或者条例，颁布实施，并报全国人民代表大会常务委员会备案。”这一授权决定被部分学者视为全国人大授权国务院行使税收立法权之“依据”，实则这一文件乃是全国人大授权国务院实施“变通立法”而非仅作“税收立法”。显然，作为一种“空白授权”，前者比后者的授权幅度更大。[①] 在中国目前的立法体制之下，“税收法定原则”成立之条件必然难以形成。因此，为了因应经济发展与制度转型之需要，中国《宪法》“序言”部分的“国家目标规定”，在解释学上可依据“体系解释”方法，借鉴域外宪法学理论，而作更为灵活之解释。具体而言，在现阶段，“国家发展目标”可以依然确定为建立“富强、民主、文明的社会主义国家”，但是政府施政的具体目标则不再局限于“四个现代化”或者“制度现代化”等任何单一目标，更不在“维续经济的高速增长”，而在于通过建立、健全公共服务体系维护与促进全体人民的福祉。与此相适应，中国的“财政国家”的税制原则应该服务于“富强、民主、文明的社会主义国家”之建设，服务于人民基本权利之保障。为此，全国人大对于国务院的“空白授权决定”应当尽快废止。果其如此，《宪法》第56条方有被解释为“税收法定原则”的规范基础之可能。

第二，课税要件的法定性。课税要件的法定性乃是税收法定原则的基本内涵，即税收的主体、客体以及税基、税率与减税、免税、停征等事项，均须由全国人大或其常委会通过法律予以确定。国务院及税务机关亦不得利用法律已经确立之税种，恣意增加税收客体或扩张税基，以规避税收法定原则之适用。为此，《税收征管法》第3条第1款之后尚须特别增加一款作为第2款，此即：“尚未制定法律的税收，须于本法通过后三年之内制定法律。没有制定法律，也没有授权国务院制定行政法规征收的税收，应予停征。”如此，《税收征管法》在税收法定原则在“课税要件法定”基准上的立法缺陷，方可得以弥补。此外，行政机关为简化课税手续，减轻稽征核查负担，兼顾课税公平，常常需要采用所谓“类型化观察法”[②]，其工具即税务机关，尤其是税务总局制定的行政规章或规范性法

① 参见熊伟主编：《税法解释与判例评注》第2卷，北京，法律出版社，2011，第8～12页。

② 陈清秀：《税法总论》，台北，元照出版有限公司，2006，第264页。

律文件。问题在于，我国税务机关在税收核定、稽征过程中处于极为强势的地位，其税收规范性法律文件甚至往往脱离法律法规之依据，自行确定课税要件，当事人莫之奈何。此种状况之存在，当然有悖于税收法定原则之基本精神。实际上，依据《行政诉讼法》规定，即使是税务总局制定的行政规章，人民法院亦仅有“参照适用”之义务，其断无约束法院裁判行为之强制效力。在当今时代，法院亦可依据法律和国务院的行政法规审查税务机关的行政规章与规范性法律文件，“税收法定原则”全面确立之后更可依据宪法和法律对之进行严格的司法审查，以彻底贯彻“税收法定原则”。

第三，课税程序的法定性。税收征收程序乃是一种行政程序，在当今时代当然须受“程序法定主义”等法治原则之约束。而且，税收之债乃是一种法定的公法之债，原则上不允许税务机关通过与纳税人达成“税收协议”等方式，放弃税收债权之行使，或者迟延税收债权之实现。但是，在纳税人利用私法自治空间，通过转移定价等关联交易方式规避税收义务时，税务机关可以依据《税收征管法》第36条与《企业所得税法》第6章等法律条款的规定，与纳税人之间“达成预约定价安排”，以合理确定应纳税额。此种情形乃是针对税收债权发生的事实要件而言，并非违反税收课征的法定程序。

第四，基本权利的客观法效力。“在当代宪法理论中，基本权利被认为是具有‘主观权利’和‘客观法’的双重性质。在‘个人得向国家主张’的意义上，基本权利是一种‘主观权利’。同时，基本权利又被认为是宪法所确立的‘客观价值秩序’，公权力必须自觉遵守这一价值秩序，尽一切可能去创造和维持又利于基本权利实现的条件。在这种意义上，基本权利又是直接约束公权力的‘客观规范’或者‘客观法’。”① 由于众所周知的原因，我国尚未建立宪法诉讼制度，合宪性审查制度亦不完善；因此，基本权利作为“主观权利”的功能难以实现，但是其作为“客观法”，亦应该得到税务机关的尊重。尤其是，诸如“生存权”、“平等权”、“营业自由权”等基本权利，即使没有由全国人大及其常委会转化为具体之法律条款，亦具有拘束税务机关与人民法院的法律效力。此为当今时代“税收法定原则”的题中应有之义。

---

① 张翔：《基本权利的规范建构》，北京，高等教育出版社，2008，第19页。

第二节 税收债权债务关系辨析

一、税收法律关系性质之理论争议

（一）域外税法学界对于税收法律关系性质的理论交锋

在域外税法学研究领域，对于税收法律关系素有所谓“权力关系说”与“债务关系说”的理论争议，前者为德国“行政法学鼻祖”奥托·迈耶（又译为霍特·玛伊尔）所提出，在当代以奥特马尔·比尤拉为代表，主张税收法律关系是国民对国家课税权的服从关系，而后者则是德国学者阿尔巴特·翰瑟尔（又译为海扎尔）在1919年德国税法通则制定后所提出，主张国家与纳税人的关系是依据税收法律之规定，而在债权人与债务人之间形成的公法上债权债务关系。① 德国税法学者的理论争议也深刻影响了日本与我国的税法学界。譬如，日本著名税法学者北野弘久指出：“日本通说认为，租税法律关系的性质无论是债务关系说（实体法关系）还是权力关系说（程序法关系）都能对它进行阐明，因而有二元论的观点。更有观点认为，海扎尔用一元性的债务关系说解释租税法律关系会引人误入歧途。”但是，北野弘久坚持认为：“立足于债务关系说的理论来构造具体的实践性理论（租税立法、适用和解释税法的方式），对于维护纳税者的人权具有重大的意义。”② 事实上，由于国家及税务机关与纳税人之间的关系较为复杂，即使在域外税法学中，税收债权债务关系仅仅是税收法律关系之一种，除此之外尚有“税捐稽征关系”、“税捐处罚关系”、“税捐救济关系”，等等。③ 如此，尽管税收债权债务概念及原理已经在税法学研究中得到普遍适用，税收债权债务说如何在理论上协调税收债务关系与其他税收法律关系（权力关系），依然面临诸多疑问。

（二）我国税法学界对于税收法律关系性质的不同观点

我国税法学界自20世纪90年代开始逐渐引进域外的税收债权债务关

---

① 参见〔日〕金子宏著、战宪斌、郑林跟等译：《日本税法》，北京，法律出版社，2004，第19～20页。

② 〔日〕北野弘久著、陈刚、杨建广等译：《税法学原论》，北京，中国检察出版社，2001，第164页，第162页。

③ 参见黄茂荣：《税法总论：法学方法与现代税法（一）》，台北，植根法学丛书编辑室2005年增订二版，第1页。

系理论。刘剑文认为："以前我国学者都是从'权力关系'性质来单一、片面地理解和分析税收法律关系；现在有学者认为税收实体法法律关系性质的重心是债务关系，税收程序法主要以国家行政权力为基础，体现权力关系的性质。我们比较赞同这一观点，当对某一具体的税收法律关系加以定性时，应当根据其内容、所涉及的主体以及其所处于国家税收活动过程的不同阶段，来界定处于特定情形下特定的税收法律关系的性质；当需要对抽象的作为整体的税收法律关系进行定性时，可以认为其性质是税收债权债务关系。"① 这一论述表明了刘剑文本人及其他许多中国税法学者对于德、日税法学界之税收债权债务关系说的高度认同。但是，由于德、日税法学上的税收债权债务关系说蕴含了有关国家、地方团体及税务机关与纳税人之间成立法律上对等关系之理论见解，这与传统税法学（税收行政法学）上国家等课税权主体具有优越地位的观点存在重大区别，因而也引起了不少学者的强烈质疑。譬如，王家林就曾经提出："如果税收是债，或者美其名曰'公法之债'，要到期偿还，还要支付一定利息，国家存在的物质基础就没有了。"② 显然，作者在此可能是有所误解，因为税收作为"法定之债"其债权人是国家，而纳税人才是债务人，其不按时履行义务需要向国家等债权人支付滞纳金，甚至受到行政处罚。但是，王家林提出"很多财税界、法学界的老专家对刘剑文等人的新观点早就有不同看法"，并援引金人庆主编的《领导干部税收知识读本》中对税收的定义对"税收债法说"提出了强烈质疑，则可能确实也代表了中国法学界部分学者对税收的传统看法。③ 譬如，中国行政法学者将"税收"概念界定为"国家税收机关凭借其行政权力，依法强制地、无偿地取得财政收入的一种手段"，并认为"税收一经征收入库，就为国家所有，不管是什么税种，都处于国家整体支配之下，通过国家预算支出，统一用于社会各方面的需要，在整个国家活动中体现出'取之于民，用之于民'的宗旨，而不是直接返还给纳税人或者用于税收的这个项目。"④ 此外，还有学者对于国家与纳税人之间的"契约说"提出了批评意见。⑤ 凡此种种争端，均说明中

① 刘剑文、李刚：《税收法律关系新论》，载《法学研究》，1999（4）。

② 王家林：《也从纳税人的权利和义务谈起——就一些税法新理论求教刘剑文教授》，载《法学杂志》，2005（5）。

③ 参见王家林：《就税收债法问题求教于翟继光博士》，载《法学杂志》，2005（6）。

④ 姜明安主编：《行政法与行政诉讼法》（第三版），北京，北京大学出版社、高等教育出版社，2007，第307页。

⑤ 参见蔺翠牌：《对中国税法理论的突破与创新的几点疑问》，《税务研究》，2005年第2期。

国法学理论界、特别是行政学界在此问题上还存在不同观点。

（三）中国法学界有关税收法律关系性质的实质分歧

陈刚先生认为，租税权力关系说与租税债务关系说的主要区别有四：第一，权力关系说认为租税法律关系属于权力关系，债务关系说将租税法律关系视为类似于私法上债权债务关系性质的公法关系；第二，权力关系说强调国家或者地方团体在租税法律关系中相对于人民的优越地位，而债务关系说则认为它们处于对等地位；第三，债务关系说将租税法律关系区分为租税实体法关系与租税程序法关系，而权力关系说否认这种划分；第四，权力关系说主张租税法律关系是单方面的命令与服从关系，而债务关系说则强调国家或地方团体与人民的对等地位，强调设立救济程序以保护纳税者的权益。[①] 但是，实际上此种概括亦有失之偏颇之嫌，因为承认税收法律关系主要是公法上的债权债务关系，并非需要必然否认其作为权力关系之存在。吴东都即认为："金钱债务，依其法律性质，可分为私法上之金钱债务及公法上之金钱债务，其强制执行理论上应分别为民事强制执行程序及行政强制执行程序进行。盖私人间之请求权实现，私人不得自力为之，原则上必须经由法院判断请求权确实存在，并于债务人不任意履行时，由法院以强制力促其履行或使其实现。而行政对私人之请求权，不但可自行确定之，于私人不任意履行时，尚可不经法院自力执行之。"[②] 叶必丰甚至提出，在新的历史时期，"行政法的精神是利益一致、服务与合作、信任与沟通"[③]。这说明，所谓"金钱债务"一说并非税法所独有，而是普遍存在于公法领域；税收权力关系说与税收债权债务关系说并非截然对立，强调税收法律关系作为权力关系存在的税收行政法理论，亦非仅仅强调国家及其税务机关与纳税人作为命令与服从的行政管理关系，而全然不顾纳税人之权益保护。当然，税收债权债务理论与传统的税收行政法学之税收权力关系理论间尚存在一些实质分歧，其中尤以"税收债权债务的发生时间"及"当事人之间是否存在对等关系"两个问题最为典型。

第一，税收债权债务的发生时间究竟是以课税要件形成时为准还是以

① 参见陈刚：《宪法化的税法学与纳税者基本权——代译者序》，〔日〕北野弘久著、陈刚、杨建广等译：《税法学原论》，北京，中国检察出版社，2001，第4页。

② 吴东都：《行政诉讼与行政执行之课题》，台北，学林文化事业有限公司，2003，第285页。

③ 叶必丰：《行政法的人文精神》，北京，北京大学出版社，2005，第18页。

课税处理决定作出时为准。陈清秀先生认为，关于税捐债权债务的成立或发生时间，除了个别税法有特别明文规定之外，在理论上可能有两种解释，其一为以课税处分时为准，其二为以课税构成要件之实现时为准。“为确保成立税捐债权债务的法律效果对于一切税捐义务人适用相同的基准时，而不受不同的税捐核定的时点的影响，应以法定课税要件实现时为准，而不以课税处分时为准，较为妥当。又宪法上的税捐法定主义所要求的法律保留，也要求税捐债权仅能根据法律的规定而发生，因此以法律所定税捐义务的构成要件实现时，成立税捐债务，也较符合税捐法定主义。故税捐债权债务的成立时期，以构成要件实现时较为可采。”① 诚然！依据我国传统的行政法学说，课税乃属于行政征收之一种，它是典型的“依职权的具体行政行为”，其行为之成立当以税务机关作出有效的意思表示时为准。② 因此，在传统的税收权力关系理论视野下，税收债权债务的发生时间似当以税务机关作出课税处理决定或核准决定时为准。显然，此种观点既不利于税收法定主义原则之贯彻，亦有可能承认税务机关之不必要的课税裁量权，而在实质上侵害纳税人之间的平等权利。当然，为了协调税收债权债务理论与传统行政法学说之间的矛盾，在税法学理上可以将税务机关的课税处理及税收核定等具体行政行为定性为税务机关对纳税人税收债务的行政确认，而以具备课税构成要件作为纳税人纳税义务成立的时点。

第二，税收债权债务关系双方当事人之间是否存在对等关系。日本税法学者北野弘久指出：“……在通说（即传统的税收权力说——引者注）中存在这样一个缺陷，他们未认识到税法在法认识论上虽意味着‘征税之法’，在法实践论上则是尽可能地从纳税者的‘权利规范’、‘人权规范’的角度把握税法。因此，他们也就不能对债务关系说所具有的维护纳税者人权的民主性质作出正确的评价。”③ 北野弘久对税收债权债务关系之双方法律主体的对等地位之探讨，乃基于租税债务成立时间、时效、抵消及租税处分前租税债务不存在的确认之诉、申报纳税行为的法律性质与功能等角度做了深度解读，说明纳税人在税收实体法上，甚至在整个税收立

① 陈清秀：《税法总论》，台北，元照出版有限公司，2006，第336页，第338页。

② 参见姜明安主编：《行政法与行政诉讼法》（第三版），北京，北京大学出版社、高等教育出版社，2007，第305～309页，第230页。

③ 〔日〕北野弘久著、陈刚、杨建广等译：《税法学原论》，北京，中国检察出版社，2001，第165页。

法、执法之制度构建中居于与国家、地方团体的对等地位所可能带来的法律实益。我国有税法学者则基于此种纳税人权利保护的考量，进而主张借用西方以社会契约论为基础的税收本质学说“交换说”与“公共需要论”，以其中的契约精神为支点与核心，以贯彻公平价值和平等精神。如此，则国家与人民的关系被解读为一种类似私法上契约的平等关系，税收法定主义则被视为人民与国家之间的“宪法性契约”[①]。从表面上看，此种论证思路对于纳税人地位之提升似具实益，然而究其深层理论依据而言则不无缺漏。从现代公法原理来看，与其说宪法与税收法律是人民与国家之间的“契约”，还不如说它们是人民相互之间所订立的“契约”——盖西方古典自然法学派的所谓“社会契约”，主要是指人民在自然状态下所订立的“契约”，而非人民与国家之间的“契约”。在现代民主法治国家，宪法上的“平等原则”演化为税法上的“量能课税原则”，并非要求国家依据特定纳税人所承担的税负对之为对价服务，恰恰是要求国家平等地对待所有纳税人，而不论其所承担税负为几何。“如果税捐应该是使国家有能力为每个国民从事财政经济上的行为服务时，则税负的衡量即与国家的给付分离。税捐义务人并非为其个人所领受的给付支付税款，而是为国家的各项任务（即为纳税人与非纳税人之利益提供服务）支付税款。对于税捐的给付，国家享有财政的决定自由，而非作为补偿国家对于纳税人的给付义务。课税公平的程度应按照个人的负担可能性，而非按照个人享受国家的利益，加以决定。”[②] 唯其如此，现代民主法治国家方可成为全体公民的福祉之所在，而非为少数经济精英所把持的“利维坦”。事实上，西方传统税收公平理论认为应该以人民从政府中所获利益大小确定其应税额，此种深含“契约精神”的“旧”受益原则（old benefit principle of tax fairness）在现代社会饱受诟病，正在被“新”受益原则（new benefit principle of tax fairness）及“税收合伙理论”（the partnership theory of taxation）所取代，后者排除了传统理论的契约型受益原理，认为税收的正当性在于：公民取得财富在某种程度上归功于政府，譬如政府为企业生产提供了基础设施、公共安全，为市场正常运作提供了必要的法律体系和规制机制，等等；故而政府有权强制性地分享社会成员的个人财富而无须为对

---

① 李刚：《契约精神与中国税法的现代化》，《法学评论》，2004（4）。

② 陈清秀：《税法总论》，台北，元照出版有限公司，2006，第23页。

价给付。[①] 值得注意的是，西方学者的所谓“新受益原则”，主要是从经济分析的视角说明税收的正当性；从现代宪治程序而言，要良好地保护纳税人的权利，在单个的税收征缴过程、特定的税收法律关系中提升纳税人的权利地位固然具有一定意义，但是由此而弱化税务机关作为公权力主体的职权地位，恐于社会公平亦会有所妨害。吾国要强化全体纳税人及全体公民对于政府用税权的监督地位，推进社会主义民主建设实为无法回避的必由之路。

葛克昌认为：“在公法金钱给付义务，相对于债务人——人民，债权人——国家则居于公权力主体地位。由于国家居于公权力或统治权主体地位，在公法关系上有上下服从关系，二者地位并不对等，私法债之关系债权人、债务人则居于对等地位。”[②] 然则，如欲协调税收债权债务关系理论与传统税收权力关系理论，以深化税法学的发展，关键在于对国家“税权”之性质、构成予以精确把握。对此，我们或可借鉴英美分析法学的理论视角予以深入研究。

二、税收债权债务关系之法理剖析

正如我国台湾地区行政法学者城仲模所言：“当兹研究他域行政法学，贵在斟酌比较，汲取其法理精华，适切安排与本域既有的社会现象与法律秩序之中，并使其有自然融入孳生发端之机会；庶几臻于真正法律建制，维持社会的长治久安，而非未经致密洗涤，风险性极高的全盘移植。”[③] 行政法学如此，同为公法学分支学科的财税法学自然也不应例外。因而，税收债权债务理论在中国的引入与适用，不仅需要税法学者斟酌考量相关税法规范，以作为理论建构之规范基础，更需要我们权衡分辨传统税收权力学说之利弊得失，以此作为税权理论发展之价值导引，而厘清税收债权债务关系之法理内涵。

（一）国家税权内涵之法理构成

当前学界关于国家税权的理论研究，大抵围绕两个问题展开：其一，

① See Joseph M. Dodge，Theories of Tax Justice：Ruminations on the Benefit，Partnership，and Ability-to-Pay Principles，New York University School of Law，Tax Law Review，Summer，2005.

② 葛克昌：《行政程序与纳税人基本权》，北京，北京大学出版社，2005，第19页。

③ 城仲模：《主编者言》，载城仲模主编：《行政法之一般原则》，台北，三民书局股份有限公司，1994，第2页。

税权本身的性质，即“税权”究竟是“权力”还是“权利”，或者是兼而有之？其二，税权的优先性，即税权为何、如何对于纳税人的财产具有优先权？受德、日税法学的影响，我国税法学者也形成了两种对立观点，即税权的“公权力说”与“私权利说”。由于我国《税收征管法》对于税收债权优于无担保债权、纳税义务发生之后的抵押权、质权、留置权均作了较为明晰的规定，该法甚至还规定税务机关可参照《合同法》相关条款行使代位权、撤销权，这样就凸显了税权的债权属性。在税收执法实践中，亦存在税务机关通过民事诉讼等方式行使代位权、撤销权之情形，故而部分学者因此而强调税收债权债务关系的私法性质或者税收债权实现的私法途径。更有甚者，以税收债权的所谓私权属性为依凭而否认其优先权地位。其实，税务机关在实践中通过民事诉讼等私法纠纷解决机制行使税收权利的做法，并不能说明税收债权即属于私法债权，或者等同于私法债权。税收债权属于公法上的法定之债，原则上依税收法定主义原则等公法原则之规定，税务机关在债权处理上不得利用私法上意思自治原则与纳税人之间就税负问题进行自由协商。而且，由于我国公法诉讼机制相对滞后，以民事诉讼方式解决公法纠纷并非罕见，如选民资格纠纷、国有土地使用权纠纷等等，均同此例。因此，不少税法学者均主张“税权”包括“税收权力”与“税收权利”。譬如：张守文认为，在国际法上税权是国家主权的重要组成部分和体现，在国内法上税权从广义与狭义、主体与客体等层面分别定位为国家权力、国民权利、国家管理权、国家财产权的重要组成部分。[①] 在后来的论著中，张守文进一步将国家的税收权力与税收权利之间的关系概括为“表里关系”[②]。然则，我国传统公法学以“公权力之存在与运作”为公私法区分标准，以致法学界许多人误将“权利”视为私法领域内的特有概念，或者将“权利”与“权力”视为概念内涵迥然不同的法律范畴——此种学理观念对“税权”理论之深入研究、税收债权债务关系理论之深入发展或将构成严重阻碍，我们需要借鉴英美分析法学的研究路径，从词源学与语义分析学两个层面重新解读“权利”与“税收权利”的法理内涵。

（二）国家税权内涵之法理剖析

不少公法学者认为，现代公法理论基础的主线是公共权力与公民权利

---

① 参见张守文：《税权的定位与分配》，载《法商研究》，2000（1）。

② 张守文：《税收权利的性质及其保护》，载《法商研究》，2001（6）。

之间的关系；“公共权力与公民权利这对范畴的矛盾运动，也自然成了贯穿公法制度变迁的基本主线和推动公法制度发展的根本动力。”① 童之伟更是以其“法权”理论为依据，认为“权力”是“表征为由公共机关掌握和运用的那部分法权”，“以公共利益和属于公共机关所有之财产为内容”；而“权利”则是“表征为由社会个体享有的那部分法权”，“以个体利益和属于个体所有之财产为内容”②。由此，在中国传统公法学的宏大叙事语境中，“权力”与“权利”成为公共组织与社会个体对峙的基本标识（有学者称之为“基本范畴”），国家作为税权主体所享有的税收权利即被视而不见。然而，如果我们愿意舍弃此种以某一主观范畴宏观型构整个公法学甚或整个法学的“雄心壮志”，从法学的微观概念入手阐明“权利”的法理内涵，或可以此为依据厘清“税权”的基本要义。据李贵连考证，“权利”一词，虽然在中国古代典籍中亦曾有所体现，但是具有现代意义则源于清末在华传教士丁韪良等人的译著，他们在《万国公法》一书中广泛使用不同于古典意义的“权利”。在后来的译著《公法便览》一书中，丁韪良于“凡例”中特别指出：“权”、“权利”的含义包含两个部分，即“有司所操之权”和“凡人理所应得之分”。在对权利作了这样的阐发之后，他还对国家权利与庶人权利作了进一步的区分。但是，20 世纪以后，革命风潮兴起，“权利”一词遂与“民权”、“人权”等概念一起成为思想界的“流行词”③。由此而言，作为汉语词汇的“权利”概念，自创立伊始就包含有“国家权利”之意，指代国家及其机关“应守之本分”、“应尽之职守”。在《牛津法律词典》中，“权利”（right）一词意指“被法律所确认和保护的利益及特定资格地位，或者为法律所肯认的某种行为自由”，而“权力”（power）也是指“一种法律上的行动与判断自由，当其影响到其他人的权利时就会在法庭上遭遇挑战，其范围被超越或者被滥用时的行为无效”④。在这里，“权力”并非单纯指“公共权力”，而“权利”主体之范围也并非局限于公民、法人或者其他非公共权力主体，二者的内涵非常相近。事实上，按照美国法学家霍菲尔德（Wesley Newcomb Ho-

① 袁曙宏等：《公法学的分散与统一》，北京，北京大学出版社，2007，第 25 页，第 27 页。

② 童之伟：《法权与宪政》，济南，山东人民出版社，2001，第 211 页。

③ 李贵连：《话说“权利”》，《北大法律评论》第 1 卷第 1 辑，北京，法律出版社，1998，第 115～126 页。

④ Elizabeth A. Martin, Oxford Dictionary of Law, Oxford University Press, 2006, pp. 469, 401.

hfeld）的观点，“权利”（right）一词通常被不加选择地适用于各种场合，其含义涵盖了诸如“特权”（privilege）、“权力”（power）、“豁免权”（immunity）等，而非其本身的狭义内涵。为了厘清“权利”概念在各种语境下的明晰内涵，霍菲尔德主张从“相反概念”（Jural Opposites）与“相关概念”（Jural Correlatives）两个方面对其进行清晰界定。具体而言，“权利”的相反概念是“无权利”，相关概念是“义务”；而“特权”的相反概念是“义务”，相关概念是“无权利”；“权力”的相反概念是“无资格”，相关概念是“责任”；“豁免权”的相反概念是“责任”，相关概念是“无资格”。于是，霍菲尔德得出如下八组概念[①]：

相反的法律概念：Jural Opposites	权利：rights 无权利：no-rights	特权：privilege 义务：duty	权力：power 无资格：disability	豁免权：immunity 责任：liability
相关的法律概念：Jural Correlatives	权利：right 义务：duty	特权：privilege 无权利：no-right	权力：power 责任：liability	豁免权：immunity 无资格：disability

在这一组概念中，“权利”（狭义）意味着权利人具有为一定行为的自由，而其他人则需因此为权利人承担义务，“无权利”人无权要求其他人为自己的行为自由承担义务；“特权”意味着一种特殊的法律资格或地位，无特权者即需承担义务，特权主体的相对人无权利对其提出主张；“权力”意味着其他人负有“服从”或者“配合”的“责任”，而无权力者则不具有这种资格；“豁免权”意味着其他人无资格对其行为提出要求，而无豁免权者则需为其行为承担责任。从这种意义上看，“税权”其实正是这样一种综合性的公法权利，其核心内容即国家及其税务机关所具有的税收债权。为了保障此种法定债权之实现，国家及其税务机关被公法规范赋予某种特殊的资格和地位，它们凭借法律之授权可以要求纳税人在满足课税要件时为特定金钱给付，纳税人于纳税过程中负有“服从”与“配合”之责任。同时，为确保课税行为的民主和公平，国家及其税务机关对于纳税人所交纳的税收不负对价给付之义务，纳税人亦不得要求国家及税务机关对其个人的课税行为为对价之补偿或给付。在此种债权债务关系中，国家及

① See Wesley Newcomb Hohfeld，Some Fundamental Legal Conceptions As Applied In Judicial Reasoning，Yale Law Journal，vember，1913.

其税务机关与纳税人的法律主体资格地位均为法律所授予，因而并无所谓高低贵贱之区别，其法律人格具有平等性；但是由于税收债务深具公益性之特征，而无对价给付之实施保障，故而为了避免纳税人利用私法形式规避公法义务，必须赋予国家及其税务机关以某种特殊法律资格及地位，确认其意思表示的相对优越性。因此，不论是税法学上作为“税收权力”而存在的税务调查权、核定权、处罚权、强制执行权等，抑或是税法学上作为“税收权利”所包含的税收债权及其优先权、代位权、撤销权等，都是立法者基于此种公益保护之目的所赋予国家及其税务机关的特殊法律资格，它们之间保障方式有异而实无本质区别。对于国家及其行政机关的此种支配地位，我国曾有行政法学者名之曰“行政行为的先定力”①。当然，为了避免此种为维护公益而确立的特殊资格不致沦为公权力行使者恣意专断之工具，凡民主法治国家须建立健全之公法上权力制约机制，例如代表纳税人行使课税立法权、用税监督权的民主代议制度，方便纳税人公法权利救济的行政复议及行政诉讼制度，等等。尤其是，课税行为作为一种限制公民财产权利的干预行政活动，国家及其税务机关须遵循“以人为本”的科学发展精神，对于纳税人及全体公民的先在权利予以最大限度的尊重和保障。

三、税收债权债务关系之产生、保全与消灭

2001 年《税收征管法》修改之后，税务机关代位权与撤销权等制度之确立，对传统以公私法区分为基础、以行政行为为核心的税收权力理论构成强烈冲击。因而，税收债权债务关系之法律适用，究竟是否需要全面扬弃传统的税收行政法学说，而代之以德、日某些学者所主张的所谓“税收债务关系说”②，或者如何与传统的税收行政法理论相协调，在理论上不无疑问。事实上，在强调“服务与合作”的现代国家③，行政职能极度扩充，且其形式日益多样化与复杂化，以行政主体之意思表示为要素的“行政行为”概念已经难以承载行政法发展的需要。故而，自 20 世纪 70

① 叶必丰：《行政行为的效力研究》，北京，中国人民大学出版社，2002，第 50 页。

② 此处所称的“税收债务关系说”，特指德国学者海扎尔、日本学者金子宏、北野弘久等人的学说，其核心观点是“国家与纳税人之间的关系属于对等关系”，以求使税法学完全脱离传统的行政法学。参见〔日〕金子宏著、战宪斌、郑林跟等译：《日本税法》，北京，法律出版社，2004，第 19～20 页；〔日〕北野弘久著、陈刚、杨建广等译：《税法学原论》，北京，中国检察出版社，2001，第 162 页，第 164 页。

③ 参见叶必丰：《行政法的人文精神》，北京，北京大学出版社，2005，第 18 页。

年代伊始，在德国学者奥托·巴候夫（Otto. Bachof）与诺贝尔·阿特贝格（Norbert. Achterberg）等人的提倡下，行政法律关系理论已呈勃兴之势。[①] 更有学者提出："随着以行政处分作为行政法学支配中心的思潮，因应时代变化而做适当的调整，行政作用中的各种行为形式与各种法律形式原则上已经变成了对等的道具。'法律关系'作为更具涵盖性的制度，其实已经成为实践的行政法学中心。"[②] 或许，税收债权债务关系理论的发展与完善，正好可以作为此中研究的一个典型范例。从对税收债务关系的产生、保全及消灭之整个过程的分析中，我们不难体会税收债权债务关系理论对于传统税收权力理论的有力发展和有益补充。

（一）税收债权之产生

依据我国传统的行政法学说，课税乃属于行政征收行为之一种，它是典型的"依职权的具体行政行为"，其行为之成立当以税务机关作出有效的意思表示时为准。[③] 因此，在传统的税收权力关系理论视野下，税收债权债务的发生时间似应以税务机关作出课税处理决定时为准。如前揭所言，此种观点不仅可能会造成容许税务机关课税裁量权之效果，而且在实质上亦有侵害纳税人之平等权、国家法定税收债权之虞。故而，为了回应税收债务理论对传统行政法学说之冲击，行政法学者多主张将行政行为区分为"形成性行政行为"与"确认性行政行为"，前者具有创设行政法上权利义务关系之效果，而后者则仅仅发生权利义务确认之效果，行政机关并无改变相对人权利义务之权利。税务机关的课税决定即为"确认性行政行为"之典型形态。然则，在适用这一观点处理税务案件时尚需注意区分税收债务的成立时间与清偿时间，并对税务机关的课税决定与"纳税义务告知或者催告"等行政事实行为在性质上进行明晰区分。

具体而言，税务机关的课税决定仅仅是对纳税人已经成立的纳税义务予以确认，其是否还能构成一个独立形态的具体行政行为，而具有公定力、拘束力、确定力及执行力等诸种法律效力？我国台湾地区学者陈明修认为："一个法律规定的法律状态不会自己加以实现或具像化，它仍有赖

---

① 参见赖恒盈：《行政法律关系论之研究——行政法学方法论评析》，台北，元照出版有限公司，2003，第124页。

② 程明修：《行政法之行为与法律关系理论》，台北，新学林出版股份有限公司，2005，第382页。

③ 参见姜明安主编：《行政法与行政诉讼法》（第三版），北京，北京大学出版社、高等教育出版社，2007，第305～309页，第230页。

于行政机关希望在个案中发生效力的表示或决定来进一步创设性地予以具体化……行政处分，甚至是确认处分，具有规制的特征。其作为一种行政法上之意思表示或者法律行为，因此其作成之‘主观意思’上，必须是以直接发生法律效果作为目的。而其规制的作用均具有形成性或创设性的效果。”[①] 由此言之，税务机关的课税决定虽然仅仅具有确认性的功能而无裁量权存在之余地，但是它对于税收债务的确定却造成了“具体化”或“明确化”之法律效果。因此，一般而言，虽然课税要件构成之时税收债务即已成立，但是纳税人的清偿义务却是成立于税务机关作出课税决定之时或者之后。我们甚至可以说，除非法律法规已经作出明确规定，税务机关对于纳税人履行纳税义务时间之确定，依然有少许裁量权存在。在这种意义上，税务机关的课税决定乃是一个具有明确法律效果的具体行政行为，而与单纯的“纳税义务告知或者催告”等行政事实行为有性质上的重大区别。在税务法制实践中，如果将前两种行为混为一谈，则可能会造成课税决定被视为行政事实行为之结果，而排除其违法情形下受到司法审判监督之可能。

（二）税收债权之保全

税收乃是一种公法之债，国家及其税务机关在行使债权时对于单个纳税人并无对价给付之义务，故而纳税人存在利用私法形式规避纳税义务之可能。更有甚者，纳税人还可能利用私法上的其他债务关系故意造成欠缺税收负担能力之后果，以规避纳税债务之履行。为此，立法者需赋予税务机关以一定的公法或者私法之手段，以确保纳税人履行税收债务之前或者之中具有相应之纳税能力，此即所谓“税收债权之保全”问题。从广义上讲，纳税担保之提供、财产冻结措施与查封、扣押措施之采取，以及税务机关依据《中华人民共和国合同法》（以后简称《合同法》）行使代位权与撤销权等，均属于税收债权之保全制度的范畴。从性质上讲，我国《税收征管法》所确立的税收债权保全制度包括公法保全制度与私法保全制度两种。

第一，税收债权的公法保全措施。依据我国《税收征管法》第38条之规定，税务机关有根据认为从事生产、经营的纳税人有逃避纳税义务行为的，可以在规定的纳税期之前，责令限期缴纳应纳税款；在限期内发现

---

① 程明修：《行政法之行为与法律关系理论》，台北，新学林出版股份有限公司，2005，第135～136页。

纳税人有明显的转移、隐匿其应纳税的商品、货物以及其他财产或者应纳税的收入的迹象的，税务机关可以责成纳税人提供纳税担保。如果纳税人不能提供纳税担保，经县以上税务局（分局）局长批准，税务机关可以采取下列税收保全措施：（一）书面通知纳税人开户银行或者其他金融机构冻结纳税人的金额相当于应纳税款的存款；（二）扣押、查封纳税人的价值相当于应纳税款的商品、货物或者其他财产。值得注意的是，此种税收保全措施乃是税务机关作出课税决定之前的临时性或暂时性强制措施，从严格意义上讲其尚非“确认性的具体行政行为”。但是，依据《行政诉讼法》第11条第2项之规定，此种“对财产的查封、扣押、冻结等行政强制措施”已经被纳入行政诉讼的受案范围而受到人民法院的审判监督，故而，其应当被视为“具体行政行为”的特殊形态。纳税人认为税务机关的税收保全措施侵害了其合法权益，可以向人民法院提起行政诉讼以寻求权利救济。进而言之，税务机关所采取的查封、扣押、冻结等措施既然属于具体行政行为之形态，则当然需要受到“人权保障原则”、“比例原则”、“职权调查主义原则”等行政法规范的拘束。基于“人权保障原则”之考量，我国《税收征管法》明确规定，个人及其所扶养家属维持生活必需的住房和用品，不在税收保全措施的范围之内。至于《税收征管法》第43条所规定的“税务机关滥用职权违法采取税收保全措施、或者采取税收保全措施不当而致使纳税人、扣缴义务人或者纳税担保人的合法权益遭受损失”等情形，复议机关或者法院可依据“比例原则”（其内涵包括“妥当性原则”、“必要性原则”及“均衡原则”等），对税务机关所采取之税收保全措施的合法性、正当性进行司法审查。① 《行政诉讼法》第32条规定：“被告作出的具体行政行为负有举证责任，应当提供作出该具体行政行为的证据和所依据的规范性文件。”此则要求税务机关在税务诉讼程序中，对于自身采取的税收保全措施的合法性、正当性承担主要的举证责任。

第二，税收债权的私法保全措施。如前文所言，税务机关所采取的公法上税收保全措施主要存在于税收债务清偿时间之前，而税收债权的私法保全措施主要存在于税收债务的清偿阶段（税收担保也可以视为一种税收债务清偿之前的私法保全措施）。依据我国《税收征管法》第50条之规

---

① 参见城仲模主编：《行政法之一般原则》，台北，三民书局股份有限公司，1994，第123～129页。

定，对于税收清偿时间已届满却仍然拖欠税款的税收债务，如果纳税人怠于行使到期债权，或者放弃到期债权，或者无偿转让财产，或者以明显不合理的低价转让财产而受让人知道该情形，对国家税收造成损害的，税务机关可以依照《合同法》第73条、第74条的规定行使代位权、撤销权。而依据《合同法》的相关规定，国家及其税务机关以自己的名义代位行使纳税人的债权，或者撤销纳税人处理相关财产的行为，均需通过民事诉讼的途径向人民法院提出主张。可见，税收征管中所谓“代位权”与“撤销权”之行使，并非税务机关居于行政主体之优越地位，利用行政权力为之，而是其自居于私法上债权人之地位，通过民事诉讼等方式而为之。此则为以私法形式完成公法任务的典型行为形态。亦有学者由此而主张税收债务乃属于私法债务。其实，我国《税收征管法》之所以要规定税收债务的此种私法保全措施，而非授予税务机关凭借其公权力主体地位、直接行使代位权与撤销权，乃是因为：传统行政法严格恪守“责任自负”之公法原则，而将行政法律关系局限于行政主体与行政相对人两造之间，以避免税务机关利用其优越地位侵害第三者的利益。此外，税务机关作为行政机关，在法律上定位为“行政专家”而非“法律专家”，特别是并非民事法律专家，故而直接授予其干预民事法律关系的权力将可能会危及民事法律关系的安定性、自治性。正如陈明修所言：“即使行政可以采取私法的法律形式完成公行政任务，也不全面享有私法自治的自由与可能性。私法形式的行政还是必须另外遵守公法的约束。换言之，被行政援用的私法规范仍然必须透过公法的条文加以补充与修正。”① 税务机关居于民事主体之地位通过私法途径维护国家的税收债权，并不能说明税收债权即为私法债权，税务机关亦不能因为法律规定了此种私法上保全措施而享有私法上的“意思自治”之自由，其代位权与撤销权之行使，并无行政裁量之空间。换而言之，税务机关无法律上正当理由不得放弃此种代位权、撤销权之行使，否则必将构成公法上的法律责任，而应由有关部门追究之。

（三）税收债权之消灭

税收债务关系产生之后，一般会由于纳税人履行纳税义务（清偿），或者因税务机关依法免除纳税人的税收债务、撤销课税决定或者有关部门认定税务机关课税决定违法且无效，从而导致税收债务的消灭。但是，除

① 程明修：《行政法之行为与法律关系理论》，台北，新学林出版股份有限公司，2005，第28页。

此之外，尚有税收债务的抵消可以达到相同效果。唯诸种债务消灭之行为均须受到公法规范的严密规制，而不宜无原则地适用相关私法规则。兹于下文略作分析。

第一，税收债务的清偿。纳税人履行纳税义务，一般应始于法定的清偿时间，或者于税务机关所核定的清偿时间之内。当然，纳税人自愿提前清偿税务债务者，不在此限；税务机关则不得要求纳税人提前履行纳税义务。但是，在税收法制实践中，为了保证税款均衡入库，纳税人按照上年度纳税总额分期预缴税金，并非属于"违法提前课税"情形。例如，我国企业所得税采取"按年计算，分期预缴，年终汇算清缴"的办法征收，这是因为："企业的收入和费用列支要到企业的一个会计年度结束后才能准确计算出来，平时在预缴中无论是采用按纳税期限的实际数预缴，还是按上一年度应纳税所得额的一定比例预缴，或者按其他方法预缴，都存在不能准确计算当期应纳税所得额的问题。"[①] 税务机关要求纳税人分期预缴税金，除了考量上年度纳税人的纳税额度外，还需斟酌考虑本年度纳税人的经营或者收入状况，而不得有背推计课税的经验法则与逻辑规则。

在税收债务的清偿过程中，税收债权的优先权问题最为值得关注。有学者提出，税收法律关系具备民法上债的关系的构成要素与特征，应遵循债权平等原则，（国家及其税务机关）不当享有优先权；税收优先权必然造成债权人的利益不能平等实现，将动摇担保物权的理论基础，违反宪法关于保护公有财产和私有合法财产的规定。而且，充分保护私法上债权主体的财产权利是"放水养鱼"，而税收优先权则是"竭泽而渔"，会更大地损害债权人的积极性，不利于税收债权的实现。[②] 其实，税收之债乃是一种公法之债，税收债权与普通私法债权相比其典型特征在于缺乏对待给付之实施保证，故而将其等同于普通私法债权将可能诱使纳税人利用私法途径规避税收，并损害公共利益即全体纳税人及全体公民的共同利益。因此，赋予税收债务相对于私法之债（依据《破产法》而享有优先权地位的劳动者工资等债权除外）及其他公法之债（如行政机关对于罚没收入的公法债权）以提前清偿之优先地位，亦即税收之债的优先权地位，乃是公法学说中的当然之理。依据我国《税收征管法》第 45 条之规定，对于无担

① 《国家税务总局关于在企业所得税预缴中对偷税行为如何认定问题的复函》，国家税务总局 1996 年 1 月 5 日国税函（1996）8 号。

② 参见王菁华：《税收优先权质疑》，载《税务与经济》，2006（4）。

保债权，税收之债处于绝对优先地位；对于有担保的私法债权，只有在税收清偿时间先于抵押权、质权与留置权的设立时间者，税收债权方取得优先受偿之地位。换而言之，如果抵押权、质权、留置权先于税收债权清偿期而得以设立，即使税收债权成立于此三种担保债权之前，亦不能由此而取得优先权地位。此种制度设置可能会对私法上的交易安全构成一定之妨害，所以《税收征管法》要求税务机关应当对纳税人欠缴税款的情况定期予以公告，而纳税人亦应该就其欠税情形而向抵押权人、质权人说明其欠税情况，抵押权人、质权人可以请求税务机关提供有关的欠税情况。

第二，税收债务的强制执行。就一般情形而论，税收债务当于纳税人清偿之后即归消灭，但是如果纳税人、扣缴义务人或者纳税担保人未按照规定的期限缴纳税款，则依据《税收征管法》第 40 条之规定，税务机关责令其限期缴纳；逾期仍未缴纳的，经县以上税务局（分局）局长批准，税务机关可以采取下列强制执行措施：（一）书面通知其开户银行或者其他金融机构从其存款中扣缴税款；（二）扣押、查封、依法拍卖或者变卖其价值相当于应纳税款的商品、货物或者其他财产，以拍卖或者变卖所得抵缴税款。税务机关采取强制执行措施时，对前述纳税人、扣缴义务人、纳税担保人未缴纳的滞纳金同时强制执行。在强制执行的过程中，如果纳税人采取转移或者隐匿财产的手段，妨碍税务机关追缴欠缴的税款，税务机关可并处欠缴税款百分之五十以上五倍以下的罚款；如果纳税人以暴力、威胁方法实施抗税，税务机关可并处拒缴税款一倍以上五倍以下的罚款；前揭两种情形如构成犯罪者，则由司法部门依法追究刑事责任。由此可见，我国税收债务的强制执行程序具有如下两个特点：其一，税收债务强制执行的行为主体是税务机关，其行为方式包括“直接扣缴税款”与查封、扣押并依法拍卖、变卖等。其二，如果纳税人以转移或者隐匿财产或者暴力、威胁等手段规避、对抗行政强制执行，则税务机关可以进而对违法行为人处以罚款，以督促其履行义务。只有对于构成了犯罪的偷税、抗税行为，方可移交司法机关追究其刑事责任。

综上所言，我国税收债务强制执行的方式主要是“行政强制执行”，对于抗拒税务机关追缴欠税款之强制执行行为者，则辅之以“行政处罚”（主要是罚款）与“刑罚”两种手段。在实践中，1992 年《全国人大常委会关于惩治偷税、抗税犯罪的补充规定》被纳入 1997 年《刑法》之后，其第 203 条专门设立“逃避追缴欠税罪”条款，即：“纳税人欠缴应纳税款，采取转移或者隐匿财产的手段，致使税务机关无法追缴欠缴的税款，数额在一万元以上不满十万元的，处三年以下有期徒刑或者拘役，并处或者单处欠缴税款一倍以上五倍以下罚金；数额在十万元以上的，处三年以上七年以下有期徒刑，并处欠缴税款一倍以上五倍以下罚金。”此种刑罚措施在制裁方式上过于严厉，而对于逃避追缴欠税款在一万元以下的情形又无法适用。如前所述，《刑法修正案（七）》以“逃税罪”取代了“偷税罪”，并规定对于原定的偷逃税收行为，税务机关在依法下达追缴通知后，如纳税人补缴应纳税款，缴纳滞纳金，接受行政处罚，则不予追究刑事责任；但是，五年内因逃避缴纳税款受过刑事处罚或者被税务机关给予二次以上行政处罚的除外。由此，“逃税罪”以纳税人自觉补缴税款、滞纳金并接受行政处罚而开脱其刑事责任，具有“轻刑化”、“除罪化”之显著功效，而“逃避追缴欠税罪”则依然如故，似有与之脱节之嫌。笔者认为，我国可借鉴域外税法上的所谓“拘提管收”制度，并完善现行刑法中的“逃避追缴欠款罪”条款。具体言之，对于纳税人显有履行义务之可能而故意不履行者，显有逃匿之可能者，或者就供应强制执行之财产有隐匿、处分之情形者，或者于调查执行标的物、对于执行人员拒绝陈述者，或者经命其报告财产状况、不为报告或虚伪报告者，税务机关可以申请法院裁定拘提管收，即：将被执行人拘提并收入拘留场所，限制其人身自由，最长以三个月为限。如果被执行人在此期间履行了纳税义务，则其行为亦可开脱其刑事责任。

第三，税收债务的抵消。有关税收债务是否可以抵消的问题，曾经被视为税法上债务关系说与权力关系说的重大区别。但是在立法对此已有明确规定后，则债务关系说与权力关系说之分歧已无太大的实际意义。[①] 对于“抵消”问题，我国《税收征管法》并未明确规定，唯国务院制定的《税收征收管理法实施细则》在第79条对所谓“抵扣”问题作了明确规定——“当纳税人既有应退税款又有欠缴税款的，税务机关可以将应退税款和利息先抵扣欠缴税款；抵扣后有余额的，退还纳税人。”从本条文义上看，立法仅仅承认税务机关拥有抵消处分权，且其适用范围局限于“纳税人既有应退税款又有欠缴税款”之情形。纳税人是否可以主张为债务抵消，以及不同的行政机关之间对同一相对人拥有债权并负有债务时能否为债务抵消，公法债权能否对私法债务为抵消，等等，这些问题并非可以一

① 参见〔日〕北野弘久著、陈刚、杨建广等译：《税法学原论》，北京，中国检察出版社，2001，第165～166页。

概而论。陈清秀认为："在公法上债权债务的性质，原则上并非不许抵消，因此，一般行政法的理论认为，虽然行政法规并未有特别明文规定，也可援引民法上的抵消制度，亦即就上述民法上抵消规定加以类推适用，或作为一般法律思想加以引用，且其抵消不论为人民或行政机关所为，亦不论其抵消系以私法上债权对于公法上债权，或公法上债权对于私法上债权或公法上债权为抵消，均为法之所许。"① 其实，抵消制度之设立，主要是为了债务履行的便利，其与所谓"税收债务关系说"并无直接关联，更不能由此而推导出税收之债属于私法之债的结论。因为课税行为乃是一个单方行政法律行为，故而纳税人可以从债务履行便利之角度建议就其对税务机关所有之债权互为抵消各自债务，但是其并无所谓"债务抵消"之公法上请求权。而且，中国财政生活中奉行"收支两条线"原则，行政机关对于同一相对人的收支款项，除非法律法规明确规定的情形外不得自行处置。② 故而，税务等行政机关的公法债权对于其私法债务、或者其私法债权对公法债务之间，原则上不允许为债务抵消。又由于我国传统上以行政机关为行政主体，各个行政机关都拥有独立的法人资格地位，建立了各自的银行账户。③ 故而不同的行政机关对于同一相对人同时拥有债权并负有债务时，在实践中亦难以互为债务抵消。当然，为了方便债务履行及确保公法债权之实现，在同级政府的不同职能部门之间，税务机关与其他行政机关得于财政机关及国库部门的统一协调下，就其对同一相对人的债权债务为抵消，亦属合理之举。不过，此种债务抵消行为不过是行政执行方式之一种，其本身并非独立的具体行政行为，亦不由此而产生独立的法律效力（如公定力、确定力、拘束力等）。

四、税收债权之消灭时效

税收债权虽属公法之债，但是却因其金钱给付内容而对纳税人所处的私法秩序构成重要影响，而非单独影响纳税人本身。故而，税收债权的保护与实现、消灭方式等诸问题均须在遵循公法规则的前提下借鉴私法制度，以求实现税收制度的良性发展并使之逐渐臻于完善。税收债权的消灭时效问题，近年来已经引起了我国税法学者的关注；唯其依然深受"国家

---

① 陈清秀：《税法总论》，台北，元照出版有限公司，2006，第413页。

② 参见马海涛等人编著：《收支两条线管理制度》，北京，中国财政经济出版社，2003，第1页。

③ 参见周刚志：《行政法学专论》，厦门，厦门大学出版社，2009，第119～123页。

主义”价值取向之强烈影响，未能对民事法律秩序之安定性及纳税人权利等法治基本价值加以妥适考虑，并对国家税收债权之行使预为法治主义之规制。值此《税收征管法》修改在即之际，深入探讨这一问题对于我国税收立法之完善不无裨益。

（一）国家理念变迁及其对税收法律理论之影响

近代绝对国家理念源于16世纪时期法国思想家博丹所提出的主权学说。[①] 荷兰法学家克拉勃认为：“主权学说是君主同其他权力要求者竞争时的宝贵武器。它给正在产生的民族专制国家以理论基础，并且明确预示了政治发展行将采取的途径。”[②] 然而，随着欧美革命时代的到来，卢梭以“自然权利”为基础而构造的人民主权学说被推至时代的巅峰。然则，法国大革命的惨烈后果也使欧洲出现了一个主权学说的“反动时期”。德国哲学家谢林、黑格尔、克劳斯等人深入阐发“国家人格”说与“国家有机体”理论之后，“国家主权”学说最终取代了以某一个特定个人或某一特定机关为主权载体的传统主权理论。[③] 在德国公法学领域，盖伯、拉班德等人的国家主权学说逐渐成为通说。但是，“国家主权”理论取代前期的“君主主权”与“人民主权”学说，并未在根本上改变国家学说中的绝对主权理念，它们在本质上依然体现了“国家主义”的强烈价值取向。在此种理念的指引下，课税权被视为国家主权之体现，并由税务机关代表国家意志予以无限期行使，当然不受任何时效制度之拘束。德国法学家萨维尼也认为，国家、公社、城市等“人”只享有“虚拟人格”而非“真实人格”，国家在私法关系主体中即以“国库”为依托的“虚拟人格”主体。国家由此而拥有私法上的虚拟人格资格和公法上的绝对主权地位之双重身份，其绝对国家理念在公法中依然得以延续。此种绝对主权的国家学说直至19世纪后期，才得到了德国公法学者基尔克等人的理论批判。基尔克则认为：任何人都具有作为个体与共同体成员的双重属性，每个共同体成员结合而成的“集体人格”乃是一种全新的、不同于任何一个公民的真实人格体。[④] 因而，国家之人格并非纯属“虚拟”而成，它拥有区别于全体

---

① See Jean Bodin, On Sovereignty, Cambridge University Press, 1992.

② 〔荷〕克拉勃著、王检译：《近代国家观念》，长春，吉林出版集团有限责任公司，2009，第8页。

③ 参见〔美〕小查尔斯·爱德华·梅里亚姆著、毕洪海译：《卢梭以来的主权学说史》，北京，法律出版社，2006，第23～95页。

④ 参见〔美〕小查尔斯·爱德华·梅里亚姆著，毕洪海译：《卢梭以来的主权学说史》，北京，法律出版社，2006，第90～95页。

人民的独立法律人格，并不具有绝对主权之属性，此种公法学说逐渐成为现代法治国家之法理基础。

新中国成立以来，尤其是通过20世纪50年代社会主义改造运动逐步建立高度集中的计划经济体制以后，国家与社会高度结合的“单位社会”体制逐渐形成。于是，“国家主义”的价值理念借助于“左”倾意识形态之“外衣”、依托于高度集权的经济社会体制而盛行一时。自20世纪70年代末中国改革开放以来，此种绝对主权的公法学说依然为许多公法学者所坚持，“消灭时效”由此亦被视为民法上的固有概念，即：“因民事权利人在一定期间不行使权利，致其请求权归于消灭的民事法律事实”。在民法上，“消灭时效”制度存续的正当性理由乃在于：“(1) 保护债务人，避免因时日久远，举证困难，致遭受不利益。(2) 尊重现存秩序，维护法律平和。(3) 权利上的睡眠者，不值保护。(4) 简化法律关系，减轻法院负担，降低交易成本。”[①] 故而，消灭时效的客体乃是“请求权”，当自请求权可行使之日起算；国家如果以民事主体身份参与民事活动，固当受此制度之拘束，但是其以行政主体等公权力主体之身份行使职权，则毋需受其约束。时至今日，此种观点依然为我国之通说。譬如，有学者坚持认为，纳税人不进行纳税申报的行为因其主观恶意及危害性，应予无限期追缴，对其有限期追征将会带来严重后果。[②] 事实上，国务院1993年制定的《中华人民共和国税收征收管理法实施细则》(以后简称《税收征管法实施细则》) 第55条即明确规定：“纳税人、扣缴义务人和其他当事人因偷税未缴或者少缴的税款或者骗取的退税款，税务机关可以无限期追征。”这一条款在后来的立法修改过程中被删除，现行《税收征管法实施细则》(2002年10月15日开始施行) 并无类似规定。虽然有学者认为规定无限期追征税款不合理，建议将故意不缴、少缴税款构成偷骗税的追征期设定为10年。[③] 但是更多的学者依然坚持认为，依据《税收征管法》第52条之规定，对于偷税、抗税、骗税及其他情形而导致纳税人、扣缴义务人未缴、少缴税款的情况，“《税收征管法》虽未明确规定，实际上是无限期追征”；“在纳税人、扣缴义务人存续期间，纳税义务一旦产生，只有依法缴纳了税款，其义务才算履行完毕，否则，税收义务一直存在，税务机关可

---

① 王泽鉴：《民法概要》，北京，中国政法大学出版社，2003，第143～144页。

② 参见李明、练奇峰：《不进行纳税申报情况下的税款追征期问题》，载《税务研究》，2006 (8)。

③ 参见林雄：《规定无限期追征税款不合理》，载《法学杂志》，1996 (2)。

以无限期追征税款及滞纳金。”[①] 综上所言，我国当前法学界的主流学说似均以法律没有作出明确规定税款追征期限为由，即为推定为税务机关可以无限期追征税款，此种观点不仅明显忽略了无限期追征税款对私法秩序所可能造成的消极影响，亦体现出浓厚的国家主义之价值取向。

然则，从法理上言，崇尚“绝对主权”的传统国家学说，乃是在理论上将“人民意志”完全等同于“国家意志”，将“国家利益”完全等同于“人民利益”，“国家”由此而取得“主权者”的神圣地位。其实，“国家”之被同时视为公法上“主权者”与私法上“国库法人”的“国家双重人格”说，在德国等国家早就随着“法治国”体制的逐步建立而自然终结。[②] 然则，崇尚“绝对主权”的传统国家学说为何不能见容于现代法治理论？耶利内克试图通过区分“统治权”（“主权”）与国家的其他权力，来解释国家权力的相对性问题。他认为：“区分统治权力与其他权力的根本标准是：任何权力，只要不是统治权力，就是有限的并在时间上受到限制的权力。它们或是被设定了期限或是取决于服从者的意志。”[③] 对此，笔者也曾经基于明确界分“政治社会”（“人民”、“民族”）与“国家”（“政府”），或者有意区分“制宪权”与“立法权”、“行政权”、“司法权”等“宪定权力”之理论视角，论证公法上之一般国家权力乃是由宪法和法律所赋予且为其所限制，而当然不具有绝对性之品格。[④] 其实，从更深层次的角度来看，“宪治国家”、“有限政府”等迥异于传统绝对主权国家之正当性依据，不仅在于“人性尊严”、“人权保障”等国家伦理已为当代宪法所确认，亦在于现代宪法之崇尚市场竞争体制的经济理念。进而言之，国家与社会之“二元化”的国家学理论，实乃现代法治国家学说之理论基石。

葛克昌曾指出，国家与社会区分在宪法理论上仍有存在之必要，从意思形成体系与决策程序而言具有如下重要意义：其一，国家与社会之区分构成国家行为之界限，否则宪法上基本权之规定即成具文；其二，基于国家职权理论发展必须以国家社会区分为前提条件，而社会操作机制及功能就基本价值与实现观点而言，较国家为之者具较高之品质，固当国家职权

---

① 李丽凤：《未缴少缴税款的追征期》，载《中国税务》，2006（6）。

② 参见陈新民：《行政法学总论》，台北，三民书局，1997，第12页。

③ 〔德〕格奥格·耶利内克著、曾韬、赵天书译：《主观公法权利体系》，北京，中国政法大学出版社，2012，第191页。

④ 参见朱福惠、刘连泰、周刚志：《宪法学专论》，北京，科学出版社，2006，第37～56页。

与社会职权无法明确分辨时，依“疑则归社会”原则解决，而国家职权则受“补充原则”之拘束；等等。[①] 此种观点对于正处在经济体制转型时期的中国而言，尤其具有重要之参考价值。我国自改革开放以来，特别是自20世纪90年代确立建设社会主义市场经济体制的改革目标之后，国家与社会即随着经济体制改革的深入而处于不断分化、重组的过程之中。在市场经济体制之下，人民与政府分别作为市场利益主体之独立地位应受法律之尊重与保障，“国家利益”（政府利益）既然无法与“社会利益”实现完全、绝对之重合，是以“国家”亦不能再享有绝对主权资格之地位，其利益不能决然凌驾于社会与个人之上。以税收债权的时效制度而言，尽管国家税收债权不受消灭时效制度之拘束的观念可能会有利于国家利益（国库利益）之维护，但是税务机关行使无限期的债务追索权亦将危及民事法律秩序的安定性，进而有背于社会之整体利益。更为重要的是，税务机关为实现税收债权还可能会无视证据制度之限制，使得纳税人及其利益相关人的权利保障面临极大之风险。故而，陈清秀即提出：“消灭时效有助于实现法安定性与法律秩序的和平。由于一个请求权在发生后随着时间的经过而愈加难以证明，有关证据资料不能无期间限制的加以永久保管，当事人的记忆时间也有限，由于证明困难导致无法查明事实与时俱增。因此其请求权的主张，不能毫无时间的限制，至少就该项权利主张必须赋予债务人一项抗辩权，或使该项权利归于消灭。此种消灭时效的一般法思想，在税法上也有适用。”[②] 具体而言，税务机关行使税收核定权与追征权，依据法治原则需以掌握纳税人或者扣缴义务人存在偷逃或者漏缴税款的合法证据为前提，此种通过税务稽查等方式获取合法证据的可能性，必然会因为时间之沦失而变得日益困难。基于公法上之便宜原则或者效率原则，亦为了尊重与保障纳税人及其他利害关系人的合法权利，维护私法秩序的稳定性，在课税行为之合法证据的查获可能性已经因时间久远而不再具备时，国家及其税务机关的税收债权之行使，应当受到一定期间的法律限制，此种所谓税收债权之消灭时效问题，它属于现代行政时效制度之一种，应当“在公平的基础上追求行政主体与行政相对人双方的效率”，而非专以维护国家及其他行政主体的利益为念。[③] 当然，我们在使用“消灭

---

① 参见葛克昌：《国家学与国家法》，台北，月旦出版社股份有限公司，1996，第42页。

② 陈清秀：《税法总论》，台北，元照出版有限公司，2006，第419页。

③ 参见方世荣、戚建刚：《论行政时效制度》，载《中国法学》，2002（2）。

时效”概念时，尚需注意它与所谓“除斥期间”的区别——“除斥期间，乃权利预定存续期间……除斥期间经过后，权利当然消灭，当事人纵不援用，法院亦应依职权加以调查。请求权罹于消灭时效时，请求权仍得行使，惟权利人行使请求权时，义务人得主张拒绝给付的抗辩权，故消灭时效非经当事人援用，法院不得依职权以之作为裁判依据。”[①] 因此，就税收债权消灭时效的法理内涵而言，在消灭时效期间届满以后，仅仅是税收债权中的请求权归于消灭，而税收债权本身并非绝对归于消灭。盖请求权乃是债权人向债务人请求为特定给付的权利，它是为了债权之实现而延伸出来的、关于债权行使及保护的权利，主要表现为请求法院在司法裁判中予以支持及通过强制执行等手段予以保障的债法上实体权利。[②] 进而言之，在消灭时效届满之后，国家及其税务机关仍然享有无请求权之税收债权，如纳税人仍然履行纳税义务，则不得以公法上不当得利请求返还。

（二）法治国家税收债权之消灭时效的法律构成

税收债权之实现，或者说，国家及其税务机关征收税款的行为，在法律上可以分为两个阶段的行为，即税收核定行为与强制执行行为；前者旨在确定纳税人的特定纳税义务，而后者则是在纳税人特定纳税义务确定之后仍然拒不履行纳税义务时，由税务机关或者司法机关采取强制执行措施追缴税款。据此，在域外税法上，税收债权消灭时效主要体现为所谓“核课期间”与“追征时效”，学者施正文则称之为“确定时效”与“征收时效”[③]。基于我国行政法学上概念体系之考量，笔者认为将之称为“税收核定时效”与“税收执行时效”，更为合适而且准确。所谓“税收核定时效”，亦即域外税法上的“核课期间”，乃是税务机关对于课税要件已经成立的税收债务予以行政确认，并作出有效之税收核定行为的期间。所谓“税收执行时效”，亦即域外税法上的“追征时效”，它是法定或者核定的税收清偿时间届满后，税务机关得继续追征税款的期间，以及纳税人拒不履行已核定的具体纳税义务时，税务机关及其他部门采取强制执行措施以实现税收债权的期间。我国《税收征管法》似并未在概念上明确区分所谓“核课期间”与“追征时效”。该法第 52 条明确规定：“因税务机关的责任，致使纳税人、扣缴义务人未缴或者少缴税款的，税务机关在三年内可

① 王泽鉴著：《民法概要》，北京，中国政法大学出版社，2003，第 144 页。

② 参见黄茂荣：《税法总论（税捐法律关系）》，台北，植根法学丛书编辑室，2008，第 47 页。

③ 施正文：《税收之债的消灭时效》，载《法学研究》，2007（4）。

以要求纳税人、扣缴义务人补缴税款，但是不得加收滞纳金。因纳税人、扣缴义务人计算错误等失误，未缴或者少缴税款的，税务机关在三年内可以追征税款、滞纳金；有特殊情况的，追征期可以延长到五年。对偷税、抗税、骗税的，税务机关追征其未缴或者少缴的税款、滞纳金或者所骗取的税款，不受前款规定期限的限制。”从本条文义上看，其所涉及的“追征时效”，其实主要是税务机关的“税收核定期间”，亦即域外法上的所谓“核课时效”。在这一条款中，我国《税收征管法》将税收债权的消灭时效分为两种情形：其一，因税务机关之过错而发生未缴或少缴税款者，税务机关作出税收核定行为的时效为三年。根据《税收征管法实施细则》第80条之规定，本条所称“税务机关的责任”，是指“税务机关适用税收法律、行政法规不当或者执法行为违法”，而不包括其“意思表示错误”等情形。依据行政法学原理，如果税务机关因为“误写误算”、“机械故障”、“表述不明”等“意思表示错误”原因导致纳税人、扣缴义务人未缴或者少缴税款者，税务机关得随时作出“更正”决定，并追缴相关税款，但是不得加收滞纳金。[①] 但是，为了保护纳税人的合法权益及维护私法秩序之稳定，“更正”期间仍然宜限定为三年。其二，因纳税人、扣缴义务人计算失误等原因而发生未缴、少缴税款者，税务机关重新作出税收核定行为的时效为三年或者五年。《税收征管法实施细则》第83条规定：“税收征管法第五十二条规定的补缴和追征税款、滞纳金的期限，自纳税人、扣缴义务人应缴未缴或者少缴税款之日起计算。”问题在于，除了法律规定了税款缴纳时间或者代扣代缴时间等情形之外，税收债权如未经过税务机关核定，则其缴纳时间尚不确定，其补缴和追征税款的时间又如何确定？这一条款显有失之粗泛的弊端。税收债权消灭时效的起算时点，当区分税收核定时效与税收执行时效两种情形予以区别对待。

第一，税收核定时效的起算点。一般而言，税收债权的消灭时效即指“税收核定时效”。为澄清这一法律概念并使之与“税收执行时效”相区别，我们不妨先考察一下民法上消灭时效起算时点的相关规定（民法上的消灭时效即民事请求权的行使期间，无所谓“执行时效”，故而可供借鉴）。在域外税法上，除了德国《租税通则》规定税收核定时效一般自课税要件成立之日历年度届满开始外，各国对于税收核定时效的起算点均分

---

① 参见姜明安主编：《行政法与行政诉讼法》（第三版），北京，北京大学出版社、高等教育出版社，2007，第231～234页。

不同情况作了较为复杂的规定。[①] 纳税人、扣缴义务人未缴或者少缴税款，除非是因为其自身或者税务机关之计算失误等过失（行政法学上称之为“具体行政行为的错误”）所致，税务机关于此情形下尚未作出税收核定行为。因此，此时所适用的时效制度只能是“税收核定时效”而非“税收执行时效”。此时，“税收核定时效”起算点之确定，须分几种情形区别对待。其一，如果是纳税人应当进行纳税申报而未进行纳税申报，则税务机关作出税收核定行为的时效应当自纳税申报期届满之日起算。换而言之，税务机关可以行使税收核定权（税收债法上的请求权）的期间，并非自课税要件成立之日起算，而是自纳税申报期届满之日起算。其二，如果纳税人已经进行纳税申报，却因为故意或者过失导致少缴税款，则税务机关作出补征税款决定的期间，自其纳税申报之日起算，必要时（如纳税人故意隐瞒相关事实以少缴税款的情形）可延长自其缴纳税款之日（实际清偿时间）起算。其三，对于所谓“骗税行为”，税务部门作出退税决定本是因纳税人作出虚伪陈述及伪造证据等行为所致，故而其作出撤销原退税决定并追究相关行为人法律责任的期间，应当自骗税行为成立之日起算。此外，如果法律法规已经对税款缴纳时间或代扣代缴时间作出明确规定，则税收核定时效应当自该法定时间起算。譬如，《中华人民共和国个人所得税法》（以下简称《个人所得税法》）第 9 条第 2 款、第 3 款规定：“工资、薪金所得应纳的税款，按月计征，由扣缴义务人或者纳税义务人在次月七日内缴入国库，并向税务机关报送纳税申报表。特定行业的工资、薪金所得应纳的税款，可以实行按年计算、分月预缴的方式计征，具体办法由国务院规定。个体工商户的生产、经营所得应纳的税款，按年计算，分月预缴，由纳税义务人在次月七日内预缴，年度终了后三个月内汇算清缴，多退少补。”依据这一条款，如果纳税人或扣缴义务人未缴或者少缴了个人所得税税款，则税务机关的税收核定期间应当自工资、薪金发放时间的次月第八日起算。

第二，税收执行时效的起算点。如前文所述，税收执行时效乃是法定或者核定的税收清偿时间届满后，如果纳税人仍然拒不履行其具体纳税义务，税务机关及其他部门采取强制执行措施以实现税收债权的期间。我国《税收征管法》第 40 条规定：“从事生产、经营的纳税人、扣缴义务人未按照规定的期限缴纳或者解缴税款，纳税担保人未按照规定的期限缴纳所

① 转引自施正文：《税收之债的消灭时效》，载《法学研究》，2007（4）。

担保的税款，由税务机关责令限期缴纳，逾期仍未缴纳的，经县以上税务局（分局）局长批准，税务机关可以采取下列强制执行措施……”本条即涉及“税收执行时效”问题。一般所谓“税收执行时效的起算点”，其实就是税务机关可以采取行政强制措施的时点，它可以区分为税收债务的核定清偿时间与法定清偿时间两种情形。税收债务的核定清偿时间，即税务机关已经作出税收核定行为并要求纳税人或者扣缴义务人在一定时间内履行纳税义务的情形，税收执行时效应当自税务机关所核定的（主动）纳税期间届满之日起算。如果税务机关在核定时效内未能作出核课决定，则税收执行时效无从谈起。而税收债务的法定清偿时间，即法律法规已经对于税款缴纳时间或者代扣代缴时间所明确规定的时间，如果纳税人或者扣缴义务人在法定纳税时间内没有缴纳税款或者少缴纳税款，则税务机关对于纳税人或者扣缴义务人须对其在法定税款缴纳时间或者代扣代缴时间未缴或者少缴税款的事实先予以确认，并作出责令限期缴纳税款之决定，税收执行时效自税务机关所限定的征缴或者补缴税款期限届满之日起算，或者自税务机关作出即时强制征缴或者补缴税款决定之日起算。如果纳税人采取暴力、胁迫等方式实施抗税行为，则税收执行时效应当自抗税行为发生之日重新起算。

（三）税收债权消灭时效之司法认定与立法构造

根据《税收征管法实施细则》第 81 条、第 82 条的规定，《税收征收管理法》第 52 条所称“纳税人、扣缴义务人计算错误等失误”，是指“非主观故意的计算公式运用错误以及明显的笔误”；本条所称“特殊情况”，是指“纳税人或者扣缴义务人因计算错误等失误，未缴或者少缴、未扣或者少扣、未收或者少收税款，累计数额在 10 万元以上的”。据此，纳税人或者扣缴义务人非基于“计算公式运用错误失误”、“明显笔误”，而在其他“故意”或“过失”情形下能否适用前揭追征期限之规定，我国《税收征管法》及《税收征管法实施细则》均未作出明确规定。笔者认为，只要纳税人或者扣缴义务人确有证据证明其未缴或者少缴、未扣或者少扣税款之行为非出于直接或间接逃漏税收之目的，则其行为则不构成“逃税”（原来的“偷税”行为），应许其适用《税收征管法》第 52 条的 3 年或者 5 年追征期限之规定。但是，如果纳税人、扣缴义务人因故意逃税、抗税、骗税而导致税款流失者，则可能会同时涉及税收核定时效与税收执行时效（譬如对于抗税行为一般适用“税收执行时效”而非“税收核定时效”），且其行为可能会构成刑事犯罪（即我国《刑法》规定的“逃税罪”、

“抗税罪”与“骗税罪”等)，法院等司法机关的责任追究行为还须受刑事追诉时效之拘束。

第一，刑事犯罪追诉时效与税收债权消灭时效。刑罚是最为严厉的法律制裁措施，刑事侦查乃是制裁逃税、抗税、骗税等侵害税收债权行为之“终极保障”，其侦查结果当然可以作为税收行政执法之事实依据。然则，当刑事侦察完毕，司法机关未能认定纳税人的刑事责任时，或者司法机关因纳税人之犯罪行为已经超过追诉时效而撤销案件时，税务机关还能否依据司法机关的调查结果追缴相关税款，或者自行调查以追索纳税人的税收债务？对此，笔者曾经提出：《税收征管法》第52条最后一款虽然没有明确提及刑法上的“逃税罪”、“抗税罪”与“骗税罪”，但是基于法律上“系统解释”、“目的解释”等方法之考量，可以将本款规定之立法意旨，推定为合理连结“税收消灭时效”与刑法上的“追诉时效”，即以刑事追诉手段确保税收债权的实现。故而，税收犯罪行为的刑事追诉时效届满之时，亦当为税收债权的消灭时效完成之时。具体而言，2009年2月28日《刑法修正案（七)》将纳税人接受行政处罚作为开脱刑事责任之法定事由，税务机关当于刑事追诉期间内取得追征税款及税务处罚的当然权力，其税收核定时效与税收行政处罚时效均当延长为五年或十年。此外，纳税人涉嫌构成“抗税罪”、“逃避追缴税款罪”最高刑为三年或七年，其刑事追诉时效当为五年或十年；如其行为涉嫌构成“骗税罪”，其刑事追诉时效应该是五年、十年或者二十年，则税务机关撤销原退税决定并追缴税款的时效亦当为五年、十年或者二十年。总之，当司法机关依法追究纳税人、扣缴义务人刑事责任之时，亦当同时责令纳税人向税务机关缴纳相关税款；如果纳税人在限定期限内未向税务机关缴纳税款，则司法机关在追究其刑事责任时，亦可一并强制征缴相应税款及滞纳金，并依税收债权之归属主体移交予税务机关或相应之国库部门。如果纳税人的逃税行为未构成犯罪者，则税收债权的消灭时效也当适用税收犯罪时的最低追诉时效即五年。[①] 笔者提出前述观点，旨在通过“体系解释”方法证立“税收债权的消灭时效”，以保护纳税人的权利、维护私法关系的安定性。然则，从规范实证分析的视角来看，前揭观点在税法规范适用上不无值得商榷之处。以实证法学的视角而言，在现有税收立法条件下，司法机关对于纳税人涉嫌逃税、骗税等犯罪行为立案侦结之后，即使纳税人的行为尚未构成

① 参见周刚志：《论税收债权的消灭时效》，载《税务研究》，2011（3）。

犯罪或者已经超过追诉时效，税务机关似依然可以依据司法机关的调查结论或者自行调查之结果，追索纳税人的税收债务。不过，如此一来，纳税人之间的私法关系势必处于长期的不稳定状态。尤其是，在改革开放初期，我国沿海地区某些省份为了扶持民营企业发展，曾经长期实行“放水养鱼”政策；如果税收债权的消灭时效制度未能确立，这些企业将永远处于债务不确定状态。如此而言，税务机关长期怠于行使职权，在政府遭遇债务危机时却欲将不利后果完全推至由纳税人承担，无疑是与现代民主法治国家的立宪精神背道而驰。

第二，税收债权的消灭时效制度与我国税收立法之完善。如前述所述，税收债务作为一种公法之债，国家及其税务机关在行使债权时对于单个纳税人并无对价给付之义务，故而纳税人存在为虚伪纳税申报或者不作纳税申报，以及利用私法形式规避纳税义务之可能。更有甚者，纳税人还可能利用暴力、胁迫等方式抗拒税务机关征缴税收之行为，或者滥用私法上的“意思自治”空间故意造成欠缺税收负担能力之后果，以规避纳税债务之履行。凡此种种税收违法行为，《税收征管法》乃得通过赋予税务机关税收核定权、强制执行权等方式，以确保税收债权的实现。但是，惟此种权力之行使，如无时间之限制，将可能破坏私法秩序之安定性，并科以纳税人于税收债务履行上的无限期责任，有碍于税法上实质法治秩序之形成。因此，建立税收债权的消灭时效制度，对于我国税收法治之演进当大有裨益。

关于我国《税收征管法》第52条所规定的税收追征期间之性质，熊伟曾经提出：“如果将追征期理解为税收核定期间，可能带来的问题是，税收经过核定后，其具体征收的过程将毫无期限限制。如果将追征期理解为征收期间，那么，超出征收期间的核定事实上将无法得到执行，因此也是毫无意义的。如果将追征期的效力扩大到核定与征收两个阶段，上述问题虽然得以解决，但是也会带来另外一个问题，即当税务机关在核定期间的最后一天作出决定时，其可用于征收的时间已经十分有限了。”[①] 施正文也认为：“我国税法规定的追征期限有1年、3年、5年、无限期四种，但对追征期的起算没有作出规定，这给具体的税收实践带来困难，应当借鉴其他国家和地区的有益经验予以完善。”[②] 其实，由前文分析可知，我国《税收征管法》及《税收征管法实施细则》对于所谓“追征期间”及其

① 熊伟：《我国税收追征期制度辨析》，载《华东政法学院学报》，2007（4）。

② 施正文：《税收之债的消灭时效》，载《法学研究》，2007（4）。

“起算时点”已经做了部分规定，但是因其并未明确区分“税收核定期间”与“税收执行期间”，尤其是对于各期间起算时点没有区别对待，故而难免在税收执法、司法实践中带来种种困惑。为了完善我国的税收债权消灭时效制度，《中华人民共和国税收征收管理法修正案（征求意见稿）》试图以第83条取代原《税收征管法》第52条作出明确规定：“非因纳税人、扣缴义务人的过错未缴或者少缴税款的，税务机关在三年内可以要求纳税人、扣缴义务人补缴税款。因纳税人、扣缴义务人的原因，且非故意未缴或少缴税款造成漏税的，税务机关在三年内可以追征税款、滞纳金；有特殊情况的，追征期可以延长到五年。对逃避缴纳税款、骗税的，税务机关追征其未缴或者少缴的税款、滞纳金或者所骗取的税款，其追征期可延长至十五年。对吊销税务登记证件纳税人的欠税，其追征期为十五年。”[①] 这一条款依然没有明确区分税收核定时效与执行时效，而且其对于逃税、骗税的追征时效亦存在与相关刑法条款相抵牾之可能。故而，笔者建议：修改之后的《税收征管法》第52条可以将“税收核定时效”与“税收执行时效”分别规定为五年，而不论纳税人、扣缴义务人少缴、未缴税款的原因系出自于税务机关之过错抑或是纳税人、扣缴义务人之过失。但是，纳税人、扣缴义务人故意逃避缴纳税款或者实施骗税、抗税等行为构成犯罪者，司法机关在刑事追诉期间内追究其刑事责任时应责令其限期向税务机关缴纳相应税款；对拒不履行纳税义务者，司法机关可以强制征缴税款，并移交税务机关或者国库部门。如果纳税人、扣缴义务人有逃税、骗税、抗税等行为但尚未构成犯罪者，税务机关的税收核定时效与税收执行时效亦可设定为五年；但纳税人有抗税行为者，税收执行时效自抗税行为发生之日起算。

五、结语

“债权债务关系”在传统上属于私法范畴，自当遵循“意思自治原则”。它被引入税法领域内之后，也潜藏着与“税收法定原则”的矛盾，唯以“税权”之复杂构成为基础，将税收债权作为一种“法定之债”、“公法之债”，法官与税务官员对于税法实践中“税收债权债务关系”之操作，方可避免偏离法治轨道，甚或违背税法上崇高的公平正义理念。

---

① 国家税务总局：《中华人民共和国税收征收管理法修订对照表》，2009年11月。

第五章　论财政预算的法律性质与法律效力

2008年5月12日，四川省汶川县发生里氏8.0级大地震。地震发生后，国务院迅即成立“抗震救灾总指挥部”，组织各级政府向灾区拨付救灾物资和款项。6月4日，国务院第11次常务会议通过了《汶川地震灾后恢复重建条例》；6月11日，国务院颁布了《汶川地震灾后恢复重建对口支援方案》，决定中东部地区19个省市对口支援灾区。6月24日，十一届全国人大常委会第三次会议听取了国务院关于四川汶川特大地震抗震救灾及灾后恢复重建工作情况的报告，并对国务院2008年中央预算调整方案草案的议案进行了审议。9月3日，为加强汶川地震灾后恢复重建资金管理，财政部颁布了《汶川地震灾后恢复重建资金（基金）预算管理办法》。根据国务院9月19日颁布的《汶川地震灾后恢复重建总体规划》，地震后灾区恢复重建资金总需求约为1万亿元，中央财政按照恢复重建资金总需求30%左右的比例建立中央地震灾后恢复重建基金。在这次特大自然灾害中，中国政府的财政组织能力得到了国内外的高度评价，其财政资金运作过程的公开化、法治化程度之提升亦是有目共睹。

然则，如此巨额的财政资金调度，必然需要众多预算编制与执行、监督单位的协调与配合。否则，不仅灾区人民的生活会遭受严重影响，政府的公信力亦可能被严重削弱。为此，中国审计署实施跟踪审计，分别于2009年9月14日、2010年1月27日、2010年7月30日、2011年6月17日先后发布了四份《汶川地震灾后恢复重建跟踪审计结果》。在第3号审计报告中，审计署向司法、纪检监察机关和其他有关部门移送案件线索2起，涉及人员2人，涉及金额424.26万元。[①] 审计机关的紧密跟进，不

---

① 参见中华人民共和国审计署的官方网站“审计资讯”之“审计结果公告”栏目，网址：http：//www.audit.gov.cn/n1992130/n1992150/n1992500/2541853.html，访问时间：2012-10-18。

仅为灾后重建的财政资金合法、合理之使用提供了有力保障，也维护了灾区社会的社会稳定、经济恢复与发展。由此可见，财政预算法制的健全和发展具有极为重要的社会意义与宪政价值。本文拟对违反财政预算的法律责任（后文简称“财政预算违法责任”）问题作出初步探讨，以供各位学者方家批评指正！

第一节 域外法上财政预算的法律性质

一、有关财政预算的法律性质之理论争议

（一）域外学者对于财政预算性质的理论争议

财政预算之审议与执行，事关民主代议制度的实质功效与政府的廉洁形象，故而历来为公法学者所重视。被誉为“帝国国家法学创始人”的德国著名公法学者保罗·拉邦德（又译为“拉班德”）的第一部代表作品即为《预算论》，他认为：“预算没有实质上的法律效力，而只是政府和联邦议会对支出妥当性与必要性所作出的同意意见的确认，只是‘形式上’的法律。因此政府收入和支出的实质法律基础不是预算，而是其他的法律规定，如税法（收入）和薪俸法（支出）。只要有这些法规的存在，政府在没有预算的情况下仍然拥有对支出和收入的权限；超出的部分须取得必要的认可。”[①] 拉邦德的理论观点深刻指明了财政预算与一般法律的不同之处，因而具有相当的合理性，但是他否认了财政预算的实质法律规范效力，这其实是当时普鲁士等德意志各邦国之政治权力体制中议会权力软弱的理论体现；此种“强政府—弱议会”的权力体制在军国主义思潮泛滥的情形下，助长了普鲁士王国政府的恣意专断，为其扩军备战、最终发动世界大战埋下了伏笔，其教训之深刻，值得后人警醒。但是，鉴于拉邦德在德国公法学说史上的地位，其财政预算之“形式法律说”影响深远。在“魏玛共和国”时期，安序兹（G. Anschutz）的“预算行政说”与施密特的“政治性法律说”实际上是承袭了“形式法律说”观点。自从1928年黑勒教授在德国公法教授年会上撰文《宪法中法律概念》对此种“二元法

① 〔德〕格尔德·克莱因海尔、扬·施罗德主编、许兰译：《九百年来德意志及欧洲法学家》，北京，法律出版社，2005，第245页。

律观”提出质疑以后，德国公法学界的理论倾向也逐渐转变。[①] 日本法学界深受德国公法学影响，素有“预算行政说”与“预算法律说”、“预算法规范说”的理论争议。诚然，“预算行政说”将财政预算在实质上视为行政行为，无疑是赋予行政机关以过大的财政支出裁量权，既有损于财政预算之权威性，也不利于财政预算民主性原则之贯彻，故而难以成立。但是，“预算法律说”将财政预算等同于一般法律，则又忽略了一般法律规范之抽象性、司法强制性等与财政预算相区别的特征，易受学者之质疑。

正如美国学者爱伦·鲁宾所言：“公共预算的主要特征之一就是支付费用的人不是那些决定怎么花钱的人，因为民选官员有可能把钱花在与纳税人的愿望不同的地方。”[②] 与一般法律规范所不同者，财政预算并非一个抽象的行为规范，而是民意机关授权行政机关在实施公务活动的过程中进行财务开支的具体计划——因其具有民主性，故而行政机关不得无视财政预算而自行决断；因其具有具体性与计划性，故而行政机关在执行财政预算的过程中应有面临具体情形临机调整之权，不过此种自由裁量权应该更多地接受民意机关的民主监督，而非如一般法律规范那样主要由司法机关通过诉讼方式予以监督。所谓财政预算的性质之争，在实质上乃是反映了财政预算的约束力之强弱、监督方式之选择上的理论分歧。

（二）我国学者对于财政预算性质的理论探讨

自1949年以后，中国逐渐建立起高度集权的计划经济体制。如赵梦涵所言：“我国计划经济条件下，国有企业与国家财政的关系，是按国家计划进行的一种指令性的直接分配关系。财政直接收取企业上缴的利润和税收，同时又根据国家计划负责企业所需的资金供应。”[③] 虽然从1954年以后亦由全国人大行使财政预算审批权，但是这一阶段的财政预算不过是国家经济计划的一种大体安排，它不仅在事实上无法穷尽所有计划执行单位的财务状况，而且在预算执行上并不是依靠代议机关财政监督权力的行使予以保障。故而，在这一时期，学者很少有人对于财政预算的性质进行探讨。但是，自从我国确立了市场经济作为经济体制改革的目标之后，特

① 参见陈新民：《法定预算的法律性质——释字第520号解释的检讨》，载刘孔中、陈新民主编：《宪法解释之理论与实务（第三辑下册）》，台北，台湾地区“中央研究院中山人文社会科学研究所（出版室）”2002，第273～288页。

② 〔美〕爱伦·鲁宾著、叶娟丽等译：《公共预算中的政治：收入与支出，借贷与平衡》，北京，中国人民大学出版社，2001，第17页。

③ 赵梦涵：《新中国财政税收史》，北京，经济科学出版社，2002，第488页。

别是将“公共财政”作为财政体制改革的最终目标之后，财政预算的性质问题才逐渐引起学界的关注。譬如，张馨就提出，政府预算应该具有计划性、归一性、公开性和法治性；“所谓法治性，指的是议会所通过的政府预算就是法律，是具有法律效力的，违背政府预算就是违法行为，任何人违背政府预算都必须受到法律的追究和制裁”。他还认为政府预算制度乃是公共财政存在的基本制度，是市场经济存在的基本条件。[①] 近年来，法学界也有不少学者对于财政预算的性质作了初步探讨。譬如：熊伟基于财政预算之特质的认识，认为预算无法取得与法律一般的效力，故而只是一种经过立法机关审批的法律文件，而不是法律。[②] 马岭则认为，议会预算议决权并非立法权和监督权，乃是一种决定权；要落实我国人大的预算议决权，可以先落实其“监督权”性质，再实现其决定权功能。[③] 马岭从财政预算与一般法律案的区别入手，深入剖析了议会预算议决权之作为“决定权”的性质，具有相当的合理性。但是，在笔者看来，财政预算议决权的性质之争，或者说，财政预算的性质之争，在实质上并非仅仅局限于它与一般法律的性质之辨，而是最终必然落实为违反财政预算行为之法律责任及责任追究方式的具体制度。故而，违反财政预算是否应该承担责任、应该承担何种责任，这才是问题的实质之所在。

关于财政预算的性质，笔者甚为赞同“特殊法律说”。盖财政预算与一般法律之区别，不仅在于法律规范的社会性、抽象性、强行性、外部性，与财政预算有所区别[④]；更在于一般法律的时空效力、监督主体均与财政预算有所差异——一般法律自生效后非经法定之废止、撤销程序，其效力得当然延续，当由司法机关通过具体案件的审判活动予以保障；财政预算则往往仅具有年度法律效力，主要由审计机关、代议机关的监督机制予以保障。但是，财政预算与一般法律的共同性仍然大于其差异性，因为财政预算乃由民意机关所审议和通过方具有正当性与合法性，其在执行过程中虽具有一定之弹性，却并非可以由行政机关随意改变，行政机关等执

① 参见张馨：《财政公共化改革：理论创新·制度变革·理念更新》，北京，中国财政经济出版社，2004，第76～91页。

② 参见熊伟：《宪政视野下的预算：预算法律说批驳》，载《江苏行政学院学报》，2007（4）。

③ 参见马岭：《议会预算议决权的性质分析》，载于中国宪法学研究会、北京大学财经法研究中心、广东商学院：《公共财政与宪政建设（改革）学术研讨会论文集》，第103～111页。

④ 参见蔡茂寅：《预算法之原理》，台北，元照出版有限公司，2008，第59页。

行单位擅自篡改财政预算者，必须追究其法律责任，以体现财政预算的权威性。故而，因财政预算所具有的不同于一般法律规范的特征，我们可以将之认定为一种“特殊法律”；违反财政预算的行为亦应该被认定为“违法行为”，应该承担相应的违法责任。

二、域外财政预算法制的制度模式

自20世纪以来，随着民主法治思想之发展，财政预算作为一种监督公共权力、规范公共支出、配置公共资源的重要机制，在国家治理实践中的作用日益彰显。王绍光即因此而提出所谓“预算国家”的概念，认为它有两个典型特征，即“财政统一”和“预算监督”，在逻辑上存在“先财政统一后预算监督”、“财政统一和预算监督交替推进”、“先预算监督后财政统一”三种预算国家建构路径，分别以法、英、美为典型；中国宜以“交替推进”或“齐头并进”作为向预算国家转型之方式。[①] 诚然，相对于传统的财税法治模式主要强调从“财政收入”面通过法治手段规制国家税权而言，现代财税法治模式尤其强调通过预算监督控制政府的财政支出，并力促其经济社会绩效之提升，以此实现国家治道由“形式法治”到“实质法治”之演进。由此而言，财政预算之作为“特殊法律”而具有的强制性、约束力特征正在日益彰显，其法律效力则须经由完善之制度建构而得以充分保障。然则，财政预算究竟具有何种法律效力？此种法律效力又该通过哪些方式予以法制保障？本节拟主要以域外德、美两国的预算法理论与实践为参照，分析当今中国宪法及法律所确立的预算法治模式。

（一）德国的财政预算法制模式

所谓“法律效力”，从广义上讲泛指规范性法律文件与非规范性法律文件的法律约束力和法律强制性，从狭义上讲是指法律的生效范围或适用范围。[②] 财政预算作为一种“非规范性”的法律文件，其对于行政等公权力机关具有强制性的拘束效力乃属于广义上的“法律效力”，它与法律等规范性法律文件的法律效力，无论是内容还是形式均存在诸多差异。如前揭所言，德国“魏玛宪法”实施以前，古典宪法学大师拉邦德即提出财政预算仅为“形式法律”，其虽具有法律之外衣，实质上却只是对政府编列预算行为之确认。此后，安序兹教授亦认为，财政预算乃是规范联邦机关

---

① 参见王绍光：《从税收国家到预算国家》，载《读书》，2007（10）。

② 参见沈宗灵主编：《法理学》，北京，高等教育出版社，1994，第346页。

之间的关系而非规范联邦与人民之间的关系，故而其不能创设第三人或利害关系人的请求权。此种观点为同时期德国公法大师耶里内克所赞同。虽然后来德国公法学者奥托·迈耶和史密特已经分别从“依法行政”或“政治性法律”等视角批评此种学说，黑勒甚至还提出了“全面扬弃法律二元论”的观点，但是迄今为止拉邦德的“法律二元观”依然为德国主流公法学说所认同。[①] 1949年制定的《联邦德国基本法》专设第10章规定了德国的财政制度，其中包括“财政分权制度”与“财政预算制度”。依据该法第110条、第111条、第112条、第113条之规定，联邦的一切收支费用都包括在预算中，如果在会计年度终了之时国会还没有通过财政预算，则除了维持法定机构和实施法律授权的措施等必要费用之外，联邦财政部长于不可预见、必需支出的情形下始得同意超出预算之支出。如国会在联邦政府提出的财政预算案之外需要通过新的支出项目或者增加支出项目，须经联邦政府同意。联邦政府可以要求联邦议院对此种法案延缓表决，并在六周之内声明立场；在联邦议院通过此种财政预算法案之后，联邦政府可以要求它再次表决。此种条款之设定，乃是基于公共支出之经济、节省原则，避免国会浪费时间与精力在针对其选民要求提出无意义的支出议案上。值得注意者，1969年德国联邦国会制定了《预算基本原则法》与《联邦预算通则》，二者均在第3条规定：“预算乃授权行政部门支出经费且负担债务，请求权或责任并不由预算而产生。”依据这几个条款，财政预算仅具有授权效力，而非兼有强制支出之效力，人民不得依据财政预算主张任何请求权，体现了德国预算法制浓厚的“行政主导”特色。

依据德国《联邦基本法》及相关法律，德国司法实务界与理论界形成了财政预算为“授权规范”而非“强制规范”、为“内部规范”而非“外部规范”的所谓“通说”。然则，“授权规范说”本身也确立了财政预算之限制财政支出事项、范围与最高金额的法律效力，因而也包含着财政预算具有法定拘束效力的法理内涵。另外，如果财政预算对于行政机关缺乏强制支出的法律效力，或许可以减少不理性的财政支出并遏制财政赤字的恶性增长，但是经由民主议决的财政预算居然可以由于行政机关的反对而被

---

① 参见陈新民：《法定预算的法律性质——释字第520号解释的检讨》，载刘孔中、陈新民主编：《宪法解释之理论与实务（第三辑下册）》，台北，台湾地区“中央研究院中山人文社会科学研究所（出版室）”，2002，第273～288页。

"束之高阁"，毕竟有背于现代民主代议制度的基本精神。质言之，德国有关财政预算之法律性质与法律效力的所谓"通说"亦有失偏颇，甚至还暗藏行政恣意专断的严重风险。是故，德国学者巴德认为，预算为授权而非强制性质的真正意涵，可能仅对于行政部门必须谨慎、追求效率以及不超额执行等传统财务管理原则之重申，并无放任行政部门裁量之意思；虽然很难在光谱两个极端上（授权与强制）界定预算执行之行政裁量权的范围，但是仍然可以得出一些判准：原则上行政部门超出财务管理的考量而为不支出的裁量权不须透过正式的政府公布或财政部长的同意始得为之，然而下列三种情形下行政部门的裁量权应受到限制：（1）若系基于追求经济景气的政策决定，由于经济稳定与发展法已设置一套程序机制，乃为强制规定，因此行政部门有义务遵守；（2）已达改变国会所同意之预算"量"的基本结构之程度；（3）完全放弃预算所涉之任何特定计划，除非拨款后始产生之科学发明、自然事件或得国会的同意始得不执行。[①] 这一观点对于"授权规范说"与"强制规范说"之间作了适当的调和。实际上，德国联邦宪法法院已在 1977 年的一个判例中，提出法定财政预算乃是"引导国家之法律形式的高权规范"[②]。1986 年，联邦宪法法院则在另一个判决中继续强调：财政预算与国会控制政府的制度乃是民主政治国家所必需。[③] 1989 年，宪法法院进而在判决中指出：财政预算乃是将政府的施政计划用金额表示出来，施政规模影响预算结构，政府支出亦会改变税收法律，故而财政预算具有"引导国家"的"高权规范性"[④]。这说明，尽管财政预算之作为"内部规范"而不具有外部效力的传统学说依然被坚持，但是其强制性法律效力正在日益彰显。

其实，财政预算作为一种特殊的"法规范"，固有其特定的逻辑结构存在。一般而言，一个完整的法规范主要由"构成要件"与"法律效果"两个部分构成。[⑤]"财政预算"当然也是如此：所谓"财政支出事项"，乃属于"构成要件"；所谓"财政支出金额"，即属于"法律效果"。进而言之，财政预算的"构成要件"中依然可能会存在所谓"不确定法律概念"，

---

① 参见洪巧玲：《行政部门预算经费不支出之适法性研究——以岁出预算效力为中心》，蔡茂寅博士指导，台湾大学法律学研究所硕士论文，第 90 页。

② BverfGE45，1/32.

③ BverfGE70，324/355.

④ BverfGE79，311/328.

⑤ 参见黄茂荣：《法学方法与现代民法》，北京，法律出版社，2007，第 137 页。

即“财政支出事项”中的“模糊概念”；对此，除法律对行政机关为独立判断已为特别授权，或者该预算支出事项属于行政机关等预算执行单位的专属判断领域等情形之外，行政机关并无选择之自由。[①] 财政预算中的“支出金额”乃是财政预算中的“法律效果”部分，行政机关依然有裁量之余地。“法律上所谓之‘裁量’，原系指作成决定之自由……在行政裁量中，行政经法律之授权，于法律之构成要件实现时，得决定是否使用有关之法律效果产生，或选择发生何种法律效果，为‘狭义之行政裁量’。至于在不适用法律保留之范围，行政得依本身之创意而行动，或在拟定各种计划时，具有判断及评价之自由，虽亦涉及行政之决定自由，但无关构成要件之涵摄及法律效果之决定，则为‘广义之行政裁量’。”[②] 总之，如果我们将财政预算视为一种特殊的法规范，那么它当然不仅具有“授权支出”之效力，亦有限制最高支出金额的“约束效力”，以及特定预算事项上的“强制效力”。在财政预算所设定的支出事项及其金额，行政机关等预算执行单位拥有适当之裁量空间，此于节省财政资源、减少财政负债，亦有着相当之价值。故而，尽管不存在绝对意义上的“执行预算裁量权”，行政机关等预算执行单位秉持支出事项之目的，谨守节约、勤俭之精神，固属必要。至于财政预算是否可以赋予人民以公法上之权利，因而人民得藉此行使请求权，抑或人民对于政府违反财政预算得以诉讼等方式直接行使监督权，从宪政原理上言亦并非绝无可能。对此，美国预算法治模式可谓佐证。

（二）美国的财政预算法制模式

美国公共预算专家艾伦·希克将联邦预算的发展分为三个时期：立法统治时期（1789～1921年）、总统预算时期（1921～1974年）以及国会为解决赤字的自我探索预算过程时期（1974年至今）。[③] 这一论断较为清晰地概括了美国预算法制的发展过程。但是，相对于德国预算法治模式而言，美国在财税预算之法律效力的制度设置上始终具有“议会主导”的

---

① “不确定法律概念”是指法规范中具有一定的模糊性、流动性的概念，主要存在于构成要件层面，亦有见诸于法律效果层面，主要包括“经验概念”与“规范概念”，前者涉及可感觉、可体验的标的物、事件等客体，而后者则是指经由解释者的主观评价始能阐明其含义的相关概念。参见翁岳生编：《行政法》，北京，中国法制出版社，2002，第225页。

② 陈敏：《行政法总论》，台北，新学林出版有限公司，2007，第177页。

③ 参见〔美〕阿曼·卡恩、W. 巴特利·希尔德雷思编、韦曙林译：《公共部门预算理论》，北京，格致出版社、上海人民出版社，2010，第52页。

精神。

美国宪法第1条第9款第7项规定："除依法律所规定之经费外，不得从国库中支拨款项。"由此，美国政府的财政支出事项须由国会以法律形式预为授权之规定。美国联邦预算的会计年度是从每年10月1日开始到次年9月30日结束（此为次年度的会计预算），而财政预算过程则开始于2月初国会受到总统提交的预算草案，3月参众两院预算委员会就有关议题召开政府内外专家的听证会形成预算方案并提交给两院联合委员会，在中旬形成一个预算解决方案，即国会的支出计划，该方案要求参众两院的拨款委员会将财政资源分配给下属的13个委员会，下属委员会在其分配到的资金范围之内制定"拨款法案"。从实际意义上说，对政府支出形成授权的正是参众两院拨款委员会下设专门委员会的这些拨款法案。拨款法案一般必须在每年的10月1日之前通过，并交总统签署，否则，依靠财政拨款的部门将通过"维持性拨款"来取得所需资金，其持续的时间可能是1天、1周或者1个月。当然，国会还可以通过"永久性法律"提供财政支出的授权，包括支付国债利息和大部分权力性项目，如公共医疗和社会保险等等，这些事项无需每年国会通过拨款法案实施授权。[①] 为了保障财政预算的法律效力，1906年《反赤字法》（Anti-Deficiency Act）禁止预算执行单位超出预算金额或在拨款之前进行财政支出。自美国建国以来到这一阶段，美国的财政预算制度看似贯彻了民主原则与法制原则，实则议会对于其政府财政支出之控制，则主要是通过"拨款法案"授权政府为特定、零散之支出，缺乏统一规划，政府在此过程中享有较大的预算执行裁量权，财政腐败由此而滋生蔓延。尤其是，"19世纪90年代，随着国家进入严酷的经济萧条，政府的节约和效率问题重新成为一个新问题。自美国内战以来，政府首次开始赤字运行。"[②] 此时，"联邦各局领导和国会拨款委员会设立行政管理日程，总统在其中几乎不起作用，财政部长仅仅相当于一个导管，编制各部门的预算，再将其递给国会。"[③] 为了增进财政资源的节约、提高财政资金使用效率，国会与总统开始酝酿新的改革

---

① 参见〔美〕罗伊·T. 梅耶斯等著、苟燕楠、董静译：《公共预算经典——面向绩效的新发展（第一卷）》，上海，上海财经大学出版社，2005，第4页，第12～17页。

② 〔美〕乔纳森·卡恩著、叶娟丽等译：《预算民主：美国的国家建设和公民权（1890—1928）》，北京，格致出版社、上海人民出版社，2008，第139页。

③ 〔美〕乔纳森·卡恩著、叶娟丽等译：《预算民主：美国的国家建设和公民权（1890—1928）》，北京，格致出版社、上海人民出版社，2008，第137页。

措施。1907年，在纽约市政研究所及其杰出研究者艾伦、布鲁埃尔和克利夫兰等人的促动下，纽约市首次开始以政府职能系统分类为基础编制财政预算，取得了显著成效。正是在地方预算制度改革的成功经验基础上，美国总统哈定于1921年正式签署《预算与会计法》(Budget and Accounting Act)，其中明确规定：赋予总统编制并向国会提交年度财政预算的职责；在财政部设置预算局，实际上预算局直接对总统负责；禁止任何政府官员向国会申请拨款；设置独立于财政部的审计署，由审计长领导。实际上，预算局不仅在财政预算编制的过程中具有重要作用，而且它还在预算执行过程中扮演重要角色。国会和总统通过预算以后，预算局便有责任拨付或"分配"这些预算专款给各部门和机构。预算局将专用款分配给各机构是根据时间安排（经常以季为单位），或根据支出功能分类确定不同的等级。预算局对资金分配的控制可以防止相关机构过早地用尽资金，同时也是为了提高机构运行效率，从而能促进节约。美国学者汤姆金指出："管理与预算局对总统决策制定过程的主要贡献就是根据其能力提供比其他渠道更加客观的信息和建议，当然这依赖于其长期的机构延续性。"①直属于总统的预算局之设立，强化了总统的预算编制权和预算执行监督权，堪称现代预算法制演进的典范。

但是，国会的预算监督权并未削弱，而是通过设立独立的审计机关强化预算监督权。1921年之前，美国联邦政府各部门的会计监督主要由财政部负责。财政部设有审计员，有权确定各行政部门的账目是否正当，对不正当的账目可以提出抗议，拒绝承认。如果会计人员不能修改账目并得到审计员的同意，则会计人员必须追回已经付出的款项，或者赔偿政府受到的损失。会计人员如果不同意审计员的决定，可以上诉于财政部的主计官，主计官的决定是最后的决定。会计人员对某项开支是否合法存在疑问时，可以事先请示主计官予以确定，称为事前审计。尽管这种制度有利于财政部对于行政各部的会计监督，但是审计员并未对行政部门完全独立，因而在一定程度上可能会影响会计监督的效果。1921年美国国会通过预算和会计法设立了总审计署。总审计署的负责人即为主计长，它由总统提名并经参议院同意而任命，任期十五年，除参众两院联合决议以外不能免职。主计长具有原来财政部审计员和主计长的全部权力，包括审核行政机

① 〔美〕雪莉·琳内·汤姆金著、苟燕楠译：《透视美国管理与预算局—总统预算局内的政治与过程》，上海，上海财经大学出版社，2009，第2页。

关的账目、解释法律，对疑难开支进行事先审计，对行政机关账目的正确性有确认权和拒绝承认权，还有权规定行政机关的会计制度（20 世纪 90 年代以后有所改变），代表国会审核全部政府机构的财政收支账目，并向国会提出审核报告和节约公共财政的建议。[①] 可见，美国在设立审计署之后，虽然行政各部门的内部审计仍然由各部门的会计人员实施，但是主计长有权对疑难开支进行事先审计，以遏制违反财政预算等财政违法行为的发生。1974 年，美国国会通过《预算和留置权法案》，设置国会预算局(congressional Budget Office)、两个预算委员会，以及一个同级预算过程与年度拨款过程协同运作。实际上，国会预算局会成为国会在立法上与预算与管理局相对应的机构。[②] 为了配合预算监督的进行，美国国会于 1990 年、1994 年先后通过了《财务总监法》（Chief Financial Officers Act）和《政府管理改革法》(Government Management Reform Act)，规定政府各机构每月均须向预算与管理局（OMB）和财政部报送预算资金使用情况，财政与预算管理局则每年 5 月向国会提交政府财物管理规划报告。[③] 由于国会在财政预算制定与实施过程中的强势地位，美国联邦政府的财政预算似乎较好地贯彻了民主精神，它可以有效地克制行政等预算执行单位超出财政预算支出项目、滥用公共资财等财政违法行为。

然则，“腐败往往与权力如影随形”。当代议机关控制了财政预算的制定与实施权力之后，议员迫于连任、名望等因素的考虑亦存在增加财政支出事项及金额的强烈动机。经济学家维克塞尔曾经提出“一致同意原则”在选举、投票等“公共选择”过程中的重要性，因为在此条件下政府的行动才可以改善所有人的处境。但是，“一致同意”需要高额的“交易成本”，因而在现代财税法制实践中无法真正实现，实际上在“选举”等现代民主代议制度的“公共选择”过程中不得不代之以“多数议决原则”。于是，政党间的竞争将不可能导致社会经济资源配置的“帕累托最优”：理性的政党将尽可能最大限度地剥夺最大的少数而向多数支付花费最少的、确保当选所必要的数额。行政官僚作为公共物品与服务的垄断供给者，他们还承担着政治舞台“议程安排者”的角色，虽处选举约束的范围

① 参见王名扬：《美国行政法》，北京，中国法制出版社，1995，第 932～933 页。

② 参见〔美〕雪莉·琳内·汤姆金著、苟燕楠译：《透视美国管理与预算局—总统预算局内的政治与过程》，上海，上海财经大学出版社，2009，第 129 页。

③ 参见张志超等：《美国政府绩效预算的理论与实践》，北京，中国财政经济出版社，2006，第 133 页，第 141 页。

之外，却始终以预算规模最大化作为首选目标。[①] 公共选择学派的理论深刻揭示了当前美国等所谓“现代民主国家”中财政预算制度所面临的诸多困境。是故，葛克昌曾援引熊彼特的经济学理论精辟地指出：“民主政治发展，大都由‘财政危机’转为‘经济危机’，最终陷入‘宪法危机’之不归路……租税国危机系由两方面危机所造成：支出的暴增与收入之停滞不前。支出的暴增缘于国家职权过度扩张，在代议多元化民主政治发展下，人民向国家要求给付者日增，政党及利益集团从而推波助澜，给付国家不得不普遍面临财政赤字。”[②] 代议制民主的发展，看似可以有效地监督政府的财政支出行为，然而议员或者代表往往随意屈从于选民之扩张财政支出的要求，此亦现代所谓“民主国家”财政赤字高居不下的重要原因。

为了控制日益增加的联邦财政赤字，美国联邦国会曾于 1996 年制定了“单项否决权法案”（Line Item Veto Act），授权总统为减少联邦财政赤字之目的，于不损害国家利益的前提下，得废止特定的“非强制性支出项目”（即“非法定支出项目”），其中包括：“预算当局的裁量支出”、“新的支出事项”、“有限的税式支出”。但是这一法律受到了某些国会议员的质疑，1997 年 4 月哥伦比亚联邦地区法院宣布该法违反美国宪法，但联邦最高法院以原告不具有诉讼资格为由而撤销判决。1998 年，克林顿总统依据这部法律对于 1997 年的“财政预算平衡法案”和“减轻纳税人税负法案”行使单项否决权：前一个法案涉及联邦政府对于纽约州向公共医疗供给方所征 26 亿元税款实施返还（补助），一个医院、两个医院合作方及两个医疗照顾协会对此提起诉讼；后一个法案规定食品生产商向符合条件的农业合作者销售产品后可以推迟缴纳所得税。联邦地区法院在本案中再次判决“单项否决法案”违宪，这一判决终获联邦最高法院支持。联邦最高法院认为，“单项否决法案”中的撤销程序违反联邦宪法第 1 条第 7 款第 2 项；依据该项规定，总统对于国会立法行使否决权必须针对整个预算法案而非预算法案中的个别款项。[③] 布什任美国总统时期，国会于 2006 年再次启动“单项否决权法案”（Legislative Line Item Veto Act）的立法程序，但仍然无疾而终。美国“单项否决权法案”的立法动因，原在于控

---

① 参见〔澳〕布伦南、〔美〕布坎南著、冯克利等译，《宪政经济学》，北京，中国社会科学出版社，2004，第 7 页，第 25 页，第 28 页。

② 葛克昌：《税法基本问题—财政宪法篇》，台北，元照出版有限公司，2005，第 250 页。

③ See 524. U. S. 417 (1998).

制和减少联邦财政赤字；这一法案被联邦最高法院裁定违宪，案件本身也说明联邦财政预算不仅具有强制支出之法律效力，人民亦可针对财政预算的支出事项，以特定法律违宪为由提起诉讼，而法定预算的效力，在本案中似乎已经“外部化”，即人民可以据此行使请求权。

预算法制中，如果法定预算的支出事项涉嫌违反宪法，纳税人是否有权提出宪法诉讼？一般而言，纳税人与政府财政开支之间没有明显的利害关系，其缴纳的税收进入国库之后即不再与纳税人个体之间单独发生联系。因此，纳税人的诉讼资格一直面临诸多质疑。譬如：在 1923 年的“弗洛辛海姆诉梅隆”案件中，原告质疑联邦财政支出之合宪性的诉讼主体资格即没有得到联邦最高法院的认可。[①] 但是，1968 年弗拉斯特等人起诉美国联邦政府的健康、教育与福利部部长科恩，认为《联邦教育法》(Federal Education Act of 1963) 所设定的联邦教育支出项目为宗教学校提供资助，违反了美国宪法第一修正案禁止设立国教的条款，该条明确禁止联邦政府以财政支出方式资助宗教活动。联邦最高法院认为，在两个条件满足后纳税人可以对于联邦政府的财政支出事项提出质疑：第一，纳税人必须证明他与被诉的法律之间具有逻辑联系，而不能对以某项政府管理职权为依据的“裁量性支出事项”提出质疑；第二，纳税人必须证明，他的利益属于宪法规范所保护的法益，换而言之，受到质疑的法规违反了宪法对于征税和用钱权力的具体限制性规定，而不仅仅是超出了宪法第 1 条第 8 款对国会立法的授权范围。[②] 由上所言，美国的财政预算不仅是法院违宪审查的重要对象，而且它已经不再如德国那样仅具有“内部规范”之效力，而是在特定情形下可以成为纳税人、财政预算案之受益人等行使宪法或法律上请求权之依据。

第二节　执行单位违反财政预算的法律责任

如前揭所言，财政预算乃是一种“特殊法律”，法定预算科目则是“特殊法规范”，因而预算执行单位违反财政预算的行为并非简单的所谓“违纪行为”或“不当行为”，而是“违法行为”甚至构成“犯罪行为”，

① See 262. U. S. 447 (1923).

② See 392. U. S. 83 (1968).

当然需要为此承担法律责任。

一、执行单位违反财政预算行为之认定

蔡茂寅认为："岁出预算虽不具有强制执行机关须为全额支出之义务，但却具有限定支出之最高数额的效力。亦即，支出系以法定预算各岁出预算机关（含主管机关与单位预算机关、分预算机关等）各科目所定之金额为最高限度。逾越各科目金额的支出，原则上固然构成违法，但不足额之支出则不当然构成违法；再者，各单位预算机关除有例外情形外，逾越该机关预算金额之支出即构成违法。""法定预算之效力主要表现在支出部分，并且其授权性远大于限制性，后者则表现在支出目的、金额及时期之限制上。"[①] 换而言之，超过预算支出金额、超越预算支出目的、逾越预算支出时间等，均属于违反财政预算的违法行为。不仅如此，民国时期著名财政学家马寅初先生亦曾经指出，当时政府编制预算，向有"虚收实支"、"实收虚支"及"虚列收支"三种弊端，以虚伪之平衡，掩饰实际之不平衡，以自欺欺人。[②] 这几种预算编制行为，乃出自于政府部门精心筹划之故意，而后续之以财政预算之违法行为，其危害性更不可低估。从一般意义上看，认定执行单位财政预算违法行为时需要注意以下几点：

第一，财政预算资金的合理调节与财政预算违法行为。正如马寅初所言："预算是事前估计的数字……欲使预算数字与实际数字不差毫厘，实不可能。况预算的编制和预算的执行，其间有若干时日的隔离，而政界风云，又瞬息万变，性质上每每不易预测，且不能听其自然。"[③] 因此，在财政预算的执行过程中，常常会有财政预算资金的合理调节，这与财政预算违法行为有性质上的差异，应当予以区别。一般而言，财政预算的资金调节通常表现为如下几种情形：（1）动用预备金或者周转金。根据《预算法》及《预算法实施条例》的规定，各级政府预算应当按照本级政府预算支出额的百分之一至百分之三设置预备费，用于当年预算执行中的自然灾害救灾开支及其他难以预见的特殊开支。此外，政府为了调剂预算年度内的季节性收支差额，保证及时用款可以设置周转金，周转金从本级政府预算结余中设置和补充，其额度应该逐步达到本级政府预算支出总额的百分

---

① 蔡茂寅：《预算法之原理》，台北，元照出版有限公司，2008，第83页，第273页。

② 参见马寅初：《财政学与中国财政》，北京，商务印书馆，2001，第50页。

③ 马寅初：《财政学与中国财政》，北京，商务印书馆，2001，第56～57页。

之四。预备金或周转金的使用，一般适用于“原定计划费用不足”、“原定计划修改导致费用增加”及“阶段性资金短缺”等情形。预备金需要由财政部门提出，同级政府批准，而周转金的管理则由财政部门负责。(2) 追加或裁减预算。在我国的预算法制中，预算资金的追加或裁减属于“预算调整”的范畴，需要由政府编制预算调整方案，并报本级人大常委会批准。一般而言，追加预算资金主要适用于国家或者本级行政区域内的重大经济变故、重大灾难及其他重大事件，而裁减预算资金则适用于原定计划被撤销、修改而导致相关费用缩减等情形。(3) 经费流用。经费流用，主要是指预算支出的各个项目在实际执行的过程中同时存在剩余与不足，执行单位以“盈余”补“不足”、进行资金调剂的行为。我国台湾地区“预算法”第 63 条规定：“各机关之岁出分配预算，其计划或业务科目之各用途别科目中有一科目之经费不足，而其他科目有胜余时，应按‘中央主计机关’之规定流用之。但不得流用为用人经费。”全国人大常委会预算工作委员会负责人也曾经提出：“目前中央预算执行中存在的另一个问题是，科目之间的资金调剂过于随意，预算资金挤占挪用等问题比较突出。今年审计报告中就审计出一些部门挤占挪用财政资金，例如挪用水利专项资金用于投资和购置办公楼及宿舍甚至炒股等十分严重。预算随意调剂，使人大批准的预算失去了严肃性，不利于对预算的管理和监督。”[①] 通常而言，不同的机关之间、不同的政府基金类别之间不得进行经费流用，在同一个机关之内的不同支出细目可以进行适当的资金调剂。实际上，20 世纪 80 年代澳、英、加等国推行的“新绩效预算管理模式”中，政府各部门即被允许、甚至被鼓励实施资金调剂、资金结余以节省费用、提高效率。当然，为防止预算执行单位滥用裁量权浪费公共资财，强化财政监督非常必要，预算执行单位违反财经纪律当以违法论处；譬如，将水利专项资金用于购置办公楼、宿舍甚至炒股，这是非常严重的财政预算违法行为。

第二，财政收入行为违法与财政支出行为违法。正如蔡茂寅所言：“法定预算的成立固然产生授权政府得为支出的效果，但却不因此授权政府的仅以预算之依据而为收入。此乃因为就政府的财政收入而言，国家的主要收入仍然以‘税课收入’等强制性的收入为大宗，而租税之征收因其

① 傅旭：《推进依法理财　加强预算管理监督——访全国人大常委会预算工作委员会负责人》，载全国人大常委会预算工作委员会办公室编：《预算审查监督》，北京，中国民主法制出版社，2000，第 13 页。

侵害行政的性格，必须受严格的‘租税法律主义’拘束，从而必须在个别实定法上寻找法源，不能只以预算为其唯一的法律依据所致。因此，一般而言，岁入预算并不能取代法律，单独赋予国家强制性收入的权限。”①财政预算中固然包括对于诸种财政收入的规划，但是实际财政收入或多或少于预算收入，一般不属于财政预算违法行为；其行为合法与否应该依据其税、费及其他收入的法律进行判定。违反财政预算的“违法行为”，主要是指财政支出阶段的违法行为。当然，违反《预算法》第 45 条规定，即具有“违反法律、行政法规规定，擅自减征、免征或者缓征应征的预算收入，不得截留、占用或者挪用预算收入”以及截留、占用、挪用或者拖欠应当上缴的财政收入等情形者，在性质上亦属于违反财政预算的违法行为。在财政支出阶段，超过预算支出金额、超越预算支出目的、逾越预算支出时间等等明显违反财政预算且不具有合法理由者，均属于违反财政预算的违法行为；但是，违反特定法律之规定，于强制性支出项目上不予支出者，亦属于违法行为。

二、执行单位违反财政预算责任之类型

财政预算违法行为之责任追究，事关民主法治体制的发展完善，甚至关系到区域经济的繁荣与稳定。譬如：据国内多家媒体报道，安徽省原副省长王怀忠在阜阳市任职期间，为制造所谓“政绩工程”耗费了大量公共资金。王怀忠的主要“政绩工程”有“阜阳市飞机场”、“阜阳大电厂”、“龙潭虎穴”等；这些“政绩工程”使阜阳市财政负债达二十多亿元，至少相当于当时财政可支配收入的五倍。②无论这是财政预算编制程序还是财政预算执行过程中的问题，此种现象均值得国人深刻反省。笔者认为，违反财政预算的法律责任主要可以分为三种：

第一，刑事责任。根据《刑法》，与财政预算之实施最为紧密的犯罪，是第 382 条、第 384 条、第 396 条所规定的“贪污罪”、“挪用公款罪”及“私分国有资产罪”、“私分罚没财物罪”等罪名。譬如：国家工作人员利用职务上的便利，侵吞、窃取、骗取或者以其他手段非法占有公共财物的，构成“贪污罪”；受国家机关、国有公司、企业、事业单位、人民团

① 蔡茂寅：《预算法之原理》，台北，元照出版有限公司，2008，第 9 页。

② 参见石红彦：《王怀忠的部分政绩工程》，载《江淮晨报》，2004－02－14；王巧丽：《王怀忠“政绩论”造“神话”“政绩工程”今昔》，载《新民晚报》，2003－10－31。

体委托管理、经营国有财产的人员，利用职务上的便利，侵吞、窃取、骗取或者以其他手段非法占有国有财物的，以“贪污罪”论处。国家工作人员利用职务上的便利，挪用公款归个人使用，进行非法活动的，或者挪用公款数额较大、进行营利活动的，或者挪用公款数额较大、超过三个月未还的，构成“挪用公款罪”。国家机关、国有公司、企业、事业单位、人民团体，违反国家规定，以单位名义将国有资产集体私分给个人，数额较大的，构成“私分国有资产罪”；司法机关、行政执法机关违反国家规定，将应当上缴国家的罚没财物，以单位名义集体私分给个人的构成“私分罚没财物罪”。此种刑事责任之产生，本系国家公务人员违反财政预算所致，应由司法机关依照刑事诉讼程序予以追究，但是因其责任认定与追究与财政预算并无直接关联，故而不为财税法学者所关注。但是，从此类犯罪行为所侵害的实质法益而论，则其同时构成财政预算违法行为应无疑义。近年来我国台湾地区所发生了所谓“机要费”、“特别费”案件，其公职人员是否得构成违法甚至犯罪，往往取决于其经费支出行为是否符合财政预算及相关财政法规范。故而，多有台湾地区学者从行政习惯法、行政惯例等视角予以探讨。[①] 其实，此类案件中相关人员行为性质之认定，关键在于从“宪法”、“法律”特别是“财政预算”等视角审视其行为的“合法性”——凡符合财政预算之支出目的、支出程序等相关规范者，均得构成违法及犯罪之阻却事由，自不得科加以之相关罪名；相反，如果此类行为违背财政预算支出目的、支出程序等合法要件，则难逃合法性之追问。

第二，行政责任。依据《预算法》规定，下列情形下行政机关等预算执行部门及其工作人员应当承担行政责任：其一，各级政府未经依法批准擅自变更预算，使经批准的收支平衡的预算的总支出超过总收入，或者使经批准的预算中举借债务的数额增加的，对负有直接责任的主管人员和其他直接责任人员追究行政责任。其二，违反法律、行政法规的规定，擅自动用国库库款或者擅自以其他方式支配已入国库的库款的，由政府财政部门责令退还或者追回国库库款，并由上级机关给予负有直接责任的主管人员和其他直接责任人员行政处分。其三，隐瞒预算收入或者将不应当在预算内支出的款项转为预算内支出的，由上一级政府或者本级政府财政部门

① 参见吴庚：《行政规则与行政惯例的拘束力问题》；陈清秀：《行政规则与行政习惯法》；马秀如、董保城：《从会计内控与行政惯例探讨首长特别费》；均载《月旦法学》第156期。

责令纠正，并由上级机关给予负有直接责任的主管人员和其他直接责任人员行政处分。另外，依据《预算法实施条例》第78条规定，《预算法》中“擅自动用国库库款或者擅自以其他方式支配已入国库的库款”，是指：预算收入征收部门不经政府财政部门或者政府财政部门授权的机构同意退库的；预算收入征收部门将所收税款和其他预算收入存入在国库之外设立的过渡性账户、经费账户和其他账户的；经理国库业务的银行未经有关政府财政部门同意，动用国库库款或者办理退库的；经理国库业务的银行违反规定将国库库款挪作他用的；不及时收纳、留解预算收入，或者延解、占压国库库款的；不及时将预算拨款划入用款单位账户，占压政府财政部门拨付的预算资金的。据此，凡属擅自变更财政预算规定、尚未达到犯罪程度的违法行为，上级机关、本级政府财政部门应该予以行政处分，此即违反财政预算的行政责任。

第三，政治责任。宪法作为国家的根本大法，因其涉及公民的基本权利及国家的基本权力体制，其实施并不唯一依赖于专门违宪审查机构的司宪活动。诚如姚国建所言，违宪责任兼具法律性与政治性；违宪的政治责任以民意代表机关免除责任主体之公职为主要内容。[①] 事实上，在我国人民代表大会制度的权力体制之下，追究行政机关的政治责任主要是由其同级人民代表大会及其常委会承担。依据《宪法》第104条、第110条之规定：“县级以上的地方各级人民代表大会常务委员会讨论、决定本行政区域内各方面工作的重大事项；监督本级人民政府、人民法院和人民检察院的工作；撤销本级人民政府的不适当的决定和命令；撤销下一级人民代表大会的不适当的决议；依照法律规定的权限决定国家机关工作人员的任免……”“地方各级人民政府对本级人民代表大会负责并报告工作。县级以上的地方各级人民政府在本级人民代表大会闭会期间，对本级人民代表大会常务委员会负责并报告工作。”据此，预算执行单位无视财政预算恣意处分公共资财的行为，达到较为严重的程度时得构成违反人民代表大会制度的违法行为，应该承担相应的政治责任。2006年8月27日通过的《中华人民共和国各级人民代表大会常务委员会监督法》明确规定，财政预算经人民代表大会批准后，在执行过程中需要作部分调整的，各级人民政府应当将调整方案提请本级人民代表大会常务委员会审查和批准；预算安排的农业、教育、科技、文化、卫生、社会保障等资金需要调减的，国

---

① 参见姚国建：《违宪责任论》，北京，知识产权出版社，2006，第352页，第388页。

务院和县级以上地方各级人民政府应当提请本级人民代表大会常务委员会审查和批准。常务委员会对决算草案和预算执行情况报告，重点审查下列内容：预算收支平衡情况、重点支出的安排和资金到位情况、预算超收收入的安排和使用情况、部门预算制度建立和执行情况、向下级财政转移支付情况、本级人民代表大会关于批准预算的决议的执行情况。常务委员会组成人员对预算执行情况报告和审计工作报告的审议意见交由本级人民政府研究处理，政府应当将研究处理情况向常务委员会提出书面报告。常务委员会认为必要时，可以对审计工作报告作出决议；本级人民政府应当在决议规定的期限内，将执行决议的情况向常务委员会报告。然则，对于严重违反财政预算的行为，人大及其常委会可以采取何种形式追究其政治责任？笔者认为，依据我国《宪法》、《监督法》及相关组织法的规定，县级以上地方各级人民代表大会常务委员会主任会议，可以向常务委员会提出有关国家机关工作人员的罢免案或撤职案；县级以上地方各级人民代表大会常务委员会五分之一以上的组成人员书面联名，可以向常务委员会提出国家机关工作人员的罢免案或撤职案，由主任会议决定是否提请常务委员会会议审议；经主任会议提议，全体会议决定，人大可以组织调查委员会，由以后的常务委员会会议根据调查委员会的报告审议决定。因此，与刑事责任及行政责任及其追究方式不同，政治责任主要是由人大及其常委会通过撤职案、罢免案等形式予以追究。

第三节 中国预算法制之完善

美国学者伯克斯等人曾提出，计划经济向市场经济转型乃是经济史上最伟大的实验之一，但是迄今为止转型国家的财政管理改革都未能达到预期的效果（Jameson Boex，2001）。在财政学、公共管理学意义上，“计划经济”与“市场经济”之区别，不仅在于资源配置的基础是“自由贸易市场”还是“行政指令性计划”，还在于政府配置财政资源的依据是社会的公共需要还是政府的行政计划。而在宪法学意义上，“计划国家”与“预算国家”之差异，并不仅仅在于财政预算本身是否具有“内容的统一性”、“监督的有效性”，更在于财政预算制度的民主化、法治化。笔者在第二章已经提出，凡政府财政预算仍然主要依照行政机关议定的计划、规划得以编制，并通过行政命令、行政纪律保障其效力者，均属“计划国家”（或者"新型计划国家")而非"预算国家"。

中国目前仍处于财政转型时期,"预算国家"之建构、预算法治体制之形成,不仅关系到财税法制本身之完善,还牵涉到如何建立责任制政府、如何确立合理的政府职能等问题。故而,从宪法学(宪法释义学)视角探讨预算执行裁量权之法律规制机制,以形成合理的公共财政监督模式,正是公共预算理论发展演变的重要趋势。质言之,中国财政预算制度之完善,当以建设"预算国家"为目标,而以"预算法律主义"为指导,除积极改进预算编制制度之外,预算执行监督制度事关财政预算的权威性与稳定性,尤其需要予以关注。

一、中国财政预算制度之检讨

(一)中国现行预算法制的制度模式

《宪法》第2条、第3条第1至3款规定:"中华人民共和国的一切权力属于人民。人民行使国家权力的机关是全国人民代表大会和地方各级人民代表大会。人民依照法律规定,通过各种途径和形式,管理国家事务,管理经济和文化事业,管理社会事务。""中华人民共和国的国家机构实行民主集中制的原则。全国人民代表大会和地方各级人民代表大会都由民主选举产生,对人民负责,受人民监督。国家行政机关、审判机关、检察机关都由人民代表大会产生,对它负责,受它监督。"依据"民主集中制"等宪法原则,人大及其常委会在预算制定与执行中当具有权威地位,行政机关、司法机关等预算执行单位必须受其监督。此外,依据《预算法》第47条、第49条第1款及第54条之规定,各级政府财政部门必须依照法律、行政法规和国务院财政部门的规定,及时、足额地拨付预算支出资金,加强对预算支出的管理和监督;各级政府、各部门、各单位的支出必须按照预算执行;各级政府对于必须进行的预算调整,应当编制预算调整方案,并报同级人大常委会审查和批准;未经批准,不得调整预算。这些条款非常明晰地体现了中国财政预算所具有的强制性特征。因此,从我国宪法和法律所确立的权力体制来看,财政预算之兼具"授权性规范"与"强制性规范"的双重特征,似无疑义。由此而言,我国的财政预算法治模式与美国的颇为相近。但是,如前揭所言,美国国会的拨款委员会及其下设专门委员会对于财政支出项目、金额拥有直接的决定与支配权,而我国则囿于人大及其常委会会期过短、传统上预算编制过于粗略、预算外资金、制度外资金大量存在等原因,统一管理国库、分配与调拨财政资金的机构实际上是各级政府的财政机关，故而财政预算的实施过程中“行政主导”的特征极为明显。因此，实际上我国的预算法治模式与德国的更为相近，财政预算一般仅具“授权支出”之效力而不具有“强制支出”之效力。

（二）中国现行预算法制的制度漏洞

在本书第三章，笔者列举了我国预算法制实践中的几大陋习，譬如：“预算外资金、制度外资金大量存在”；“各机关各自设立独立的银行账户，政府预算会计难以准确体现支出项目”；“经营性国有资产数额巨大，难以进行有效的预算监督”；等等。我国的财政预算制度发端于计划经济时代，素有“重计划、轻预算”的传统；换而言之，政府等公共机构往往非常重视施政纲领及其目标的实现，相对忽略法定预算本身的稳定性与权威性。然则，在市场经济的条件下，政府等公共机构掌握巨大的财政资源体系，领导干部身处复杂多变且对公务员个人极富诱惑力的利益环境之中，预算法制的任何纰漏都会诱致极为严重的贪污腐败案件。与美国等市场经济发达国家的预算法制相比，我国显然还存在预算法制的诸多制度漏洞，兹再列举几种情形以作说明。

第一，预算编制与财政资金管理上的巨大漏洞。我国现行预算编制的程序与美国 1921 年改革之前的程序颇为相近。依据《预算法》的规定，各级政府预算由政府各部门预算组成，而各部门预算则由本部门所属各单位预算组成，单位预算是指列入部门预算的国家机关、社会团体和其他单位的收支预算。在预算编制的过程中，财政部门仅仅充当了一个“管道”的角色，至于每个部门所编制的“部门预算”是否合适？是否依据“节约原则”还有调减之可能？财政部门对这些问题难有中肯之见解。实际上，在“部门利益”的“绑架”之下，财政资金的浪费十分严重，各部门往往积压了许多原本不需要的经费，不得不在年底时“突击花钱”，即为明证。此外，在预算法制实践中，预算执行单位各自设立独立的银行账户，而财政机关的监督方式主要是行政机关系统内部的外部检查方式；为了逃避责任，被监督检查单位可以采取各种会计手段转移、隐匿违法取得的资产等行为方式，轻易地规避财政监督。[①] 因为财政资金未能统一管理，分散于各职能机关独立账户的资金也难以被统筹安排，所以资金闲置与浪费的现

① 参见王雍君：《国库改革与政府现金管理》，北京，中国财政经济出版社，2006，第 40 页。

象十分严重。

第二，政府超出财政预算收入的部分没有得到有效监督。《预算法》第 73 条明确规定："各级政府未经依法批准擅自变更预算，使经批准的收支平衡的预算的总支出超过总收入，或者使经批准的预算中举借债务的数额增加的，对负有直接责任的主管人员和其他直接责任人员追究行政责任。"这一条款对于执行单位违反法定预算的违法情节作了极为宽泛的规定。为了规避违法责任，各级政府在编制财政预算时往往故意低估财政超收收入的数额，以达到在法定预算外自由支配超收收入的目的。蔡茂寅曾经精辟地指出："岁出预算虽不具有强制执行机关须为全额支出之义务，但却具有限定支出之最高数额的效力……逾越各科目金额的支出，原则上固然构成违法，但不足额之支出则不当然构成违法；再者，各单位预算机关除有例外情形外，逾越该机关预算金额之支出即构成违法。"[①] 财政预算虽属"特殊法律"之一种，其法律效力虽与法律等规范性文件有所差异，但其限制行政机关等预算执行单位的财政支出行为之强制效力却不容否定。因此，政府必须在法定预算所限定的预算支出金额幅度之内开支，超收收入不容其自由支配，此为我国社会主义民主制度的必然要求，亦是社会主义法治制度的要义所在。

第三，法定预算的法律效力没有得到有效保障。依据《预算法》第十章的规定，执行单位违反法定预算者，政府或上级机关须对负有直接责任的主管人员和其他直接责任人员以"行政处分"的形式追究其行政责任。当然，如前文所述，对于严重违反财政预算的违法行为人，除了已构成犯罪者需要承担刑事责任者之外，人大及其常委会还可以通过"罢免案"等方式追究其政治责任。此种财政预算违法责任追究制度之发展完善，方可保障财政预算的法律效力，使之最终落实民主法治之功能。其实，从各国预算法制的实际情形来看，强化违反法定预算者的法律责任形式仅仅是保障财政预算之法律效力的"治标之计"；要在根本上防范执行单位违反法定预算，我们需要借鉴美国的预算法制模式，通过直接受辖于代议机关的独立国库部门，设置统一管理的单一账户，并采财政资金统一核算制度和政府采购制度等形式，弱化政府财政部门及其他职能部门对于财政资金的管理权限。对此，后文中结合《预算法修正案（草案）》的相关内容再作详细探讨。

---

① 蔡茂寅：《预算法之原理》，台北，元照出版有限公司，2008，第 83 页。

二、中国财政预算制度之改革

(一) 中国预算法制改革应坚持之法律原则

正如马克思所说："每一个预算的基本问题是预算收支部分之间的对比关系，是编制平衡表，或者为结余，或者为赤字，这是确定国家或者削减、或者增加税收的基本条件。"[①] 财政预算的执行，在客观上与实施前的财政预算编制、实施中的审计监督检查、实施后的法律责任追究等制度紧密相关，牵涉到统计制度、会计制度、审计制度等各个领域。概而言之，我国财政预算制度急需贯彻如下预算法制原则：

第一，预算完全性原则。所谓"预算完全性原则"，即所有政府财政收支经费都必须纳入预算管理。为贯彻预算完全性原则，不仅需要通过预算法之修订将所有政府收支项目全部纳入预算管理，而且需要政府编制详细的单位预算与附属单位预算、附属单位分预算，特别是通过设立营业基金、信托基金、作业基金等特种基金，以强化对于经营性国有资产的预算管理。更为重要的是，为了提高财政资金统筹运用的效率，传统由财政部门简单充当部门预算与财政总预算之"中间管道"作用的组织机制应该予以改变，取而代之以每级政府行政首脑通过预算局直接统一编制预算的预算编制机制。

第二，预算民主性原则。预算民主性原则，不仅要求在预算编制与预算执行监督的整个过程中，人民代表大会及其常委会而非政府行政机构须扮演"主导角色"，而且还须建立代议机关直接对口管理财政资金的"国库"制度——"国库"作为国家财政资金的集中管理机构，不能仅仅充当政府的"出纳"，而是还应该有权在人大及其常委会的直接管理下支配、监控政府各部门的资金出入，并提高资金经济效益，特别是为决策层提供完整的财政收支记录。唯其如此，财政预算的民主性方可得到有力保障，代议机关的民主监督亦方可有望取得监督之实效。

第三，预算公开透明原则。2007 年 1 月 1 日开始实施的《中华人民共和国各级人民代表大会常务委员会监督法》(以后简称《监督法》) 即试图强化人大常委会对于财政预算调整与执行的监督权限。依据《监督法》之规定，人大常委会所听取的预算执行情况报告、审计工作报告及审议意见，人民政府对审议意见研究处理情况或者执行决议情况的报告，向本级

---

① 《马克思恩格斯全集》(第九卷)，北京，人民出版社，1961，第 67 页。

人民代表大会代表通报并向社会公布，此中即已蕴含“财政公开”的制度因素。当前，作为财政公开制度之具体规范依据者，主要是《中华人民共和国政府信息公开条例》（以后简称《政府信息公开条例》）第10条之规定，此即“重点公开”的政府信息，其中包括“财政预算、决算报告”；“行政事业性收费的项目、依据、标准”；“政府集中采购项目的目录、标准及实施情况”；“重大建设项目的批准和实施情况”；等等。“财政为庶政之母”，财政预算则是一切政府活动的“血脉”之所在，故而，《政府信息公开条例》中所列举的需要政府“主动公开”、“重点公开”的内容，即使并非财政预算、决算信息，亦或多或少与政府的财务收支行为有关。由此，预算公开透明原则已经成为中国预算法制的基本原则之一。然则，国际货币基金组织制定的《财政透明度良好做法守则——原则宣言》要求财政透明应当遵循“明确职责”、“公开预算程序”、“方便公众获得信息”和“确保真实性”等四大原则，OECD国家的《预算透明度最佳做法》则要求预算应该涵盖政府所有收支，最迟在预算年度开始三个月前提交，并在年度开始前完成审议；“完整性、控制、可问责是预算公开质量的要求”[①]。由此来看，我国的预算公开制度还存在着相当大的改革空间。

第四，预算法律主义原则。预算法律主义原则，已如前文所述，即财政预算并非单纯的“财政收支计划”，而是具有法定效力的“特殊法律”，因此，行政机关或其他执行单位违反财政预算者，应当承担相应的法律责任。

（二）中国《预算法修正案（草案）》之简要评析

2012年7月，第十一届全国人大常委会第二十七次会议再次审议了《中华人民共和国预算法修正案（草案二次审议稿）》，后将《中华人民共和国预算法修正案（草案二次审议稿）》在中国人大网公布，向社会公开征集意见。[②] 截至2012年8月5日，据全国人大网披露，在一个月的时间内，共有19 115人（次）通过网络提出意见共计330 960条。在此期间，国务院各部门、专家学者与社会团体等各方力量纷纷提出自己的见解而相互博弈，体现了各方在预算法修改过程中复杂的利益关系。就现代国家预算法制的基本原则而言，《预算法修正案（草案）》明确规定了有关“预算

---

① 转引自闫海：《公共预算过程、机构与权力：一个法政治学研究范式》，北京，法律出版社，2012，第131～136页。

② 关于“预算法修正案”及其与现行预算法的区别，全国人大公示的文件已有明确的标识，笔者将以它作为附件录于书后，以供读者查阅。

完全性原则”、“预算公开透明原则”等。譬如：《预算法修正案（草案）》第5条、第11条明确规定：“预算由预算收入和预算支出组成。各级政府的全部收入和支出都应当纳入预算。”“经本级人民代表大会或者本级人民代表大会常务委员会批准的预算、预算调整、决算，应当及时向社会公开，但涉及国家秘密的内容除外。各级政府财政部门负责本级政府总预算、预算调整、决算的公开。各部门负责本部门预算、决算的公开。预算、预算调整、决算公开的具体办法，由国务院规定。”尽管这些条款是否可以落实还需要继续观察，但是这些内容无疑构成了本次预算法修改的最大亮点之一。然则，从预算法制的基本原理来看，我们也不难发现，本次《预算法修正案（草案）》还存在诸多值得商榷之处。囿于本书篇幅所限，笔者谨对其中几处关键条款略作解读，以供方家批评指正。

第一，就“预算完全性原则”而言，《预算法修正案（草案）》第5条规定“各级政府的全部收入和支出都应当纳入预算”，但是其编制程序依然沿袭传统制度，此即：各部门编制本部门预算、决算草案，组织和监督本部门预算的执行，定期向本级政府财政部门报告预算的执行情况；各级政府财政部门具体编制本级预算、决算草案，具体组织本级总预算的执行，提出本级预算预备费动用方案，具体编制本级预算的调整方案，定期向本级政府和上一级政府财政部门报告本级总预算的执行情况；等等。从组织学原理上讲，财政部门本属职能部门之一种，由它负责财政预算的编制与执行，不仅隔断了行政首长与职能部门之间的直接联系，而且更使财政资金的使用计划往往简单沿袭往年的预算计划，难以依据行政执法的实际需要加以调整，更难提高财政资金的使用效率。因此，笔者建议效法美国1921年《预算与会计法》之规定，设置直属于总理等行政首脑的预算局，负责预算的统一编制工作。

第二，就“预算民主性原则”而言，《预算法修正案（草案）》更是简单迁就财政部门巩固部门利益的意见，其改革方案具有制度漏洞。譬如：《预算法修正案（草案）》第51条规定：“有预算收入上缴义务的部门和单位，应当依照法律、行政法规和国务院的规定，将应当上缴的预算资金及时、足额地上缴国家金库（以下简称国库）和依法设立的财政专户，不得截留、占用、挪用或者拖欠。前款规定的财政专户，是指对法律、行政法规和国务院规定的特定专用资金设立的专户。财政专户纳入国库单一账户体系管理。国务院财政部门应当将财政专户收支情况纳入信息管理系统，并与国库实现信息共享。”此中涉及所谓“财政专户”的合法化问题，据说这一条款乃是由财政部、卫生部和国家税务总局在一审稿中提出的。而国家审计署2011年的审计报告却显示，财政部、卫生部和国家税务总局均存在大量的账外资金和账外投资未投资入账等情况。[①] 因此，设立与国库相并列、脱离国库部门监控的所谓“财政专户”，必然为某些行政部门滥用公帑大开方便之门。

此外，《预算法修正案（草案）》第54条规定：“县级以上各级预算必须设立国库；具备条件的乡、民族乡、镇也应当设立国库。各级国库应当按照国家有关规定，及时准确地办理预算收入的收纳、划分、留解、退付和预算支出的拨付。各级国库库款的支配权属于本级政府财政部门。除法律、行政法规另有规定外，未经本级政府财政部门同意，任何部门、单位和个人都无权冻结、动用国库库款或者以其他方式支配已入国库的库款。各级政府及其财政部门应当加强对本级国库的管理和监督。国库管理的具体办法由国务院规定。”因为这一条款删除了《预算法》第48条第2款中“中央国库业务由中国人民银行经理”的规定，故而遭到学者的质疑。对此，财政部财政科学研究所副所长刘尚希认为：“无论从历史来看，还是从国库管理的现实过程来看，国库管理从来都是财政管理范畴，人民银行事实上只是在受国家财政委托代理国库业务。”“还有专家提出，国库库款的支配权不在财政，而在人大，从法理上认为人民银行应当是经理而不是代理国库业务。这更是一种糊涂的认识。财政部门对国库库款具有支配权是立法机关以法律形式赋予财政部门的权力，这也是出于责任主体唯一性的管理原则。”[②] 显然，刘尚希在此以所谓“历史”、“现实”甚至“现行立法”作为论证或反对一种立法修正方案的理由，验证背离立法方案的论证逻辑；而且，即使财政管理上奉行所谓“责任主体唯一性”原则，这个“唯一的责任主体”也只能是代议机关，最多只能是“政府”，而不可能是作为政府职能部门的财政机关。因此，笔者主张《预算法修正案（草案）》第54条应该修改为：“县级以上各级预算必须设立国库；具备条件的乡、民族乡、镇也应当设立国库。国库业务由中国人民银行经理。各级国库应当按照国家有关规定，及时准确地办理预算收入的收纳、划分、留解、退付和预算支出的拨付。各级国库库款的支配权属于本级人大及其常委会所属的拨款委员会（或预算委员会）。除法律、行政法规另有规定外，未经

① 参见赵静：《〈预算法〉修正案争权揭秘》，载《证券市场周刊》，2012-08-11。

② 刘尚希：《国库管理主体只能是财政》，载《瞭望》，2012-08-06。

本级人大预算委员会的同意，任何部门、单位和个人都无权冻结、动用国库库款或者以其他方式支配已入国库的库款。国库拨给各级政府及其职能部门的款项，由政府与财政部门进行管理和监督，其具体办法由国务院规定。”进而言之，国库由人民银行还是其他商业银行经理并不重要，但是国库部门必须受代议机关直接管理，并且具有相对的独立性，具有监控财政资金流动的技术能力。

第三，就“预算法律主义原则”而言，《预算法修正案（草案）》删除了原“预算法”第73条中纵容预算执行单位违反法定预算的内容（如将追究行政责任的情形限于“各级政府未经依法批准擅自变更预算，使经批准的收支平衡的预算的总支出超过总收入，或者使经批准的预算中举借债务的数额增加的”等情形），而在第87条以列举的形式罗列了12种违反法定预算的行为形态；其中除了预算编制期间的两种违法形态之外，十余种违反法定预算的行为均以“违反法律、法规或者国务院财政部门的规定”为前提。其实，如前文所述，违反法定预算本身就属于违法行为；《预算法修正案（草案）》第87条完全采取列举的形式陈述执行单位的违法形态且加上“违反法律、法规或者国务院财政部门的规定”作为限定条件，势必弱化法定预算本身的法律效力。因此，笔者建议在《预算法修正案（草案）》第87条增第2款之前增加一句作为“兜底条款”，即：“地方各级政府有前款规定违法行为的，或者其他违反法定预算的行为的，由上级政府责令改正，对负有直接责任的主管人员和其他直接责任人员依法给予处分。”

此外，如前文所述，依据“预算法律主义原则”，超收收入乃是由于政府对于财政收入总额预估不足所致，其处分权属于代议机关而非行政部门；换言之，政府对于财政年度之内超收收入并无支配权。然则，《预算法修正案（草案）》第61条却明确规定：“各级政府年度预算执行中有超收收入的，除依照法律、行政法规规定安排支出外，可以用于冲减赤字，或者安排预算稳定调节基金用于补充以后年度预算资金的不足。”显然，这一条款亦将为行政部门超出法定预算金额限制的财政开支打开方便之门。

第四，以“经费流用”或“经费调剂”制度，实现预算执行的合法性与灵活性、机动性之间的动态平衡。如前文所论，执行法定预算的过程中常常会发生所谓“经费流用”，此即“预算支出的各个项目在实际执行的过程中同时存在剩余与不足，执行单位以‘盈余’补‘不足’，进行资金调剂的行为”。《预算法修正案（草案）》对预算调整的程序与内容等作了严格规定，或将产生良好的控权效果，但是它试图以第68条完全沿袭《预算法》第57条之规定：“各部门、各单位的预算支出应当按照预算科目执行。不同预算科目间的预算资金需要调剂使用的，必须按照国务院财政部门的规定报经批准。”然则，诚如蔡茂寅所言：“预算之动支，由于必须遵守节约及效率原则，因此如若不完全执行预算亦得达成政策目标，不但性质上无不许之理，亦且应加以鼓励，以使国家资源发挥最大效用；又因为行政部门既然有政策制定权，并得透过动支预算方式以实现之，则在政策目标已然放弃之前提下，预算之不予执行，当然亦非法所不许，但最后必须透过选票，由选民决定此种政策目标之放弃是否应负起政治责任。”[①] 为提高财政资金的使用绩效，执行单位遵循节约及效率原则，而将某一科目所节省之经费用于填补其他科目之不足，并无不可。因此，《预算法修正案（草案）》第68条宜修改为：“各部门、各单位的预算支出应当按照预算科目执行。各机关之岁出分配预算，其计划或业务科目之各用途科目中有一科目之经费不足，而其他科目有剩余时，应按国家审计署的规定进行调剂使用。”

三、结语

有学者指出：“宪治国家从来都将政府预算活动置于宪法控制之下，并据此开展专门的‘财政立法’。在发达国家，这种财政立宪主义普遍地为其预算制度的民主化、法治化奠定了基础，或者说，民主、法治是公共财政得以建立的前提……”[②] 中国现阶段的财政预算制度改革乃是国家由计划经济向市场经济转轨、传统农业社会向现代工业社会及后工业社会转型的过程中，通过政治决策层萃取社会共识所推进的制度变革。因中国的社会结构、国际环境及其所影响的政府职能等等因素均迥异于西方国家，预算制度改革所要完成的使命，如政府职能的调整、财政体制的重构等等，也将更为复杂。相对而言，中国财政预算制度改革还面临着传统农业社会及计划经济体制时期所遗留的诸多问题，如民主机制发育不成熟、政府财务制度过于分散、经营性国有资产极为庞大等等问题；尤其是计划经

① 蔡茂寅：《预算法之原理》，台北，元照出版有限公司，2008，第99页。

② 张志超等：《美国政府绩效预算的理论与实践》，北京，中国财政经济出版社，2006，第91页。

济体制下政府视财政资金及国有资产为“家产”的传统财政理念，更是构成了预算制度改革的巨大障碍。

预算法律主义原则之确定，并非某一个单一机构所能成就，而是需要诸多“社会合力”所推进。编制财政预算之目的，在于以理性的法规范规制政府的财政收支行为，使民众之财产免受行政部门之恣意处分；预算执行监督之目的，在于确保行政部门恪守财政预算所确立之收支计划，使各种违反财政预算的违法行为受到应有之制裁。未来中国财政预算制度之改进，尤需注重本国财政实践中经验教训之提炼，遍察各国优良财政体制之历史由来与规范体系，经由公共舆论与学术研究之长期“酝酿”，以期促成公共预算改革之立法共识甚至“立宪共识”，力谋建立可以确保人民福祉的“预算国家”。

第六章　纳税人的宪法形像及其基本权利体系

近几年来，中国社会主义市场经济在转型过程中突逢多层困局，国际金融危机与国内财政赤字并向而行，国家财政同时面临“支出扩张”、“收入紧缩”与“提高绩效”等多重压力。与此同时，“金融危机”之后各国为了加速经济复苏而诉诸税收制度的法律竞争又日趋激烈。此种背景下，纳税人权利保护问题逐渐引起了社会的广泛关注。但是，何谓“纳税人”？纳税人是否得为宪法上之基本权利主体？纳税人的基本权利体系如何保障？对于这些问题，学者间不无理论争议。本书拟对此作初步探讨，以“抛砖引玉”，供学界方家指正。

第一节　中国宪法文本中的“纳税人形像”

一、“纳税人”及“宪法形像”之法理内涵

（一）宪法上的“纳税人”概念

当前税收实务界与理论界对于“纳税人”概念之分析，主要受《税收征管法》第 3 条之影响，将“纳税人”界定为“法律、行政法规规定负有纳税义务的单位和个人”，亦即“税务行政之直接相对人”。为了在税收征管过程中更为精准地确定“纳税人”，有学者主张引入“负税人”概念，此即：“没有直接给税务机关缴纳税款，但是通过购物或者接受服务实际负担了隐含在商品或服务价格中税款的法人或自然人”①。亦有学者试图从税制、税种、法律意义、主权意义和财政意义等五个方面对“纳税人”与“负税人”展开比较研究，认为“纳税人是税收法定主体”，而“负税

---

①　靳谦：《还应该引入“负税人”的概念》，载《税收与社会》，1999（12）。

人是税收在经济上的实际负担人，是税收的经济主体要素”，主张此种区分“有利于促进优化税制，依法征税，科学征税”，以及“更好地维护国家税收主权，保障国家税收收入，发挥税收调控经济的作用”[①]。此种观点在现阶段或许有其方便税收征管等合理之处，但是将所谓“间接税”的“负税人”排除在“纳税人”这一纳税权利主体的范围之外，往往会造成罔顾其“生存权”等基本权利之后果。实际上，许多国家对于民生必需品，尤其是婴幼儿生活品免征营业税，以免税赋侵及“维持人性尊严之基本生活需求”。2008年4月10日欧盟法院判决英国某厂商所产之巧克力茶点为庶民日常生活所需的“蛋糕”而非作为奢侈品之“饼干”，应予免征营业税，建议英国国税局退还20年来所征缴的税收共计350万英镑。[②]由此可见，片面割裂所谓“纳税人”与“负税人”，并不利于纳税人权利之保护，甚至反而会有碍于“优化税制、依法征税与科学征税”。我国《宪法》第56条规定：“中华人民共和国公民有依照法律纳税的义务。”本条为《宪法》第二章“公民的基本权利和义务”最后一条，从体系解释方法而言，一切中国公民均有依照法律纳税之义务，故而“纳税人”实乃公民最为重要的身份之一。当然，国家向公民征缴税收，其立法、行政等公权力行为均应受到包括基本权利条款在内的宪法条文之直接约束，此为当今时代民主法治国家的精义所在。

（二）宪法上的“人之形像”

宪法上“人之形像”，又称“人之影像”，即德文“Menschenbild”。据林子杰介绍，中文有译为“人性观”、“人类图像”、“人类形像”、“人之形像”、“人性图像”与“众生相”。“从解释论而言，法学解释与适用更应正视人之图像，一则兹以完整探求规范目的之设定，使之更能切合立法原意，再者，若正确运用人之图像概念将更能作出符合现今社会实况之决定。”[③] 在我国税法学界，近年来已有学者开始提及纳税人的宪法权利或基本权利。譬如，有学者提出纳税人的宪法权利即纳税人由“宪法确认并保护的各种民主权利”，它是“纳税人纳税之后所获得的对价”[④]。亦有学

① 常向东：《纳税人与负税人比较研究》，载《兰州商学院学报》，1999（2）。

② 参见葛克昌主编：《纳税人权利保护：税捐稽征法第一章之一逐条释义》，台北，元照出版有限公司，2010，第34～35页。

③ 林子杰：《人之图像与宪法解释》，台北，翰芦图书出版有限公司，2007，第5页，第20页，第195页。

④ 黄泽勇：《纳税人宪法权利研究》，载《理论与改革》，2005（1）。

者主张“纳税人基本权利是纳税人因缴纳税款而产生的权利，而非公民的基本权利”①。这两种观点的问题均在于将纳税人基本权主体地位之取得维系于其纳税义务之履行，从而导致“纳税人基本权”与“公民基本权”被断然切割。实际上，正如葛克昌所言：“以人性尊严和人格发展为核心价值的宪法秩序，与庶民日常生活最紧密者，不外乎人民对国家（及地方自治团体）之税捐债务及相关之协力义务。是以欧美国家，税务律师就是宪法律师，人民对抗税捐请求权及其协力义务请求权之滥用，其依据不是宪法上基本权，就是经过合宪解释与合宪法律补充之税法。”“个别纳税人如失去宪法保障，面对庞大之稽征机关自然成为最弱势族群，宪法基本权亦失去庶民之土壤，而面临无根之空洞化。稽征机关缺乏宪法思维，亦将成为没有灵魂的征税怪兽。”② 进而言之，从“财政国家”之整体面向来看，“国家与公民的关系”在财税法制中即体现为“政府与纳税人之关系”，亦即：国家通过诸种财税措施从民众那里汲取社会财富并完成其公共职能，在此过程中政府与纳税人互为权利义务之主体及对象。是故，“纳税人”并非单纯之“纳税义务人”；从宪法的“国家目标规定”、“基本权利条款”等内容中，我们可以清晰地看到“公民”在“国家经济财政生活”中的“宪法形像”，此亦即中国宪法上的“纳税人形像”，其深刻关联于国家的价值目标、经济政策与财政体制，体现了公民在国家经济生活、财政法制中的基本权利主体地位。

二、宪法上“国家目标规定”中的“纳税人形像”

（一）德美诸国宪法上的“国家目标规定”及其“纳税人形像”

如前揭所言，“国家目标规定”或“基本国策条款”乃是宪法规范的“第三领域”。然则，欧美各国大都具有强势的政治与经济实力，奉行自由主义的政治经济意识形态，公民基本权利一般即为国家权力行使之目的；即使在经济危机时期，政府对于社会经济的干预所追求之宪法和法律目标亦主要是通过立法机关或总统所制定的经济政策而定，无须形诸宪法规范。但是，从广义而言，德、美诸国的宪法文本中从来不乏此种“国家目标规定”之内容。譬如，除联邦德国基本法第 20 条可以视为“国家目标

① 王建平：《构建纳税人的权利体系》，载《税务研究》，2007（5）。

② 葛克昌主编：《纳税人权利保护：税捐稽征法第一章之一逐条释义》，台北，元照出版有限公司，2010，第 33 页。

规定”外，美国联邦宪法“序言”亦宣称：“我们美国人民，为了建立一个更完美的合众国、树立正义、保证国内治安、筹建国防、增进全民福利及谋求吾等及子孙永享自由之幸福，特制定本宪法。”这一段内容亦近于德国学者所探讨的“国家目标规定”，但美国学者多以为其缺乏具体之规范效力，唯马克·图什内特认为它属于“薄的宪法”，其意义更甚于“厚的宪法”（即“详细描述政府如何组成的条文”）①。诚然！宪法规范之法律效力并不局限于司法适用效力，就其适用范围而言，其当然包括对于立法机关、行政机关甚至政党、人民团体等组织之拘束效力。即使对司法机关而言，宪法序言所揭橥之“国家目标规定”缺乏明确的国家权力或基本权利事项之内容，故而难以发生确定之效力。② 但是，此种国家目标规定非常明确地揭示了制宪者所预设的“政府形像”，此即“保证国内治安、筹建国防、增进全民福利及谋求吾等及子孙永享自由之幸福”的“政府”，隐含于其中的则是宪法上的“人民形像”，亦即“纳税人形像”——“在自由民主宪政秩序下的人民，摆脱来自国家对之的控制和干预，预设人为一个具有自主决定、自我负责、得自由发展人格以及对同样是由人民所共同组成的群体负有责任之人，因此税法的建制从传统上由国家公权力强制征收中解放，转而为人民共同协力的尽其对其社会共同体的义务，由人民自己与自己所形成的社会对国家负责，而非站于尖锐的对面立场为预设。”③ 进而言之，国内治安与国防之筹措及全民福利之增进，原则上均须以人民以纳税人身份所缴纳之税款为基础；另一方面，制宪者不以“工业化”或“现代化”作为国家之目标，甚至“增进全民福利”长期以来在美国亦不得作为政府扩张职能之依据，则又凸显了其国民经济发展中纳税人而非政府的主体地位。由此，欧美诸国宪法文本中“国家目标规定”或“基本国策条款”均包含了明确的价值理念，甚至预示了未来的立法规划，

① 〔美〕马克·图什内特著、杨智杰译：《把宪法踹出法院》，台北，正典出版文化有限公司，2005，第50页。

② 一个完整的法规范同时应该包括“构成要件”与“效果要件”两个部分，如果某一法条的“构成要件”本身并不明确，或者缺乏“效力要件”，则该法条为“不完全法条”。黄茂荣认为：“将法律效力联接或归属于构成要件之意义为效力规定，而非如叙述性的句子仅在描写一个主张。换言之，前者规定在哪种情形，即在哪条件下，系争法律效力应该发生。立法者并不通过法条来表示事实上这是什么，而在表示什么才是对的，或什么应该适用。”参见黄茂荣：《法学方法与现代民法》，北京，法律出版社，2007，第137页，第145页。

③ 林子杰：《人之图像与宪法解释》，台北，翰芦图书出版有限公司，2007，第131页。

对于国家权力条款与基本权利条款之解释与适用具有强烈的导向功能，其在宪法解释学上的意义不容小觑。

（二）社会主义国家传统宪法模式中的“国家目标规定”及其“纳税人形像”

从历史上看，1949年《中国人民政治协商会议共同纲领》“序言”第1段即规定了当时的“国家发展目标”，此即“中国的独立、民主、和平、统一和富强”。1954年《宪法》在“序言”中将“国家目标”修改为“建成繁荣幸福的社会主义社会”。1975年《宪法》删除国家目标规定的具体内容之后，1978年《宪法》“序言”才将“现代化的社会主义强国”确立为新的“国家目标规定”。如本书第三章所述，自新中国成立以来，以苏联模式的“工业化”发展模式（学者通常称之为“赶超型发展战略”）为蓝本，“工业化”也成为中国政府最直接的发展目标，它在实际上也深刻决定了政府与公民之间的宪法关系。林毅夫教授指出，“工业化”发展模式之实施，在客观上需要几个方面的政策环境，即：“低利率政策”、“低汇率政策”、“低工资和能源、原材料低价政策”、“低农产品和其他生活必需品及服务价格政策”①。如果我们不拘泥于名义上的“税收”概念（1985年以前中国税收主要分为“工商各税”、“关税”与“农业各税”），则不难发现：此种“工业化”发展模式不仅需要“扭曲产品及生产要素价格”的政策环境，还需要以“工业国有化”、“农业集体化”等高度集权的资源配置机制以及国营企业上缴的“利润税”、农业税、产品“价格剪刀差”中的“隐性农业税”等组成的税制作为制度基础，方可有效运作。此种以计划经济体制为载体的“工业化”发展模式，其所勾画的“宪法图景”乃是一种“强政府—弱公民”的“典范”。进而言之，如果我们将国家财政收入之最终贡献者均称为广义上之“纳税人”，则在此种宪法图景下，“纳税人”亦仅得扮演极端消极、被动之角色，而政府在社会经济发展中则扮演了极为强势的主导性角色。

三、中国宪法修改过程中“纳税人形像”之变迁

（一）“国家目标规定”变迁中的“纳税人形像”

苏联所确立的传统社会主义发展模式，固然可以在短期内迅速聚敛社

① 林毅夫、蔡昉、李周：《中国的奇迹：发展战略与经济改革》，上海，上海三联书店，1999，第36～38页。

会财富、实施经济追赶，但是它是以极度限制公民之自由权利甚至牺牲公民之生存权利为代价的，从长远而言不仅会迟滞科技进步与经济发展之速度，而且可能会激化政府与企业等微观经济单位（“纳税人”）之间的利益矛盾。1975 年《宪法》“序言”所确认的“在无产阶级专政条件下继续革命”的理论，实际上正是“国家”试图通过“政治运动”维持此种“工业化”发展模式的“基本策略”。这部《宪法》第 10 条所确认的“抓革命，促生产，促工作，促战备的方针”，则是更为具体的“方针条款”，它导致了政治斗争的泛社会化，使中华民族为此付出沉重的代价。正是由于前揭诸种问题之存在，1978 年《宪法》在“序言”中郑重宣布了“第一次无产阶级文化大革命的胜利结束”，“我国社会主义革命和社会主义建设进入了新的发展时期”。1982 年《宪法》“序言”中，中国的“国家目标”已经由“社会主义强国”调整为“富强、民主、文明的社会主义国家”，而“国家根本任务”则由“工业化”修改为“社会主义现代化”。在此引导下，20 世纪末以来中国宪法通过数次宪法修正案使真正具有独立、自主之市场主体地位的“纳税人形像”逐渐形成。

（二）经济制度变迁中的“纳税人形像”

自 20 世纪 80 年代以来，中国的社会、经济体制正在经历一场深刻的转型，此即从传统计划经济体制向社会主义市场经济体制转型。与此相应的是，传统发展模式下的“全能型政府”亦正在朝“法治政府”、“服务政府”转型。在这一过程中，历次宪法修正案逐渐清除了“纳税人”之作为市场经济主体的宪法障碍而使其逐渐成为宪法上的“基本权利主体”——1993 年通过的第 5 条宪法修正案将“国营经济”修改为“国有经济”，第 7 条宪法修正案更是将“计划经济”修改为“社会主义市场经济”，并强调“国家加强经济立法，完善宏观调控”，“国家依法禁止任何组织或者个人扰乱社会经济秩序。”这两个修正案条款标志着中国宪法上经济体制的重大转型。此外，第 8 条、第 9 条宪法修正案则明确规定：“国有企业在法律规定的范围内有权自主经营。”“集体经济组织在遵守有关法律的前提下，有独立进行经济活动的自主权。”凡此诸个修正案条款，“国有企业”等公有制经济组织得以逐渐具有独立经营的自主地位，以及与其他经济组织平等竞争的市场主体地位，使其意思表示机构得以能够与其他经济组织以自由协议方式型构私法秩序，此为公有制经济组织之作为“纳税人”的组织基础。另一方面，中国改革开放以后，个体经济、私营经济等非公有制经济迅速发展，不仅为政府财政收入开拓了广泛的税源，更是契合了中国人口众多、劳动力资源丰富的“比较优势”，其宪法地位亦逐渐得到了宪法之确认。[①] 譬如：1988 年通过的第 1 条宪法修正案承认了私营经济的合法地位，并规定其是“社会主义公有制经济的补充”；1999 年通过的第 16 条宪法修正案将“法律规定范围内的个体经济、私营经济等非公有制经济”定位为“社会主义市场经济的重要组成部分”；2004 年通过的第 21 条宪法修正案则进一步明确宣布：“国家保护个体经济、私营经济等非公有制经济的合法的权利和利益。国家鼓励、支持和引导非公有制经济的发展，并对非公有制经济依法实行监督和管理。”非公有制经济逐步被承认的过程，其实也是中国私营企业之纳税人主体资格被逐步确认，以及中国税制不断发展完善的过程。

此外，随着市场经济的迅速发展，公民的个人收入及私有财产亦不断增加，1980 年个人所得税的开征亦得使公民个人成为重要的“纳税人”类型。2004 年通过的第 22 条宪法修正案将宪法第 13 条修改为：“公民的合法的私有财产不受侵犯。”“国家依照法律规定保护公民的私有财产权和继承权。”“国家为了公共利益的需要，可以依照法律规定对公民的私有财产实行征收或者征用并给予补偿。”此即所谓“征收条款”。刘连泰在比较了德、美两国的宪法实践之后认为，“宪法上的征收规范对征税具有‘弱拘束力’”，借鉴域外法上之经验，中国宪法第 13 条亦可约束国家征税权，此即：“关于构成‘绞杀’效果的征税违反中国宪法文本中的征收规范，对私有财产的征税也应遵守‘不超过半数’规则，对维持家庭、个人生存必须的财产征税时，必须谨慎。”[②] 此种基于比较法而得出的解释学结论，可能会由于疏离中国立宪环境之考量而显得过于“大胆”——从修宪的社会背景来看，第 22 条宪法修正案的主要目的在于概括承认公民的私有财产权，并针对限制公民私有财产权的“征收征用”制度，从“形式”（“依据法律规定”）与“实质”（“为了公共利益的需要”）两个方面加以规制。因为税收课征并不具有“补偿”之效力，故而本条第 3 款恰恰难以解释为可得拘束国家征税权之法律效力。不过，本条修正案对于公民私有财产权之概括承认，亦隐含着立宪者对于非具有法律依据之公民私有财产征收征用行为的否定性立场，因而为依据法律向公民课征税收规定了宪法条件。

① 参见林毅夫：《经济发展与转型：思潮、战略与自生能力》，北京，北京大学出版社，2008，第 38 页。

② 刘连泰：《宪法上征收规范的效力是否及于征税：一个比较法的观察》，载《现代法学》，2009（3）。

因为，在公民私有财产权之内涵仅仅维系于宪法条款之列举性事项的情况下，国家随时可得采取无偿征收征用或者没收等方式将公民之私有财产转化为国有财产，而无须借助于税收之形式。故而，本条修正案在实质上亦确立了公民个人之作为纳税人的基本权利主体地位。

四、作为“基本权利主体”的“纳税人宪法形像”

（一）宪法释义学上的“纳税人”及其“基本权利”

黄俊杰指出：“从法律之观点，人民之金钱给付，系作为财政国中国家财政收入之核心要素，国家经由课税权之形式，将人民财产权转换为公法之强制性收入。”“国家课税权之行使，则仍应受人民税捐基本权之限制。”① 从严格意义上讲，“纳税人”之享有宪法上的基本权利主体资格地位乃是以“市场体制”、“税收国家”之成立为前提条件，亦唯有在“市场体制”、“税收国家”下，“纳税人”方可能真正具有基本权利的主体资格。② 进而言之，在传统的计划经济体制下，国家财税制度作为实现国家“工业化”目标之重要机制，主要发挥着为执行国家经济计划而“聚敛财富”、“配置资源”等功能，而企业则仅有配合与服从之义务，不具有真正的“纳税人”之主体资格。唯自 20 世纪 80 年代、90 年代以来，中国的经济改革事业最终选择以“社会主义市场经济”为目标，不仅国有企业、集体企业经由现代企业制度改造而具有独立自主之市场主体资格，私营企业、外资企业及作为私有财产所有者之公民亦相继得到宪法之确认，而各自成为重要的纳税人类型。在此种“宪法图景”中，作为基本权利主体的“纳税人形像”方逐渐形成。

当前，我国学者对于纳税人基本权利之概念内涵依然存在诸多理论分歧。譬如，甘功仁认为：“所谓纳税人基本权利，就是纳税人仅以遵从符合宪法的形式承担纳税义务的权利。它是保障纳税人在宪法规定的规范原则下征收和使用租税的实定宪法上的权利。”③ 此种观点虽然明确揭示了

---

① 黄俊杰：《纳税者权利保护》，台北，元照出版有限公司，2008，第 4～5 页。

② 所谓“税收国家”，我国台湾地区学者亦称之为“租税国家”，它是指主要以税收作为国家财政收入来源的国家。葛克昌教授认为：“租税国家与所有权者国家之区分，主要在于租税国家承认私有财产权，纳税义务人之经营基本权活动（如职业与营业自由）受宪法保护；国家对生产工具再无概括及全面之支配权；国民无公法上之服劳役义务；并肯认私法自治原则，以自行安排其社会及经济生活。”参见葛克昌：《国家学与国家法》，台北，月旦出版社股份有限公司，1996，第 178 页。

③ 甘功仁：《纳税人权利》，北京，中国广播电视出版社，2003，第 52 页。

纳税人基本权利之本质特征，却依然执着于纳税人缴纳税收的过程，忽略了纳税人尚有“经营自主权”等相对外在于税收征缴过程的“自由权”存在。朱孔武提出：“在宪法解释学意义上，纳税人基本权利实际上是其他宪法基本权利与纳税义务之间的平衡。”① 这一观点深刻揭示了纳税人基本权利与基本义务之间存在相互支持与限制的关系，却忽略了纳税人基本权利之相对独立而稳定的内涵。如前揭所言，“纳税人”乃是“财政国家”中之“公民”，其基本权利乃属于公民基本权利之构成部分，即“相对于国家征税权的基本权利”。毋宁说，纳税人之基本权利并非游离于公民基本权利之外的其他基本权利形态，它其实是公民以纳税人身份所享有的那一部分基本权利。

（二）纳税人之基本权利体系

基本权利之体系即以“类型化”方法所构造的基本权利之形态及其体系。正如张翔博士所言：“在宪法学上，将基本权利分为‘消极权利’与‘积极权利’的二分法也是基本权利最为重要的分类方法。消极权利是指要求国家不作为的权利，对应国家的消极义务，例如自由权；而积极权利则要求国家作出相应行为，对应国家的积极义务，例如社会权和参政权。”“但实际上，在当今的宪法理论与实践中，基本权利的分类却出现了相互叠加，基本权利的性质呈现出一种综合化，每一项基本权利所对应的国家义务也表现出一种复合化特征。”② 在现代宪法的理论图景中，“纳税人”乃作为向国家承担金钱给付义务的主体而存在，故而其基本权利主要体现为极富防御性的“自由权”，尤其是“经营自由权”与“财产权”。另一方面，因国家课税权亦不得侵害公民的生存权与发展权，故而传统上被归属于“受益权”的生存权、发展权等“社会权利”，亦由此而凸显出浓厚的“防御权”属性，成为纳税人基本权利体系中不可或缺的部分。当然，保障纳税人之实体权利实现的程序性权利，如纳税人之“正当程序保障权”、“请求救济权”等，均为当今时代纳税人基本权利体系中之不可或缺的内容。本书囿于篇幅所限，在此仅讨论几种最为重要的纳税人基本权利。

第一，纳税人之经营自主权、财产权等自由权。诚如葛克昌所言：“宪法规定财产权保障，此一规范具有法律之最高位阶性之拘束力，而同时为私法与税法之指导原理。国家财源因有税法规定，而有着落，此乃成

① 朱孔武：《纳税人权利话语之法理形构》，载《西南政法大学学报》，2006（3）。

② 张翔：《基本权利的规范建构》，北京，高等教育出版社，2008，第38页。

为所得与财产得以私有使用收益之前提条件。盖国家因有税收，不必建立庞大的国有财产或国有企业体系，亦即不必自行拥有得以使用收益之财产权。私法则实现并具体化宪法上财产权保障。”① 纳税人之自由权主要侧重于财产方面的权利，其不仅体现为可防御、限制国家征税权的“所有权”或“使用权”等“物权”，亦得体现为对抗政府恣意干预之“契约自由权”与“企业组织自由权”、“经营自由权”等。然则，在当今时代，公民之生命健康权与人身自由权、财产权等自由权利之保障，实际上均有赖于政府所提供之国防、公安等基本公共服务，此则需要公民以纳税人身份向国家缴纳相应之税收以敷公共支出之需要。为此，纳税人不得滥用私法上“意思自治”之自由权利以规避纳税之义务；故而纳税人之财产权、经营自由权等自由权利，须以赋予纳税人之纳税义务的税收法律及其所界定的“财政收入目的”为界限。

第二，纳税人之生存权、发展权等社会权。如前揭所言，生存权、发展权等社会权利之保障，一般均须以政府之积极给付为条件，故而通常被视为解读基本权利之具有“受益权”功能的范例。然则，纳税人之基本权利乃存在于公民向国家为积极给付的行为过程之中，故而似乎生存权、发展权难以作为纳税人基本权利之形态。实际上，纳税人之就其财产承担纳税之义务，须以具有税负能力为限，且国家之课税不得侵害其自由人格之发展。故而，此种传统上被视为“自由权”的财产权，由此而具有“生存权”、“发展权”等社会权之意义，其体现在具体税收法制实践上，即体现“量能平等课税原则”之部分内涵，譬如“所得税之税基应减除纳税人为维持自身及家庭生存之最低需求”②。自新中国成立以来，中国长期奉行工业化的“赶超战略”，传统上纳税人之生存权、发展权并未得到应有之尊重与保护，此中以农业税最为典型。新中国成立初期，国家工业极端落后，故而政府高度依赖农业税及工农产品的“价格剪刀差”（后者在计划经济体制下可以通过工业产品利润而转化为国家财政收入）。从统计资料上看，1959 年到 2004 年期间，农业税的税负总量一直处于不断增加的态势。譬如：1978 年实征农业税细粮 123.13 亿公斤，2003 年则增至细粮 5 181.7亿公斤，农业税占实产量的比率也由 1978 年的 4.4%增至 2003 年

---

① 葛克昌：《税法基本问题—财政宪法》，台北，月旦出版社股份有限公司，1996，第 24 页。

② 柯格锺：《论量能课税原则》，载《成大法学》，2007 (14)。

的 6.2%。[①] “农业税”乃是以农业用地的常年产量作为课税对象，并未对农药、肥料等生产成本作税前扣除；而且以家庭联产承包责任制为主要经营方式的农业生产主要以生产口粮为目的，实无所谓“利润”可言。故而，“农业税”既非现代意义上的“所得税”，亦不符合“营业税”、“增值税”等任何一种现代意义的税种之法理内涵，其严重侵害了农民的生存权与发展权，有悖于税收公平原则。直至 2005 年 12 月 29 日，十届全国人大常委会方通过了《关于废止〈中华人民共和国农业税条例〉的决定》（该决定于 2006 年 1 月 1 日施行），2006 年 2 月 17 日，《国务院令第 459 号》亦正式废止了《国务院关于对农业特产收入征收农业税的规定》（1994 年）、《屠宰税暂行条例》（1950 年）。这些立法行为从表面上看似乎仅为中国数十年现代化建设之后以“工业反哺农业”取代“农业支持工业”的政策调整之结果，就其立法理念而言则强化纳税人生存权保障之体现。此外，近年来，我国税收优惠制度由针对外资企业之“超国民待遇”的税率优惠转变为针对“小型微利企业”及“残疾人就业之企业”实施税收优惠，个人所得税征收的费用扣除额度亦不断提高，此亦为纳税人之生存权保障的宪法理念之重要体现。

第三，纳税人之请求救济权。“请求救济权”，即“权利救济权”，是指公民在受到权利侵害时向司法机关提请补救、恢复受损害权利并纠正、惩罚侵权行为的权利，主要包括诉讼权、接受司法裁判权、国家赔偿请求权等等，它既是一项重要的基本权利，亦为实现基本权利之防御权功能的重要途径。[②] 纳税人之“请求救济权”，在制度形式上包括“请求行政复议”与“请求行政审判”、“请求国家赔偿”的权利，在实质上还包括“请求公正审判的权利”等。如果税务机关违反法律课征税负，纳税人当然得提起行政复议或行政诉讼以为救济；但是如果财政预算的支出事项涉嫌违反宪法，纳税人是否有权提出质疑？通说认为，纳税人与政府财政开支之间没有直接的利害关系，其缴纳的税收进入国库之后即不再与纳税人个体单独发生联系，故而纳税人并不具备此种诉讼的当事人资格。以美国为例，1923 年的“弗洛辛海姆诉梅隆”案件中，原告质疑联邦财政支出之合宪性的诉讼主体资格即没有得到联邦最高法院的认可。[③] 但是，1968 年

---

① 参见中华人民共和国财政部主管：《中国财政年鉴（2008 年）》，北京，中国财政杂志社，2008，第 415～416 页。

② 参见张翔：《基本权利的规范建构》，北京，高等教育出版社，2008，第 51 页。

③ See 262. U. S. 447 (1923).

弗拉斯特等人起诉美国联邦政府的健康、教育与福利部部长科恩，认为《联邦教育法》（Federal Education Act of 1963）所设定的联邦教育支出项目为宗教学校提供资助，违反了美国宪法第一修正案禁止设立国教的条款，该条明确禁止联邦政府以财政支出方式资助宗教活动。联邦最高法院认为，在两个条件满足后纳税人可以对于联邦政府的财政支出事项提出质疑：其一，纳税人必须证明他与被诉的法律之间具有逻辑联系，而不能对以某项政府管理职权为依据的偶然支出事项提出质疑；其二，纳税人必须证明，他的利益属于宪法规范所保护的法益，亦即，受到质疑的法规违反了宪法对于征税和用钱权力的具体限制性规定，而不仅仅是超出了宪法第1条第8款对国会立法的授权范围。[①] 由此，美国的纳税人实际上已经可以针对某些财政支出事项行使“请求救济权”。从世界范围看，肯认此种公益诉讼类型乃是当今时代纳税人权利保护立法中的发展趋势之一。

第四，纳税人之平等权。通说认为，“平等权”不仅是一项重要的基本权利，对于其他基本权利亦具有综合性的手段意义。[②] 此种观点当然亦适用于作为纳税人基本权利的“平等权”，它不仅要求税务机关贯彻“税收法定原则”而在形式上平等对待所有纳税人，亦要求立法机关秉持公平理念实施税收立法，无正当理由不得对特定群体加以税法上的区别对待。故而纳税人之“平等权”亦包含了“税收中立性原则”与“社会权保障”等“实质法治”之内涵。当然，受传统国家发展模式之影响，此种“平等权”内涵之承认及实现亦面临诸多诘难。2005年8月12日，北京大学法学院巩献田教授发表的公开信《一部违背宪法和背离社会主义基本原则的〈物权法〉草案》，引发了中国法学界对于所谓“物权法草案”是“合宪”还是“违宪”的持久争议。这一争论似乎已经由2007年3月16日第十届全国人民代表大会通过《物权法》，“私有财产”与“公有财产”由此取得民法上平等保护的地位而宣告终结。但是，政府是否可以通过“公共融资”、“行政特许”或者“差别税率”等公法手段扶持国有企业发展或维持其垄断经营地位？如果此种公法手段不违反宪法上的平等原则，它又应该受到何种宪法规制？等等；这些事关纳税人之经营自由、平等竞争的“平等权”问题，可以说并未随着《物权法》的通过而消失。当然，2005年农业税的废除，以及2008年修改后的《企业所得税法》取消外资企业之

① See 392. U. S. 83 (1968).

② 参见胡锦光、韩大元：《中国宪法》，北京，法律出版社，2007，第221页。

“超国民待遇”，亦使我们可以依稀看出，纳税人平等权保护之理念或许逐渐正在走进中国的税收法制。

五、中国宪法上“纳税人形像”之法律续造

（一）纳税人基本权利的双重属性

基本权利具有“主观权利”与“客观法”之双重属性乃为德国宪法学上之通说。作为“主观权利”，基本权利具有“防御权”及“申请救济权”之功能；作为“客观法”，基本权利乃是作为“共同体整体秩序之要素”而存在。[①] 然则，依据中国宪法文本之规定，全国人大常委会拥有宪法监督权和宪法解释权、法律制定权，我国并不存在专门的违宪审查机关或宪法诉讼机构，囿于全国人大常委会的工作方式、工作时间等因素，基本权利条款实际上难以为纳税人作为主张权利之直接依据，故而其“主观权利”功能难以实现。是故，有学者认为：“纳税人权利”包含宪法和税法两个层次上的权利，前者不与具体的纳税行为相关，它反映的是公民和国家之间的关系，是纳税人履行纳税义务的制度依据和合法性保障，也是纳税人履行纳税义务的一个政策目标。[②] 此种观点虽然亦将基本权利作为纳税人权利体系之一部分，但是其仅仅着眼于纳税人基本权利之作为主观权利而存在保护机制上的不足，却忽略了其作为“客观法”存在的宪政价值，亦即：保护纳税人基本权利不仅是宪法“委托”给立法机关之不可推卸的职责，亦为中国税收法律体系的价值基础，自当可以为纳税人得向税务机关及人民法院主张权利之依据，而须为后者所尊重。

诚如陈新民所言：“‘倘吾人认为民主法治国家的宪法皆是为求国民福利，则‘宪法委托’即是满足这个理想的‘方向’，而立法者之立法，又是‘填充’这个‘理想’的不二方法，则借‘人民的参政权’运用，应是促使一个民主政治的立法达成‘宪法委托’的最佳方式。”[③] 中国纳税人基本权利之保障，当然需要立法机关积极承担起“贯彻落实”甚至“补充发展”宪法上基本权利条款之职责。故而，纳税人通过向全国人大及其常委会行使宪法申诉权寻求基本权利保护，或者诉诸公共舆论等政治途径促使立法机关履行职责，均属必要。当然，纳税人基本权利作为“客观法”，

---

① 参见〔德〕康拉德·黑塞著、李辉译：《联邦德国宪法纲要》，北京，商务印书馆，2007，第226～239页。

② 参见莫纪宏主编：《纳税人的权利》，北京，群众出版社，2006，第73页。

③ 陈新民：《宪法基本权利之基本理论》，台北，元照出版公司，1999，第92页。

其构成中国税收法律体系之价值基础与解释基准，税务机关与人民法院在适用税收法律法规时须予以精确把握，并通过合宪性解释等方式“贯通”税法上纳税人的基本权利与法律权利之联系，以最大限度地落实纳税人基本权利保护之宪法精神。[①] 此亦为中国纳税人基本权利保护之重要途径。

（二）中国纳税人基本权利之法律续造

纳税人基本权利之宪法保障包括两个方面，即：纳税人基本权利之立宪确认与纳税人基本权利的宪法实施保障，后者之实现又包括违宪审查机制与立法两种途径。如前揭所言，纳税人基本权利之立宪确认，并非需要宪法文本对于纳税人基本权利条款作出独立之规定；毋宁说，在中国等社会主义国家，以宪法制定和宪法修改为内容的“立宪活动”，其对于纳税人基本权利保障的主要意义，乃在于废止妨碍纳税人之市场主体、社会主体地位确立的“发展模式条款”与“政策性条款”等内容，为纳税人之具有公民基本权利主体地位清除宪法文本上的障碍。但是，中国纳税人基本权利之制度保障，或许将更多地依赖于立法续造与法律保障之路径。

陈新民认为：“基本权利的原则性及保障性特征，可以导出立法者对人权的保障义务。但此义务不限于只保障人民免受第三人对之而为之权利侵害。”“用法律来保障人权的功能，亦将以往颇受注目的基本权利‘制度性保障’之诠释，有所更张演进。”[②]“人民代表大会制”为中国宪法所规定的“根本政治制度”，保护公民基本权利乃是全国人大及其常委会之不可推卸的重要宪法职责，故而，在中国宪治语境中，纳税人基本权利之宪法保障，更多的是依靠全国人大及其常委会的立法行为。事实上，近些年来，因“社会福利国”等因素所引发之税收重负，以及世界贸易体制下税收制度竞争之刺激，纳税人权利保护立法已经在全球范围内蔚然成风。美国于1988年、1996年、1998年，加拿大于1985年、2002年分别、连续制定“纳税人权利法案”，新西兰在2000年制定“内地税宪章”，韩国于1996年在《国税基本法》之中列入“纳税者权利保护专章”，OECD亦曾提出《纳税人权利宪章》，欧洲世界纳税人协会于1996年通过了《纳税人宪法权利宣言》。我们今后的纳税人权利保护立法，可以借鉴世界其他国家如美、韩等国的立法经验，在《税收征收管理法》中加入“纳税人权利

① 参见周刚志：《论合宪性解释》，载《浙江社会科学》，2010（1）。

② 陈新民：《宪法基本权利之基本理论》，台北，元照出版公司，1999，第6页。

保护”专章，或者在即将制定的《行政程序法》中增加“税收稽征程序”，并在其中规定“纳税人权利保护”；又或者，我国亦可单独制定《纳税人权利保护法》，将纳税人基本权利之宪法条款转化为具体法律予以保护。如此，则中国纳税人基本权利之宪法保障可望收到良好实效。

第二节　中国公民基本权利之均等保护

1776年，美国政治家杰斐逊在《独立宣言》中宣称：“我们相信这是一个不证自明的公理——人生而平等……”几百年来，人类反对特权、反对歧视的斗争从未停止。然而，现代宪法虽然确认了所有公民在人格权利上的平等地位，却始终无法根除公民之间在权利享有上的事实不平等。其中，由人为所致的“不合理之区别对待”（譬如以“种族”、“民族”、“性别”等因素作为区别对待的标准）即构成“歧视”，乃宪法上平等权条款所针对之案型。即使是由先天的社会历史因素（譬如“家庭”、“智力”、“经济发展水平”等因素）所造成的人际区别，当代各国政府基于人权保障之考量，通常亦有义务对弱者予以特别照顾，以消除或者减少此种“区别”所导致的现实影响。遗憾的是，在基本权利保障之理念已经成为全球共识的今天，人们仍然有意无意地忽略了不同层级的政府在基本权利保护上的角色分工及宪政定位。其实，由于一国之内各个政府之间的财政能力存在巨大差异，不同区域内基本权利之均等保护问题依然是宪政实践中无法绕开的“卡夫丁峡谷”，中国等区域经济严重失衡的发展中国家更是如此。

一、域外经验：为何需要基本权利之均等保护？

（一）基本权利保护与基本权利之均等保护

正如德国学者康拉德·黑塞所言：“只有当基本权进入了宪法构建出来的民主和法治国家的整体秩序中，并成为了这一整体秩序的核心内容，而不是作为一种所谓的‘天赋’地位时，个人由基本权所保障的法律地位，才能赢得其形态样貌与成为现实。”① 尽管启蒙学者与近代欧美资产

① 〔德〕康拉德·黑塞著、李辉译：《联邦德国宪法纲要》，北京，商务印书馆，2007，第231页。

阶级革命者在主张权利时均诉诸“自然权利”或者“天赋权利”，基本权利的实现在宪政实践中却不能简单地诉诸于内生于社会的自发保护机制。近现代血泪斑斑的人权发展史说明，基本权利的实现深深依赖于一种富有实效的保护机制，人们在探讨这一问题时通常将其归结为“司法审查”。美国联邦最高法院与德国宪法法院所演绎的基本权利保护故事，更是使得学者们往往忘情于司宪裁判的白纸黑字之间，忽略了每一纸裁判文书的背后尚需立法与行政部门付出巨大的努力。事实上，基本权利不仅仅需要司法保护，它在实践中更加依赖于富有主动性、积极性的行政部门之执行机制。以美国为例，联邦最高法院在 1954 年“布朗诉教育委员会案件”中推翻了“隔离但是平等”的原则，认定种族隔离侵犯了平等权利条款。但是种族隔离行为并未在公立学校等场所销声匿迹，它因为南部某些州的州政府及地方政府对联邦法院判决的敌视而被顽固地坚持下来。在黑人进入州立大学的问题上，1963 年亚拉巴马州州长乔治·沃利斯与联邦政府之间发生了激烈的冲突，甚至直接影响到联邦司法机构的权威——“因为司法分支自已没有执法的力量，行政分支如果不能成功地执法，司法分支权威顿失，整个制度就从根本上动摇了。”① 这一案件最终以肯尼迪总统向亚拉巴马州民兵部队下达执行令、沃利斯州长被迫退让而圆满结束，但为黑人争取平等权利的斗争却并未终结。1964 年美国国会通过民权法之后，“平等进入公共设施的权利”、“以非歧视方式使用联邦资金的权利”、“不论种族性别平等就业的权利”被立法所保护。在此后的十年里，许多州和地方也陆续制定了禁止在公共设施、住房、就业和其他领域搞种族歧视的法律；美国法学家伯纳德·施瓦茨据此指出：“越来越多地使用行政手段禁止种族歧视和其他歧视的公共政策，已经成为本世纪（指 20 世纪，作者注）下半叶公法方面最重要的发展……新立法的目的是解决各种人类和社会问题。行政机构将成为达到作为美国政府最终道德义务的种族平等目标的法律工具。”② 对于“布朗案件”的现实影响，美国政治科学家杰罗德·罗森伯格曾经在回顾了南方有关学校种族隔离的统计数字之后得出结论：从 1954 年到 1964 年的十年中，实际上一切依然如故；真正的变革始于 1964 年一些政治派别卷入了消除种族隔离的斗争，且国会通过了民权

① 林达：《我也有一个梦想》（第二版），北京，生活·读书、新知三联书店，2006，第 326 页。

② 〔美〕伯纳德·施瓦茨著、王军译：《美国法律史》，北京，中国政法大学出版社，1990，第 271～272 页。

法案，后者试图取消实行种族隔离的学校从联邦政府拨款中受益的可能性。[①] 可见，在域外宪政史上，平等权等基本权利条款的演进虽然大都以司宪机构的某一裁决作为显著标志，但其实施却往往需要众多行政机构、尤其是地方政府机构的配合。尤其是因为信息成本与制度执行成本的存在，地方政府在基本权利保护上也扮演了关键性的角色。[②] 桑斯坦等人曾经深刻地指出："由于对个人权利的保护总是以权力关系的创造和维持为先决条件，所以对个人权利的保护从来不是免费的……权利的执行者必须有能力告诉潜在的权利侵犯者做什么和不做什么。权力的滥用只能通过另一种权力成功地防止，人身保护令的历史证明了这一理论的正确性。""显而易见，权利依赖于政府，这必然带来一个逻辑上的后果：权利需要钱，没有公共资助和公共支持，权利就不能获得保护和实施。"[③] 权利的保护需要政府，由此也需要公共资金，政府的财政能力既然是限制其职能行使的重要因素，财政资源的附条件转移机制则可以被用来诱导地方政府及其他公共机构的行为倾向，并促使其落实宪法上基本权利保护之规定——这一规则使得公共财政制度，特别是财政资源在各级政府的配置与转移机制中，成为基本权利保护制度之不可忽略的重要"基石"。

正如葛克昌所言："一国之内之国民，宜有相同之政府服务水准，与相差不多之生活水准，以免造成区域不均衡、资源配置之浪费与过度集中，致有害国家之安定与发展；至于现存之区域差距，国家亦有义务，逐步减少其差距。"[④] 此所言的"相同之政府服务水准"问题，其意义近于我国政府近年来所提出的"均等化之基本公共服务"。譬如：中国共产党

---

① 转引自〔美〕保罗·布莱斯特等著、陆符嘉等译：《宪法决策的过程：案例与材料》，北京，中国政法大学出版社，2002，第733页。

② 经济学上的分权学说强调财政分权对于提高诸如教育、医疗等公共产品及公共服务效率的价值。哈耶克讨论了社会知识的用处，提出地方政府在了解地方信息上具有优势，这样它们在提供公共产品及服务上会优越于中央政府。蒂伯特则从管辖权竞争的视角，认为政府之间的竞争可以创造出一种公共产品及服务的优化机制，以适应消费者（地方民众）的偏好。根据这些原理，马斯格雷夫和奥茨建立了财政联邦主义理论，强调在不同层级的政府之间配置合适的税种与支出以提高整体福利。See Hehui Jin，Yingyi Qian，Barry R. Weingast：Regional Decentralization and Fiscal Incentives：Federalism，Chinese Style. "Fiscal Federalism in Transition Economies"，the American Economic Association Meeting，Chicago，January 3，1998.

③ 〔美〕史蒂芬·霍尔姆斯、凯斯·R·桑斯坦著：《权利的成本——为什么自由依赖于税》，北京，北京大学出版社，2004，第53页、第3页。

④ 葛克昌：《税法基本问题——财政宪法篇》，台北，元照出版有限公司，2005，第242页。

十六届六中全会《中共中央关于构建社会主义和谐社会若干重大问题的决定》将教育、卫生、文化、就业再就业服务、社会保障、生态环境、公共基础设施、社会治安等均列为“基本公共服务”。有学者将基本公共服务体系概括为“底线生存服务”、“公众发展服务”、“基本环境服务”与“基本安全服务”四项内容。[①] 亦有人认为：“基本公共服务应该是指能够充分体现关注民生、改善民生和以人为本的、体现人的基本权利，以政府提供为主导的公共服务。”[②] 可见，在法理内涵上，“基本公共服务均等化”大致相当于“基本权利之均等保护”，即：在经济发展水平各不相同的各个区域内，国家应该保障公民的基本权利都能够得到切实的保护。基本权利的不同具体形态之间在“价值秩序”或者“价值位序”上可能会有所区别，但是一国之内不同地区的人民之间，不宜因地方政府财政能力之差异而使基本权利的政府保护具有太大之差异——这不仅是国家统一、安宁的基础，而且是社会公平正义之所在，它实际上还维系着一国的政治向心力与民族凝聚力。

（二）财政平衡制度与基本权利之均等保护

基本权利之均等保护的问题，从表面上看似乎与宪法上的“平等权”具有内在的紧密联系，或者说，它往往由宪法上的平等权所延伸出来。[③] 关于“宪法平等权”，德国宪法上包括“形式意义上的法律平等”与“实质意义上的法律平等”双重内涵，前者是指“法律面前人人平等”，后者意味着“相同事物应同样对待”。至于“什么样的事实情形是属于相同的情形并因此不允许区别对待”，则“没有一个永远正确的固定答案”[④]。在美国，联邦宪法第 14 条修正案规定：“任何一州，都不得制定或实施拒绝给予其管辖下的任何人以平等保护的法律。”该条款成为法院审查不合理的法律分类之宪法依据，联邦最高法院由此形成了三种不同的标准：在大多数社会经济案件中，最高法院使用一种传统的“合理性”标准，

① 参见陈海威、田侃：《我国基本公共服务均等化问题研究》，载《中州学刊》，2007 (3)。

② 大连市财政局基本公共服务均等化研究课题组：《基本公共服务均等化与财政责任》，载《财会研究》，2008 (13)。

③ 因平等权也涉及其他基本权利的保护问题，故而我国宪法学者有人认为它是一项基本权利，也有人认为它是一项宪法原则，通说认为平等权既有综合权利体系的性质，又有宪法指导原则的性质，权利性和原则性是其重要特征。参见韩大元、胡锦光主编：《宪法教学参考书》，北京，中国人民大学出版社，2003，第 320 页。

④ 〔德〕康拉德·黑塞著、李辉译：《联邦德国宪法纲要》，北京，商务印书馆，2007，第 336～337 页。

即：如果分类与许可的政府目的关系合理，就达到了平等保护的要求。但是当一项法律故意利用一种“可疑的分类”或某种分类严重干扰某项“基本权利”的行使时，就实行严格审查标准；这就要求政府证明，这种分类是政府切身利益所必需的；必须证明找不到别的不那么苛刻的替代办法。在伯格法院时代形成了第三种方法即“中级的”审查标准，它大多用于性别和非婚生案件，要求分类必须与一种重要的政府利益具有实质性的联系。[1] 总之，在域外宪政实践中，宪法上的平等权条款主要针对“种族歧视”、“性别歧视”、“民族歧视”等现象，却很少涉及不同区域的地方政府由于财政能力问题而引发所谓“区域歧视”或者“区域平等”之争议。

但是，基本权利不仅仅是一种“主观权利”，也作为“客观秩序之要素”而存在——“在现代社会国家的发展中，当现实的自由更多要取决于国家是否创造与保障了该项自由所需要的前提条件时，那么由于现代社会国家的发展，这样的一种变更解释便已有了契机。”“基本权作为共同体整体秩序的要素——个人的地位借由这些要素得以被设置、限制并得以保护——的客观法意义，与基本权作为主观权利——由于其更新现时化而需要被保障——的意义之间互相协调一致，但只有当它作为主观权利更新现时化成为有生命力的现实之后，其作为客观法的意义才能得以实现。”[2] 换而言之，尽管传统的宪法平等权很少将“区域平等”内涵涵括其内，但是经由宪法文本内的财政平衡等条款之转化，不同区域内的居民之享有基本权利的均等保护，当可成为现代国家之基本权利保护的新型内涵。对此，我国台湾地区学者陈慈阳曾经总结道：“不同于传统自由权在毫无花费下即能予以保障的是基本权之给付作用，特别是基于社会国原则为社会经济正义所为精神上与物质上的给付时，一定涉及实质上国家给付能力，亦即财政收支问题，甚至完全取决于国家经济上之给付能力……但就国家保护义务而言，则有学者认为部分领域应被视为独立于财政经济支付能力问题之外，亦即就此基本权之给付作用不受影响，其理由为‘对抗国家之妨害与侵害是宪法上严格的要求，因此国家为达此目的所为的给付行为不应完全取决于经济上之偶然性’。至于请求客体自然的不足够

① 参见〔美〕杰罗姆·巴伦、托马斯·迪恩斯著、刘瑞祥等译：《美国宪法概论》，北京，中国社会科学出版社，1995，第138～139页。

② 〔德〕康拉德·黑塞著、李辉译：《联邦德国宪法纲要》，北京，商务印书馆，2007，第236页，第239页。

当然为所有社会权的事实上限制。另一方面亦有学者主张此种基本权之给付作用不同于消极基本权的防卫作用在于实际上国家所能支配资源的现实性，而应将此之具体化与实践可能性交由立法者为之。”[①] 可见，这些宪法学者业已充分意识到政府财政支付能力对于自由权、尤其是对社会权实现的制约作用，亦有部分学者因此而对基本权利之均等保护持质疑之态度。

依据德国学者 Isesee 等人的观点，基本权赋予国家给付作用之范围，应以所谓“可计划性”与“可为性”作为标准。但是，这些标准又将会使基本权之积极给付作用因“适当”、“足够”等概念的适用而降低其作为法规范的拘束效力。“在此两难的状态下，德国联邦宪法法院亦不得不认为如果理性社会所期待的（给付）程度已超越仅为有限可支配的国家措施与手段的能力时，即使在传统基本权防卫作用上，亦不再要求为避免基本权限制之行为。”[②] 但是，为了确保“理性社会所期待的给付程度”不因地方政府财政支付能力之不同而受到严重影响，以致基本权利之保护徒为“画饼”，《联邦德国基本法》第 107 条明确规定，联邦法律应维持州及地方政府财政能力的合理均衡。据此，1952 年汉堡州与巴登—符腾堡州向宪法法院诉称联邦法律所课加的财政均衡资金侵犯了各州的预算独立规则，被宪法法院驳回；而 1986 年，数州在宪法法院挑战联邦的税收分配法律，因为该法分配企业和工资所得税并调节它们在各州的分配比例，宪法法院判决联邦法律未能适当地考虑地方政府的财政能力，违反了《基本法》规定的横向平衡要求，要求联邦议会在 1988 年财政年度之前修改各州税收分配的基础。[③] 这些案件说明，基本权利之均等保护虽然主要是与政府间财政分权及平衡条款、尤其是财政平衡条款发生直接关联，但是它在客观上促进了不同区域间公民基本权利得到均等保护的效果，因而正在逐渐融入传统的基本权利体系之中。换而言之，经由宪法文本内的财政平衡等条款之转化，“基本权利之均等保护”当可成为现代国家之基本权利保护的新型内涵。

---

① 陈慈阳：《基本权核心理论之实证化及其难题》，台北，翰芦图书出版有限公司，2007，第 81～83 页。

② 陈慈阳：《基本权核心理论之实证化及其难题》，台北，翰芦图书出版有限公司，2007，第 84 页。

③ 参见张千帆：《西方宪政体系（下册·欧洲宪法）》，北京，中国政法大学出版社，2001，第 205～217 页。

二、制度安排：如何实现基本权利之均等保护?

（一）财政困境与财政危机：基本权利之均等保护制度的主要障碍

基本权利之“均等保护”并非基本权利之“单一保护”。在一个幅员辽阔、人民众多的大国，除了中央政府向全体国民提供如国防、外交等统一的公共服务，以统一保护人民的生命、财产等自由权利不受外国侵犯之外，不同地域的居民对于地方性的公共服务拥有不同的偏好，这样就使不同层级的政府设置成为必要。马斯格雷夫指出：“受益归宿的空间范围是我们在公共产品讨论中已提及的关键特征……适用于公共部门的配置理论以使我们得出这样的结论，即必须提供公共服务，而且应该根据受益区域居民的偏好分摊公共服务成本。而且，如果需要采用政治程序来确保偏好的体现，那就意味着，特定的服务须由这一地区的居民投票并由他们支付费用。换句话说，受益范围是全国性的服务（如国防）应当由国家提供，带有地方受益的服务（如路灯）则应以区域为基础来提供。因此，考虑到公共产品在空间上的特点，就须优先考虑各辖区的情况。每一辖区应当在其管辖范围内提供服务，并使这些服务受益不断增长，而且只应运用会使这些服务成本内在化的财政来源。因此，受益范围在空间上受到限制的特点就要求财政结构由多级行政单位所组成。”[①] 葛克昌亦指出：“如以民主原则而言，以人性尊严与个人基本价值为中心之民主理念，要求越与人民邻近事务，应尽可能由其自我实现、为自我决定……地方自治乃源于宪法上人性尊严与个人人格发展之基本价值，而国家仅具工具性价值。个人为发展自己人格，就自己居住区域，有权参与与自己关系密切之公共事务，并就其自我决定，自负其责。”[②] 可见，基本权利之保护并非单纯属于一国中央政府之宪法义务；相反，为提高基本权利保护之实效，并贯彻人性尊严及人格自主发展之宪政理念，应由地方政府、尤其是最贴近人民的基层政府，承担起基本权利保护的宪法职责。然而，在实行市场经济体制的国家之内，地方政府实际上处于相互竞争的地位，往往不能采取强有力的财税措施以应对基本权利保护所引起的巨大资金压力，因而日益陷入财政困境。以美国为例，自 20 世纪初以后，特别是自“罗斯福新政”以后，

---

① 〔美〕理查德·A·马斯格雷夫、佩吉·B. 马斯格雷夫著、邓子基、邓力平译校：《财政理论与实践》，北京，中国财政经济出版社，2003，第 472 页。

② 葛克昌：《税法基本问题——财政宪法篇》，台北，元照出版有限公司，2005，第 227 页，第 228 页。

美国联邦权力不断扩张、甚至在传统的州权领域“长驱直入”，而没有受到联邦最高法院的严格约束；另一方面，则是各州政府与各地方政府处于经济竞争的地位，不愿意向雇主征税以缓解社会保障所引起的巨大资金压力——“这样的政策可能导致雇主流向姐妹州，并也可能吸引其他州的失业工人，导致这个州成为失业福利的‘磁体’。”①

事实上，在现代民主法治国家，政府陷入财政困境、甚至财政危机、进而转化为经济危机、宪政危机，乃是一个普遍现象——“租税国危机系由两方面危机所造成：支出的暴增与收入的停滞不前。支出的暴增源于国家职权过度扩张，在代议多元化民主政治发展下，人民向国家要求给付者日增，政党及利益团体从而推波助澜，给付国家不得不普遍面临财政赤字。至于收入之停滞不前，一方面由于主要收入来源受经济及政治条件限制，无法扩充；租税改革因既得利益难以放弃而效果不彰；另一方面由于财税政策引入许多非财政收入目标，加深了税收之短缺；地方税之立法权，仍操之于中央，地方自治事务扩充无法与其财政责任相结合，中央政府倡议地方税减免作为政策工具，更造成地方税收短缺。”② 现代国家普遍呈现的“财政困境”甚至“财政危机”迫使我们不得不认真对待以下问题：(1) 对每种权利，我们想要花费多少钱？(2) 假定资源用于保护一种权利就不能再用于保护其他权利，那么如何最佳地配置权利？③ (3) 如果地方政府承担了保护基本权利的宪法职责，而它们在现代市场经济条件下又无法摆脱财政困境的“宿命”，那么我们应该通过何种制度设置解决这一问题？显然，这些问题可以帮助我们摆脱单纯的司法裁量视域，而从一种更加富有实用性、建设性的理论视角探讨基本权利的保护问题。

(二) 财政控权与财政均权：基本权利之均等保护制度的重要基石

对于基本权利保护实践中所面临的公共财政问题，理论界所提出的方案有二：其一是“财政控权”。这种理论方案以布坎南的“宪政经济学”理论为典范。其核心思想在于，现有政府财政收入手段使政府的财政预算金额往往超过了公共服务所需要的资金，甚至货币的印制也通常被政府用

① 〔美〕保罗·布莱斯特、桑福·列文森、杰克·巴尔金、阿基尔·阿玛编著、范亚峰等译：《美国宪法决策的过程：案例与材料》，北京，中国政法大学出版社，2002，第460页。

② 葛克昌：《税法基本问题——财政宪法篇》，台北，元照出版有限公司，2005，第250页。

③ 参见〔美〕史蒂芬·霍尔姆斯、凯斯·R·桑斯坦著：《权利的成本——为什么自由依赖于税》，北京，北京大学出版社，2004，第171页。

作提高财政收入的手段。所以，布坎南提出的方案就是真正从宪政主义的角度出发进行税制改革，以约束政府取得财政收入的权力。① 虽然布坎南声称要摆脱意识形态的影响，但是他的财政立宪主义控权理念仍然具有非常强烈的倾向性，即以"自由权利"，尤其是"财产权利"作为基本权利保护的首要价值目标。实际上，对于中国等发展中国家而言，尽管财政资金的使用中确实存在不必要的浪费，但就其整体而言保护基本权利的公共资金仍然存在不足。其二是"财政分权"。这种理论方案以奥茨等人的财政联邦主义理论为典范。奥茨认为，财政分权的基本定理在于：由于集权化的公共服务不能有效地节约成本，由不同层级的政府提供公共服务总是比一个单一政府提供公共服务要更加符合"帕累托效率"，因为集权化的公共服务使所有地区的公共服务单一化成为必然（这样必然无法满足不同区域人们的公共产品偏好）。因此，"信息因素"与"政治条件因素"阻碍了中央计划有效供给地方公共产品及公共服务之制度模式的产生。② 总之，尽管财政控权理论主要是着眼于自由权、尤其是财产权的保障，但是由财政控权而节省的公共资金在客观上有助于基本权利之保护；至于财政分权方案，它可以厘清各级政府在基本权利保护上的职责分工，并有助于公共资金使用效率的提高，但客观上会造成地方政府之间的竞争而迫使地方政府降低财税收入，无益于地方财政困境的解决。因此，这两种理论方案还不能彻底解决基本权利之均等保护的问题。

基本权利之均等保护，除了有效的"财政控权"机制与"财政分权"机制两个条件之外，还需构建有效的财政平衡机制。以德国为例，德国联邦政府在平衡各州财政收入方面负有重要的宪法职责。《联邦德国基本法》第 104 条第 4 款规定："为避免打乱综合经济的平衡状态，补足联邦境内经济力量的差距或促进经济增长而必须投资时，联邦可以批准对各州进行财政援助，以便各州或镇或联合乡进行特别重要的投资。细则，特别是有关提供投资的种类的细则，由需经联邦参议院同意的联邦立法作出规定，或由根据联邦预算作出的行政安排规定。"本款之设定，旨在平衡联邦德国境内的经济发展水平。关于政府之间的财政平衡，《联邦德国基本法》第 107 条第 2 款明确规定："联邦立法保证财政上强的和财政上弱的州之

① See Geoffrey Brennan，James M. Buchanan：THE POWER TO TAX Analytical foundations of a fiscal constitution，Cambridge University Press，1980，pp. 48，109，187.

② See Mark Baimbridge，Philip Whyman：Fiscal Federalism and European Economic Integration，Routledge，2004，pp. 13-39.

间有合理的平衡，同时考虑各镇和联合乡的财政能力和财政需要。这种立法规定，应该获得平衡费的州提出平衡申请的条件和应付出平衡费的州担负平衡责任的条件，以及决定平衡费数额的标准。这种立法还可以规定联邦从联邦基金中拨款给财政上弱的州以便补偿支付它们的一般财政需要。”可见，为了保证基本经济生活水平的均等性，德国各州之间、州内各市镇之间需要进行财政平衡。在当代德国，州际财政平衡主要通过三种途径：其一，增值税收入的预先平衡。德国的增值税虽然属于联邦与州的共享税，但是其分配比例一年一定，主要取决于联邦与州收支项目变动的理由。在州的增值税总额确定之后，将其75％的金额按照各个州的居民人口进行分配，余下的25％则用于州际财政平衡，人均税力低于92％的州可以得到增值税平衡补助。其二，州际财力横向平衡。凡属州财力与州财力需求的比例大于1的各州，有义务提供财政平衡款项；凡属州财力与州财力需求的比例小于1的各州，有权利得到财政平衡补助款项；这种州际横向补助资金通过联邦结算中心在州之间直接划拨。1995年东部各州（原民主德国的各州）加入全国平衡体制之后，州际横向平衡资金总额均在57.24亿欧元以上，最高年份达到82亿多欧元。其三，联邦补充补助，即联邦对贫困州的补助拨款，旨在对州际平衡之后仍然存在的差别进行补助，其限额为差别的90％；2002年以后联邦补充补助主要包括差额补助拨款、政策实行特别需求拨款等等。德国统一之后，由于原民主德国与联邦德国在经济水平上的巨大差异，东部各州占州平衡财政输入的78.9％，给原西部各州带来沉重的负担。对此，德国有学者对财政平衡制度提出了强烈的质疑，认为其背离了财政的联邦自治原则，应该予以改革。[①] 诚然，德国的财政平衡制度有助于州际之间基本公共服务供给水平的一致性，因而值得中国借鉴。当然，对于中国这样一个幅员辽阔、区域经济水平差距极大的国家而言，以经济生活水平的一致性为追求目标，可能会给中央财政与发达地区财政造成过大的财政压力，因而德国的做法不值得全然仿效。

三、路径选择：中国公民基本权利之均等保护

相对于西方诸国而言，中国宪政实践中基本权利之平等保护的主要症

---

① 参见朱秋霞编著：《德国财政制度》，北京，中国财政经济出版社，2005，第197～211页。

结，并不像欧美诸国那样存在严重的“种族歧视”、“性别歧视”等问题，而是由于区域经济发展不平衡而衍生出“三农问题”、“不同区域间公共服务严重失衡”等问题，因而导致城乡之间、不同区域之间呈现公民基本权利保护的极度不均衡现象。伴随着中国改革开放的逐渐深入与社会经济的飞速发展，基本权利的非均衡保护格局之长期存在，因其助长特定区域“特权”地位之形成，妨害人民迁徙自由权之行使，可能会愈发背离社会主义制度的公平正义理念。故而，胡锦涛在党的十七大报告中提出：“围绕推进基本公共服务均等化和主体功能区建设，完善公共财政体系。深化预算制度改革，强化预算管理和监督，健全中央和地方财力与事权相匹配的体制，加快形成统一规范透明的财政转移支付制度，提高一般性转移支付规模和比例，加大公共服务领域投入。完善省以下财政体制，增强基层政府提供公共服务能力。”中国宪法上基本权利之保护，不仅需要以全国人大常委会的释宪及立法机制为依托，甚至以域外较为成熟的宪法安排为借鉴，从立宪、行宪、护宪等诸环节落实宪法上“尊重与保障人权”的崇高理念，还尤其需要以中国社会的特殊国情为基础，逐步转变以往过分强调经济发展速度的国家理念，从基本权利之均等保护的视角推进中国公共财政体制之建设，为基本权利之保护奠立切实有效的实施机制。

（一）中国公民基本权利保护失衡的主要原因

第一，城乡之间、区域之间经济发展不平衡，导致了政府之间财政能力的严重失衡，削弱了不发达地区政府保护基本权利的能力。毛泽东同志曾经提出：“财政政策的好坏固然足以影响经济，但是决定财政的却是经济。未有经济无基础而可以解决财政困难的，未有经济不发展而可以使财政充裕的。”[①] 我国的地方政府之中债务状况日趋恶化的主要集中在经济不发达地区的基层政府（主要是县乡两级政府），就其经济原因而论，乃是这些地区的经济发展相对滞后、政府财政收入缺乏相应的财源所致。我国的农村地区与城市地区所不同者，除了面积广袤、人口分散之外，另一个显著的特点就是产业基础不同，农村主要以第一产业即农业为主，而城市则以第二产业和第三产业较为发达。农村地区面积广袤而且人口分散，则不利于产业集群的形成，也不利于工商业的发展；农业长期徘徊在“精

---

① 毛泽东：《抗日时期的经济问题和财政问题》，载《毛泽东选集》（第3卷），北京，人民出版社，1991，第891页。

耕细作"的"小生产"状态，难以实现农业的机械化、现代化、集约化之规模经营。以口粮生产为目的、几无生产利润可言的"小农经济"严重地制约了农村地区政府的财政收入，因而也极大地限制了其保护基本权利、尤其是"生存权"等受益权的能力。然则，伴随着中国工业化的迅速推进，中国未来是否可以向西方国家那样顺利实现由传统社会向现代社会的转型，从而为基本权利的政府保护提供坚实的财政基础？著名学者黄宗智提出的"过密型增长"与"过密型商品化"理论为我们提供了一个不太乐观的前景——受耕地面积的限制，农村地区"家庭年收入的增长，不是来自单位工作日报酬的增加，而是来自家庭劳动力更充分的利用，诸如妇女、儿童、老人的劳动力，以及成年男子闲暇时间的劳动力。这就是'无发展的增长'，或者说'过密型增长'。新中国成立后，这种类型的增长，以更大的规模在更集中的时期内重现。""过密化必须区别于现代经济发展，因为它不会把农村引向结构性质变。"[①] 诚然！我国农村地区人口众多，在国家工业化的过程中难以被城市所吸纳，因而农业生产主要以保障农民的生存为目的，难以实行现代化、商品化与集约化的规模生产，这确实是制约农村经济发展的重要因素，也是制约农村地区基层政府财政收入有效增加的主要原因之一。此外，我国东西部地区经济发展也很不平衡。以 2005 年为例，东部地区的总财力为 10 939.4 亿元，而西部地区却仅有 5 057.9 亿元，不及东部地区的一半。就具体省区而言，2005 年财力最强的广东省拥有 1 705 亿元的雄厚资金，而宁夏回族自治区仅有 119.3 亿元，青海省仅为 125.6 亿元，面积广袤的新疆维吾尔自治区也仅有 418 亿元。就人均财力而言，2005 年东部人均财力 2 597 元，中部 1 118 元，西部1 282元，中、西部人均财力分别为东部的 43%和 49.3%。[②] 2013 年广东省地方公共财政预算收入 7 075.54 亿元去年，卖地收入超 3 000 亿元，收入总量连续 23 年位居全国各省（市、区）首位[③]；而西藏自治区的地

① 黄宗智先生指出，"增长"系指生产总量在任何一种情况下的扩展，"发展"则是指基于单位劳动生产率提高的增长，而"过密"则是伴随着单位劳动生产率降低的生产增长。参见〔美〕黄宗智：《长江三角洲小农家庭与乡村发展》，北京，中华书局，2000，第 77 页，第 12 页，第 223 页。

② 参见李萍主编：《中国政府间财政关系图解》，北京，中国财政经济出版社，2006，第 145～146 页，第 166 页。

③ 参见林霞虹、卢文洁：《广东财政收入 23 年全国第一》，载《广州日报》，2014－01－17。

方公共财政预算收入仅有 64.1329 亿元[①]，其间悬殊之大显而易见。省区之间的经济发展水平尚且如此，县乡之间的经济水平差异就更为悬殊。受到经济发展水平及财政转移支付制度的影响，各省区之间的人均公共支出金额相比悬殊。“人力资本投资是决定长期成长的重要因素，文教卫生与科学支出可视为公共部门对人力资本之投资。”譬如：1996 年上海市人均文教卫支出为 417 元，而内蒙古仅有 40 元。[②] 以上现象说明，即使建立了有效的财政控权与财政分权机制，我国不同区域之间、尤其是城乡之间人民基本权利之非均衡保护的格局仍然不会有根本性的转变。

第二，自新中国成立之初确立的“赶超型”经济发展战略，加剧了政府之间财政能力的失衡，更加削弱了不发达地区、尤其是农村地区基层政府保护基本权利的能力。所谓“赶超”战略，是指一种“不顾资源的约束而推行超越发展阶段的重工业优先发展战略”，之所以称其为“赶超”，“是相对于这种战略所确定的产业目标，与资源禀赋所要求的产业结构之间存在着巨大的差异而言的。在一个开放的竞争性市场经济中，一个资本有机构成结构和资源禀赋结构相距甚远的产业，在市场竞争中是无法获得社会可接受的利润水平的，甚或发生大量的亏损，因而是没有自生能力的。以发展没有自生能力的产业为目标的战略就是赶超战略。”“赶超”战略的政策工具有“低利率政策”、“低汇率政策”、“低工资和能源、原材料低价政策”及“低农产品和其他生活必需品及服务价格政策”[③]。从历史上看，“赶超”战略的政策工具还包括长期执行的农业税、低社会保障等公共消费性投入、高经济投资等生产性投入等。譬如，我国在农业税废止之前，每年从农民手里拿走的钱为 1 200 亿元甚至更多：300 亿国家税收，600 亿乡镇和村收费，300 亿以上的非法收费。[④] 与此同时，迫于财政收入不足等原因，我国政府对农村地区的财政投入、尤其是在社会保障等方面的财政投入却一直不足，此种“劫贫济富”的财政政策导致了城乡居民之间在基本权利保障上差别悬殊。我国实行改革开放以后，“赶超型”经

---

① 参见中商情报网讯：《2013 年西藏自治区财政预算执行情况》，网址：http://www.askci.com/news/201402/25/16473732.shtml，访问时间：2014-04-10。

② 参见邹继础：《中国财政制度改革之探索》，北京，社会科学文献出版社，2003，第 103～105 页。

③ 林毅夫、蔡昉、李周：《中国的奇迹：发展战略与经济改革》，上海，上海三联书店，1999，第 38 页。

④ 参见吴敬琏、江平主编：《洪范评论》，北京，中国政法大学出版社，2006，第 33 页。

济发展战略并未根本转变[①]，但是地方政府在转型时期被迫承担了越来越多的社会公共职能。根据我国学者的相关统计，1999 年我国社会保障支出占财政支出的 2.85%，2000 年上升到 3.66%，2001 年进一步上升到 5.18%。[②] 不过，2012 年国家“财政社会保障和就业支出”已达 12 585.52亿元，接近国家财政总支出的 10%。在“财政社会保障和就业支出”项目中，2012 年地方政支出金额为11 999.85亿元，占该项目支出的 95%以上。[③]

（二）中国公民基本权利均等保护的路径选择

苏永钦指出：“传统宪法释义学在宪法规范的体系化上，是把宪法作区块的切割，主要是人权和政府体制，基本国策则放在可有可无的第三块。人权区块内部的体系又是以各个人权作基础，因此和基本国策区块以社会领域作基础不同，不重视区块之间的紧张关系。即使人权的解释已经注意到要和规范的社会事实作循环的理解，也注意到同一权利在不同领域可有不同的理解，但除了少数例外，很少尝试以社会领域为基础，做横切面区块整合，乃至做‘领域规范’与‘领域’的互动。”[④] 我国学者近年来对于基本权利的研究，亦主要是侧重于引入域外较为成熟的宪法释义学原理，间或针对国内发生的案例进行理论上的评析；又由于中外违宪审查制度的重大差别，学者们多执著于宪法之司法适用的正当性争议。无疑，这些研究均为非常必要而且有益于中国宪法学上基本权利理论之发展。但是，由于中外社会经济形态上的巨大差异，复以宪法制度上迥然有别，这种研究路径仍然值得我们深刻反思。如前文所言，中国社会所凸现的“平等权”问题，并非如欧美诸国那样的“种族歧视”、“性别歧视”等问题（这些平等权问题可能也会存在），而是受中国资源禀赋所决定、由国家发展战略所强化的不同区域住民间平等权问题，尤其是农民的平等权问题。

---

① 匈牙利经济学家科尔奈认为，社会主义体制下的经济增长模式属于“强制性经济增长”，其标志是政府通过巨大的经济投资计划牺牲、推迟公众当前和未来的消费，也有可能会因为政府官员“玩忽职守”造成巨大损失。参见〔匈牙利〕雅诺什·科尔奈、张安译：《社会主义体制——共产主义政治经济学》，北京，中央编译出版社，2007，第 163 页。

② 上述资料引自上海财经大学公共政策研究中心：《2002 中国财政发展报告——社会保障公共政策研究》，上海，上海财经大学出版社，2002，第 67 页。

③ 参见国家统计局“国家数据”官方网站，网址：http://data.stats.gov.cn/workspace/index；jsessionid = 951EFE3045002125B4F7CB90EAA183F6? m = hgnd，访问时间：2014 - 04 - 20。

④ 苏永钦：《横看成岭侧成峰——从个别社会部门整合宪法人权体系》，载苏永钦主编：《部门宪法》，台北，元照出版有限公司，2006，第 159 页。

针对中国宪政实践中存在的基本权利非均衡保护现象，宪法学研究的首要任务当是从基本权利规范与其规制的社会事实之间的“循环理解”上提炼出该问题的症结与本质之所在，再从宪法解释与宪法变动的视角重新诠释基本权利规范（如“平等权”规范）的新型宪法内涵，最终从基本权利、国家权力、基本国策所共同构建的“客观法秩序”中寻求基本权利之均等保护的现实路径。就此而言，全国人大及其常委会通过释宪或立法机制建立规范化、法治化的政府间分权体制，明确各级政府在基本权利保护上的具体职责分工，构建基本权利之均等保护的基本制度；而建立规范化、法治化的财力调整制度与财政平衡机制，推进全国范围内基本公共服务的均等化进程，才是基本权利之均等保护的关键。在这一过程中，如何通过政策转换与制度调整平衡国家经济发展战略与基本权利保障之间的国家义务冲突，如何平衡公民自由权、生存权与发展权之间的紧张关系，可能会成为未来宪法释义学亟待解决的问题。

第七章　论财政宪法秩序的守护者与仲裁者

1835 年，从美国考察后回国的法国思想家托克维尔在其名著《论美国的民主》一书中断言："联邦的安定、繁荣和生存本身，全系于七位联邦法官之手。没有他们，宪法只是一纸空文。"[①] 美国联邦最高法院的大法官无疑是美国联邦宪法最为重要的"守护者"，然则谁是中国宪法的"守护者"？从 1999 年"齐玉苓案"引起的轩然大波来看，这个问题依然在困扰着今天中国的法学界。[②] 而在德国，这一问题也曾经引发学者间的长期论战。"魏玛宪法"制定之后，国事法院、帝国法院等司法机构均被称为"宪法的捍卫者与守卫者"。1929 年 3 月，德国法学家施密特于《公法学论丛》发表《宪法的守护者》一文，其后以此为基础于 1931 年出版了同名著作。施密特认为，尽管民刑事法院可以行使所谓"实体的司法审查权"（亦即审查一般法律内容与宪法规定的相容性并在抵触时拒绝该法律的适用），但是它们却并非适格的"宪法守护者"；"帝国总统是这个整个——基于公投基础而建构、具有政党政治上之中立性与独立地位——体系的核心。当前德国的国家秩序是在多元体系之趋势阻碍、甚至冻结立法国正常运作的情况下，被委托给帝国总统……在魏玛宪法的宪性内容中，

---

① 〔法〕托克维尔：《论美国的民主》，董果良译，北京，商务印书馆，1988，第 169 页。

② 齐玉苓原系滕州八中的学生，1990 年被济宁商业学校录取，但录取通知书被齐玉苓的同学陈晓琪领走。陈以"齐玉玲"的名义入济宁商校就读。1999 年，齐玉苓在得知陈晓琪冒用其姓名上学并就业这一情况后，以陈晓琪及有关学校和单位侵害其姓名权和受教育权为由诉至法院，要求被告停止侵害，并赔偿经济损失和精神损失。山东省枣庄市中级人民法院作出一审判决后，齐玉苓不服，提出上诉。在该案二审期间，最高人民法院专门作出了《关于以侵犯姓名权的手段侵犯宪法保护的公民受教育的基本权利是否应承担民事责任的批复》，明确指出：根据本案事实，陈晓琪等以侵犯姓名权的手段，侵犯了齐玉苓依据宪法规定所享有的受教育的基本权利，并造成了具体的损害后果，应承担相应的民事责任。据此，山东省高级人民法院作出了终审判决。由于最高人民法院在本案的批复中援引宪法文本中的受教育权条款为依据，故引起媒体的广泛关注以及学界的热烈讨论。

已经存在着一个宪法的守护者，也就是帝国总统。”[①] 针对美国联邦最高法院在违宪审查实践中所形成的崇高威望，施密特不仅认为它“独一无二的地位无法轻易地移植到政治及社会情势都完全不同的欧陆国家之中”，他甚至还指出：“最高法院最主要、最基本的特征是借助一般性原理及原则观点来审查法律的公正性与合理性，并从而在个案中拒绝法律的适用。在这样的观点下，因为联邦最高法院实际是在护卫一种基本上没有受到质疑挑战的社会经济秩序，所以就具有与国家相抗的资格。”[②] 毋庸讳言，施密特本人独特的政治经历及学术观点，长期以来都是各国学者争议的话题。[③] 其实，施氏之宪法理论乃是有其深刻的时代背景——施密特出生于1888年，1922年受聘为波恩大学教授。“魏玛共和国”建立时期，正值施密特的思想形成时期。法国革命所带来的“自由”、“民主”思潮深深感染了德国学者，但是革命所带来的混乱、政权更迭同样也迫使像施密特这样的公法学者开始反思所谓“自由宪政体制”所可能带来和必然带来的各种问题。但是，更为困扰德国知识分子的，乃是德国宪政体制在当时国内国际政治环境下面临的各种挑战。1919年“巴黎和会”上，胜利的协约国通过《凡尔赛条约》对战败者德国规定了“割地”、“赔款”等非常苛刻的条件，激化德国人民的民族主义情绪。当时，德国共产党、社会民主党以及希特勒于1920年建立的纳粹党都试图执掌德国政权。在这种情势之下，司法机关能否成为适格的“宪法守护者”并成功应对复杂的政治时局，确属疑问。施密特正是在此种情势之下提出“以总统作为宪法守护者”的观点。然则，自1933年希特勒担任德国总理之后，他领导的纳粹党在控制了德国国会多数之后随即通过了所谓的《授权法案》，即《消除德意志人民痛苦法》，将国会的权力移交给德国政府内阁。1934年8月2日，德国总统兴登堡逝世，德国总统和总理职位均由希特勒担任。希特勒集总统、总理和军队最高统帅职务于一身，所有人尊称他为“元首”，他宣布自己是“德国人民至高无上的审判者”。希特勒执政后，成功建立了“国家统制型”经济体制和“扩军备战型”财政模式。不过，希特勒并非德国“魏

---

① 〔德〕卡尔·施密特著、李君韬、苏慧婕译：《宪法的守护者》，北京，商务印书馆，2008，第16页，第214页。

② 〔德〕卡尔·施密特著、李君韬、苏慧婕译：《宪法的守护者》，北京，商务印书馆，2008，第17～18页。

③ 关于域外学者的研究文献，可参见吴庚著：《政法理论与法学方法》，北京，中国人民大学出版社，2007，第164～170页。

玛宪法的适格守护者”；正好相反，他是“魏玛宪法”的“掘墓人”[①]。联邦德国在“二战”结束之后设立的宪法法院，在当今时代堪称“宪法守护者”之典范。其实，早在1849年制定的德意志帝国宪法，就规定帝国法院可以受理宪法诉讼，帝国宪法还设置了机构争议、联邦争议和宪法诉愿等程序；遗憾的是，这部宪法当时并未有效实施。1899年，德国法学家宾丁即提出，宪法法院是“立宪法治国的拱顶之石”。自20世纪90年代以来，德国和奥地利的宪法法院模式成为世界各国的效法对象。美国学者考马斯甚至断言，德国基本法及其宪法法院模式已经取代美国宪法成为“世界民主宪政的主导模式”[②]。

国家的财政宪法及其所统辖的财经法秩序，潜藏着人民与政府间、政府机构相互间深刻的利益纠葛；如果不能建立妥切的纠纷裁决机制以捍卫宪法所规定的财经秩序，则即使财政宪法制度体系中所蕴含之“公平”、“正义”等崇高的价值理念，亦难以真正贯彻于国家现实的财经法制生活之中，也不能转化为源源不断、生生不息的发展动力。因此，尽管各国之间财政宪法秩序的维护者与仲裁者有异，但是经由特定之宪法整合机制，协调政府间的财政纠纷，以及人民与政府间的利益纠纷，以期形成合理配置、高效运作的财政宪法秩序，则此种目标不容有变。

第一节 财政宪法领域内的案件类型及其纠纷裁决

如本书前文所述，财政宪法制度主要由“财政国家”与“纳税人基本权”两大部分构成；前者又主要有两个面向，此即：“纵向面”的“财政分权制度”，与“横向面”的“财政收支制度”；由此，“财政国家”领域内的宪法纠纷主要包括“不同层级的政府间就税权分割等财政分权事项发生的宪法争端”，以及“同一层级的政府机构间就预算控制等财政收支事项发生的宪法争端”。此外，纳税人的基本权受到政府侵犯时，亦可能在

① 施密特曾经为纳粹所用，加之他的思想较多地批判了英美自由主义传统，所以自由主义思想家们称之为“法西斯的思想家”。刘小枫却认为：“施密特的真正论敌其实不是自由主义的价值理念，而是非驴非马的自由民主政制。”参见刘小枫选编：《施密特与政治法学》，上海，上海三联书店，2002，第32页。

② 〔德〕克劳斯·施莱希、斯特凡·科里奥特著、刘飞译：《德国联邦宪法法院：地位、程序与裁判》，北京，法律出版社，2007，第3页。

人民与政府间就财政收支事项发生的宪法争端。

一、不同层级的政府间就税收等财政分权事项发生的宪法争端

现代民主法治国家通常为“预算国家”，每一级政府均须独立、统一地编制财政预算，由代议机关审议通过之后、在其监督下遵照执行；故而，不同层级的政府之间，在预算执行等事项上一般不会有多少争议。但是，不同层级的政府间须对税收等财政收入进行划分，高层政府对财力不足之低层政府负有财力转移支付之职责。进而言之，税权等财政收入权利的配置，关乎政府职能的正常行使，以及地方民众的生活福利；因此，在民主法治国家，不同层级的政府间往往会就税收等财政收入权力事项发生宪法纠纷。此种争端之解决，依各国宪法体制而有不同机制，大抵无非是司法裁决、立法协调或行政协调等三种形态。

（一）立法协调与行政协调

第一，全国性政府之立法机构的内部协调。在民主代议制政体中，如果某个议院的成员是由联邦成员派出的代表组成而非直接选举产生，那么，他们就可以在政府间权限争端的过程中扮演一个“积极角色”。譬如，美国、德国的参议院均由州议会或州政府派出的代表组成，他们作为联邦议会中的“州代表”，对于协调联邦与州之间的权限争端具有重要的作用。英国并非实行联邦制政体，但是其中央政府也设立了苏格兰事务部、威尔士事务部和北爱尔兰事务部管理各地的地方事务，每个事务部均处于一个国务秘书的直接控制之下；该国务秘书既是下院议员，也是内阁成员。有学者认为，苏格兰、威尔士的事务部则更像一个代议制机构而非执行性机构，它们在英国下议院中设立了有关苏格兰的一个大委员会和两个常设委员会、一个特别委员会、威尔士则拥有一个大委员会和一个特别委员会；等等。[①] 可见，单一制国家亦可以在国家代议机关中设置处理特定区域的特别委员会或事务部，协调处理中央政府与地方政府之间的财政关系。

第二，全国性政府之行政机构的内部协调。在单一制政体形式下，尤其是素有中央政府行政集权之传统的国家，还可以在中央政府或其职能部门设置相关机构，协调政府间的财政纠纷。譬如，日本地方自治法第 11

---

① 参见〔德〕L. J. 夏普：《英国的区域主义：社会联邦主义的角色》，载于〔德〕赫尔穆特·沃尔曼、埃克哈特·施罗德编、王锋、林震、方琳译：《比较英德公共部门改革——主要传统与现代化的趋势》，北京，北京大学出版社，2004，第 64～74 页。

章第2节规定，总务省设立国家地方纷争处理委员会，该委员会由五人组成，其中二人以内可为全职，其职权在于受理普通地方公共团体对于国家和都道府县之干预所提起的审查申请。总务大臣或者都道府县知事根据不同事件分别选任三位优秀人才组成自治纷争处理委员会，对普通地方公共团体之间的纷争作出调停。此外，普通地方公共团体对于国家或都道府县的干预不服者，亦可向高等法院提起诉讼。[①] 由此而言，日本在建立现代地方自治制度之后，主要是通过建立行政组织系统内部的纠纷调处机制，分别处理国家与地方公共团体之间的纠纷、地方公共团体相互间的财政纠纷。此种形式颇为值得我国借鉴，笔者将在后文中详细讨论。

（二）普通法院或宪法法院的司法裁决

第一，普通法院的司法裁决。在联邦制国家，联邦与联邦成员之间，以及联邦成员与地方政府之间的财政纠纷，除前揭立法协调机制与行政协调机制外，亦得通过联邦法院或州法院的司法机构予以裁决，此种体制以美国为典型。美国的国家银行最早可以追溯至1781年大陆会议建立的北美银行，但是1787年制宪会议所通过的联邦宪法并没有提及银行问题。1791年至1811年，美国建立了合众国第一银行；1815年，国会再次通过了建立合众国第二银行的法案，因为当时的联邦政府依赖各州银行借款支付债务带来了严重不便。1818年，马里兰州通过了一项旨在向合众国银行征收1.5万美元年税的法律，合众国银行出纳员麦考洛克拒绝支付州税，此案最终被上诉至联邦最高法院。在本案审理中，马歇尔大法官不仅阐明了“隐含权力”原理以支持联邦国会建立银行的权利主张，而且还提出“征税是一种摧毁的权力”，裁定“州不得对联邦政府及其机构直接征税或进行管理”。此外，美国联邦宪法第一条第八款第一项明确规定，联邦国会有权设定税收并提供共同防御与普遍福利（又译为“公共福利”）。“普遍福利”条款是否可以被理解为支持一项独立的联邦权力，而为联邦税收立法权提供宪法依据？对此，美国制宪精英们就存在观点分歧。例如，汉密尔顿认为这是一项独立的开支权，而麦迪逊则认为它只是促进列举权力的一种手段。但是，不论怎样，在“罗斯福新政”之前，联邦司法机构都将之视为一种财政权力而非独立的管理权力。斯托里大法官认为，这一条款并非授予国会得任意举办普遍福利，仅仅是授权国会为普遍福利

---

① 参见万鹏飞、白智立主编：《日本地方政府法选编》，北京，北京大学出版社，2009，第117～126页。

之目的征税而已；否则国会将取得一项总括性的权力，创建一个拥有无限权力的中央政府。[①] 据此，联邦国会的税收立法权，必须受到“普遍福利”目的的限制，但是联邦税收立法却不能仅以“普遍福利”条款作为宪法基础。据此。联邦最高法院曾经于1936年在“合众国诉巴特勒案”中宣布1933年国会制定的《农业调整法》无效，因为该法旨在利用征税权与支出权控制农业生产，这非宪法所授权的“普遍福利”之目的。但是，在1937年的“斯图尔德公司诉戴维斯案”、1953年“合众国诉卡林格案”中，联邦最高法院分别支持了“社会保障法”与“职业赌博税法”，认为这两项法律并没有侵犯州的固有权力，从而使联邦的税收立法可以具有管制的目的而非仅仅局限于增加岁入之“普遍福利”目的。[②] 实际上，自“罗斯福新政”以来，联邦最高法院对于联邦国会自由决定税收目标表示了极大的尊重，大大扩展了联邦税收立法的权限范围，使得“普遍福利”不再成为限制联邦税收立法权扩张的宪法限制。这一转变成为联邦权力、特别是联邦政府之财税权力扩张的重要契机。当然，正如美国税法学者维克多所言，美国的大部分涉税宪法诉讼主要是针对州的税收立法，尤其涉及州征税权及其与联邦主义原则的一致性问题。譬如，联邦最高法院将联邦宪法上的商业条款解释为，州仅能在所征之税满足下列条件时征收：(1) 适用于与该州有实质联系的活动；(2) 公平分配；(3) 与该州提供的服务有公平联系。在涉及外贸征税时，联邦最高法院对州的税收立法监管更加严格，除了满足上述原则外，该税不能增加多重征税的风险，不能损害联邦的统一；等等。[③] 换而言之，联邦最高法院对于税收立法权的危险审查，更多的是针对联邦成员即各州的税收立法权，而非联邦议会的税收立法权；尽管这些涉税案件并非均由联邦政府或州政府的某一方提起，但是其中涉及的纠纷却是不同层级政府间的财政纠纷。

除了前述联邦与联邦成员的权限争端之外，联邦成员与乡镇地方政府之间也可能会就税收立法权或自治权等事项发生争议，而须诉诸州的司法

① 转引自康润陆：《美国联邦宪法论》(增订三版)，北京，世界书局，2001，第252～253页。

② 参见〔美〕杰罗姆·巴伦、托马斯·迪恩斯著、刘瑞祥等译：《美国宪法概论》，北京，中国社会科学出版社，1995，第52页；〔美〕保罗·布莱斯特、桑福·列文森、杰克·巴尔金、阿基尔·阿玛编著、范亚峰等译：《美国宪法决策的过程：案例与材料》，北京，中国政法大学出版社，2002，第458～461页。

③ 参见〔美〕维克多·瑟仁伊著、丁一译：《比较税法》，北京，北京大学出版社，2006，第74页。

系统予以裁决。1835年，法国思想家托克维尔曾经对美国的“乡镇自治”作了生动的描述：“根据乡镇自主的原则，人们将自己组织起来，为自己的利益、情感、义务和权利而努力奋斗。在乡镇内部，享受真正的、积极的、完全民主和共和的政治生活。”“乡镇各自任命自己的各种行政官员，规定自己的税则，分配和征收自己的税款。”① 托克维尔所描述的情景，乃是19世纪上半叶的美国社会，当时工商业高度发达的大城市尚未兴起，美国社会盛行地方政府的“内在权利”理论——1871年库利法官在一个案件中宣布了地方具有内在的自主权，这一论点于1873年密歇根州的一个案例中被得以强化。但是，在随后的历史中，由于地方政府出现腐败现象等原因，“内在权利”理论被扬弃，取而代之的是1872年迪伦法官在《市政企业》一书中所揭示的规则即“迪伦规则”，他宣布市政企业等地方政府的权力必须是明确文字授予的权力，或者是必然、公正隐含的权力，以及实现前者所必不可少的权力；任何对地方权力是否存在的合理质疑，都应该被法院以不利于市政企业的方式解决，等等。普通法院针对联邦立法机关或州立法机关、地方自治团体的税收立法实施违宪审查，甚至在司法裁决中确立政府间财政分权的规则，需要极高的司法权威；因此，其他国家难以仿效。

第二，宪法法院的司法裁决。区域经济发展不平衡乃是世界各国之通例。由于经济发展水平差异而导致的区域政府间财力不均衡现象，却须通过财政转移支付制度加以弥补，以保证各地区之间基本公共服务水平的均等性；此为现代民主法治国为维护国家统一、社会和谐，以及维系人民的民族情感所必需。然则，国家为达到财政平衡之目的，则必然抽取经济发达地区之财力，以补财力不足地区，此种财政转移支付制度隐含着全国性政府与区域政府之间，以及区域政府相互间的利益矛盾与宪法纠纷，以宪法法院裁决此类纠纷者，当以德国为典型。联邦德国基本法第107条第2款规定：“联邦立法保证财政上强的和财政上弱的州之间有合理的平衡，同时考虑各镇和联合乡的财政能力和财政需要。这种立法规定，应该获得平衡费的州提出平衡申请的条件和应付出平衡费的州担负平衡责任的条件，以及决定平衡费数额的标准。这种立法还可以规定联邦从联邦基金中拨款给财政上弱的州以便补偿支付它们的一般财政需要。”在当代德国，

① 〔法〕托克维尔著、董果良译：《论美国的民主》，北京，商务印书馆，1988，第45页，第77页。

维持州际财政平衡主要通过三种途径：其一，增值税收入的预先平衡。德国的增值税虽然属于联邦与州的共享税，但是其分配比例却一年一定，主要取决于联邦与州收支项目变动的理由。在州的增值税总额确定之后，将其75%的金额按照各个州的居民人口进行分配，余下的25%则用于州际财政平衡，人均税力低于92%的州可以得到增值税平衡补助。其二，州际财力横向平衡。凡属州财力与州财力需求的比例大于1的各州，有义务提供财政平衡款项；凡属州财力与州财力需求的比例小于1的各州，有权利得到财政平衡补助款项；这种州际横向补助资金通过联邦结算中心在州之间直接划拨。1995年东部各州（原民主德国的各州）加入全国平衡体制之后，州际横向平衡资金总额均在57.24亿欧元以上，最高年份超过82亿欧元。其三，联邦补充补助，即联邦对贫困州的补助拨款，旨在对州际平衡之后仍然存在的差别进行补助，其限额为差别的90%；2002年以后联邦补充补助主要包括差额补助拨款、政策实行特别需求拨款等等。德国统一之后，由于原东西德国在经济水平上的巨大差异，东部各州占州平衡财政输入的78.9%，给原西部各州带来沉重的负担。因而，财政平衡制度的合宪性问题遂成为宪法争议，譬如：有些德国学者认为财政平衡制度背离了财政的联邦自治原则，等等。[①] 其实，德国联邦宪法法院所处理的案件，不论其直接所涉者为何，只要其涉及政府间权限争议者，大都会涉及财政问题。譬如：由于联邦基本法第107条规定联邦法律应维持州及地方政府财政能力的合理均衡，1952年汉堡州与巴登-符腾堡州向宪法法院诉称联邦法律所课加的财政均衡资金侵犯了各州的预算独立规则，被宪法法院驳回；而1986年，数州在宪法法院挑战联邦的税收分配法律，因为该法分配企业和工资所得税并调节它们在各州的分配比例，宪法法院判决联邦法律未能适当地考虑地方政府的财政能力，违反了基本法规定的横向平衡要求，要求联邦议会在1988年财政年度之前修改各州税收分配的基础；等等。中国是一个幅员辽阔的国家，地区间经济发展不平衡的情况极为显著，德国的财政平衡制度非常值得中国借鉴。但是，我国并无类似德国宪法法院的司法机构，故而由此若产生相关财政纠纷，则此种司法裁决机制难以仿效。譬如，2008年“汶川地震”发生之后，国务院于当年6月18日颁布《汶川地震灾后恢复重建对口支援方案》，提出“一省帮

---

① 参见朱秋霞编著：《德国财政制度》，北京，中国财政经济出版社，2005，第197～211页。

一重灾县，举全国之力，加快恢复重建”，明确要求19个省市以不低于1%的财力对口支援重灾县市3年。据报道，到2010年9月底，对口支援省市直接承担的恢复重建项目已基本完成，并普遍与受援地建立了长效合作机制。在中央政府的高效协调之下，以体现“人道主义”、“爱国主义”理念的“对口支援”制度，实际上也隐藏着类似“香港特区政府援建绵阳学校被拆案”等诸多财政纠葛。[①] 进而言之，为了推进区域间基本公共服务的均等化，我国应该建立常设性的地方政府间财力机制；果其如此，则有效的政府间财政纠纷裁决机制也需要得以建立，以确保援助义务之公平配置，以及援助资金之合理使用。

二、同一层级的政府机构间就预算等财政收支事项发生的宪法争端

现代民主法治国家奉行税收法定主义原则，同级政府的不同分支机构之间，在税收等财政收入上一般不会有过多之争议，其宪法争端多存在于财政预算等财政支出领域。早期的代议民主政制中，两院制国家的上、下两议院之间还可能会发生宪法争议。譬如，1909年英国财政大臣乔治提交的财政预算案，拟大幅度提高所得税、财产税等税收，以为儿童、老人发放补贴，被称为“人民预算案”。该预算案严重触及贵族等富有阶层的既得利益，由英国下议院通过后，在11月30日被上议院否决，由此酿成英国自1688年以来最为严重的宪法争端。1911年、1949年，英国议会先后通过“议会法”，严格限制上院的权力，上议院不能随意修改下议院通过的财政预算案，且最多只能延置一年。[②] 当今时代，即使是两院制国家，两院之间就财政预算发生宪法争端的情形较为罕见，但是行政机关与代议机关就财政预算的编制、执行等事项往往会发生严重的宪法争议，须置于财政宪法规范下予以调整，方有妥适解决之可能。

（一）预算编制中的宪法争端

预算编制中的宪法争端主要涉及预算编制的权限争议，以及财政预算

---

① 据人民网报道，2012年5月24日，香港特区政府政务司司长林瑞麟向媒体表示，四川省绵阳市当地政府未征得香港特区政府同意即擅自拆除香港援建的绵阳学校，不符合川港间援建项目的安排，香港政府将收回港方援建学校的200万港元，并将其回拨到特区政府设立的四川重建基金。参见《香港回应援建绵阳学校被拆：不符合援建项目安排将收回拨款》，网址：http：//hm. people. com. cn/GB/17980935. html，访问时间：2012－11－02。

② 参见闫海：《公共预算过程、机构与权力：一个法政治学研究范式》，北京，法律出版社，2012，第17～18页。

的支出项目之内容的合法性与合宪性。法定预算属于法院违宪审查的主要对象之一，德、美诸国皆然。譬如，由于筹集政党活动资金的难度日益增加，国家资助已经成为德国政党经费的重要来源。在 1966 年 7 月 19 日的判决中，德国联邦宪法法院认为国家财政预算资助政党进行一般党务活动，违反德国联邦基本法第 20 条第 2 项与第 21 条第 1 句的规定。但是政党在竞选中的必要费用，可以由国家资助予以报销补偿。在 1992 年 4 月 9 日的判决中，联邦宪法法院进而认为：政党参与国民政治意志的形成并非仅仅局限于直接的选举准备阶段，政党符合基本法规定的一般行为均可得到国家的资助，但是政党自筹经费应当优先使用，国家资助政党的金额，不得超过政党经营活动自筹的金额总数。① 财政预算的支出项目之合宪性，除了法国是由宪法委员会在财政预算案通过之前予以事先审查外，一般均由违宪审查机关予以事后审查，但是宪法裁决的效力可以溯及到预算编制阶段。

在预算编制阶段，最为重要的宪法纠纷乃是行政机关与代议机关的权限争议。财政预算兼具法律性与计划性，因其涉及的预算支出项目及金额等信息多由行政机关掌握，故而为了提高预算编制与执行的效率，各国宪法均授权各级行政机关统一编制财政预算。然则，行政机关编制并提交财政预算案之后，代议机关固然可以在审议时删减不必要的财政支出项目或金额，能否自行增加原预算案中没有列支的支出事项或金额？如果可行，则在民主政治的形态之下，议员为了获取连任而回报选民，极有可能诱使民主赤字的猛增，美国等西方国家的巨额赤字，可谓前车之鉴！

依据我国《宪法》第 62 条第 10 项、第 89 条第 5 项之规定，全国人大有权“审查和批准国家的预算和预算执行情况的报告”，国务院有权“编制和执行国民经济和社会发展计划和国家预算”。此外，《宪法》第 99 条第 2 款、第 107 条第 1 款规定：“县级以上的地方各级人民代表大会审查和批准本行政区域内的国民经济和社会发展计划、预算以及它们的执行情况的报告”；“县级以上地方各级人民政府依照法律规定的权限，管理本行政区域内的经济、教育、科学、文化、卫生、体育事业、城乡建设事业和财政、民政、公安、民族事务、司法行政、监察、计划生育等行政工

① BverfGE8，51（63）；BverfGE12，276（280）；BverfGE85，264（285）. 转引自〔德〕康拉德·黑塞著、李辉译：《联邦德国宪法纲要》，北京，商务印书馆，2007，第 142～144 页。

作，发布决定和命令，任免、培训、考核和奖惩行政工作人员。”据此，政府主管预算编制，人大主管预算的审查和批准，此中的职责分工似乎已经甚为清楚。然则，人大审查和批准政府提交的财政预算，能否增加预算项目的支出金额，或者调剂各个预算项目的经费数额呢？2009 年 3 月，承德市人大常委会在预审过程中两度驳回政府提交的财政预算草案，要求增加民生投入，引起中国社会的广泛关注。[①] 这一事件也牵出了中国人大在预算审议中的角色定位问题。我国《预算法》第 37 条明确规定：“国务院财政部门应当在每年全国人民代表大会会议举行的一个月前，将中央预算草案的主要内容提交全国人民代表大会财政经济委员会进行初步审查。省、自治区、直辖市、设区的市、自治州政府财政部门应当在本级人民代表大会会议举行的一个月前，将本级预算草案的主要内容提交本级人民代表大会有关的专门委员会或者根据本级人民代表大会常务委员会主任会议的决定提交本级人民代表大会常务委员会有关的工作委员会进行初步审查。”据此，《河北省各级人民代表大会常务委员会预算审查监督条例》第 10 条第 1 款、第 13 条明确规定：“县级以上人民政府应当于 11 月 20 日前向本级人民代表大会常务委员会提交下一年度政府预算草案；因客观原因无法按时提交的，经本级人民代表大会常务委员会同意，可以推迟至本级人民代表大会会议召开的一个半月前提交。”“省、设区的市人民代表大会财政经济委员会、人民代表大会常务委员会财政经济工作委员会或者有关工作机构，应当对本级政府预算草案和部门预算草案进行初审；县、自治县、不设区的市、市辖区人民代表大会常务委员会，应当对本级政府预算草案及部门预算草案进行初审。”从承德市人大常委会的预算监督实践来看，地方人大常委会介入财政预算编制阶段，甚至会提出增加特定预算支出项目的经费，或者调剂预算支出项目的金额，等等；目前，此种做法似已得到了中国民众与宪法学者的热烈回应。以中国《宪法》第 3 条第 1 款规定的国家机构组织原则（“民主集中制原则”）来看，人大及其常委会以提议增加特定预算支出项目的经费或者调剂预算支出项目的金额等方式，直接介入预算编制草案的制定与调整活动，此种做法并无不可。但是为了保障《宪法》第 89 条第 5 项、第 107 条第 1 款等条款之实现，政府的预算编制权依然应该得到应有的尊重，人民代表大会在预算审议过程

---

① 参见韩永：《承德政府预算被打回续：当事人对报道存异议》，《中国新闻周刊》，2009-03-25。

中，不宜在政府提交的预算案中直接增加某些预算支出项目，或者对于预算草案中各支出项目间的经费数额直接进行调剂。当然，人大代表认为某些支出项目或其支出金额并无必要，因而提议删减特定支出项目或经费，只要与法无背，则属于人大正常履行预算监督职责的行为，应予肯定。如此，人大亦可实现其自身的民主监督职能，保障公共资金高效、合理的使用。

（二）预算执行中的宪法争端

如本书第五章所述，执行单位在执行法定预算的过程中擅自改变预算经费使用用途，甚至使事业经费转化为公职人员的工资福利，乃是严重的违法行为；但是为节省或者高效使用财政资金计，执行单位使预算经费在各科目间合理流用，并非全然不可。然则，执行单位以节省经费为由，停止某一法定预算项目之实施，是否为法所许，乃是预算法制中涉及代议机关与行政等执行机关的重大宪法问题。

三、人民与政府间就财政收支等事项发生的宪法争端

（一）人民与政府间就预算等财政支出事项发生的宪法争端

如本书第五章所述，在德国等国家，财政预算一般不具有外部效力，当政府对法定预算的支出事项未予执行之时，人民不得对此行使请求权。但是，亦如本章前文所述，财政预算本为违宪审查之重要对象，法定预算的支出事项涉嫌违宪之时，人民在获得诉讼主体资格时亦得向宪法法院提起诉讼。而在美国，从 1998 年“克林顿总统诉纽约市”案来看，美国公民可以针对总统拒不执行法定预算的支出事项提起诉讼，财政预算由此而具有外部之效力。此外，在美国的“纳税人诉讼”、日本等国的“居民诉讼”中，人民对于财政预算支出事项涉嫌违法违宪者，亦可提起诉讼。

近年来，我国地方政府“公款消费”之风盛行，“三公经费”高居不下，已经引起了我国社会各界的广泛关注。2006 年发生的“蒋石林诉常宁市财政局”案件中，原告蒋石林以普通纳税人之身份，以“财政局超预算、超编制购买豪华轿车”为由，将常宁市财政局告上法庭。[①] 在当今中国行政诉讼制度的框架之内，蒋石林的起诉显系超越法院行政诉讼案件的受理范围，故而本案只能以蒋石林败诉而告终。以今日中国预算法制的现

---

① 参见洪克非、徐亮：《财政局超预算购豪车一普通纳税人提起公益诉讼》，载《中国青年报》，2006-04-05。

实情形而论，法定预算的“计划性”远远强于其“法律性”，其法律效力本处疾弱之状态，更遑论扩张法定预算的外部效力！因此，我们似乎可以预见，在今后相当长的时间之内，人民对于政府的财政预算支出事项提出合宪性质疑或合法性质疑，或许还只能通过“信访”机制予以合理表达；但是此种争端要诉诸司法机构予以裁决，则尚属“路漫漫其修远兮”，吾等尚须为此“上下而求索”！

（二）人民与政府间就税收等财政收入事项发生的宪法争端

现代民主法治国家一般为“税收国家”，税收收入构成国家财政收入的主要来源。从理论上讲，财政收入制度领域内的宪法纠纷应该主要表现为宪法监督机关对于税收立法的违宪审查，尤其是税收立法侵犯人民基本权的案件。然则，“在审查税收立法是否违反宪法规范时，不同国家的宪法法院在方法上表现出相当大的差异性”[①]。实际上，如英国、新西兰等不成文宪法国家，法院不可能对议会制定的税收法律进行违宪审查；而在法国等成文宪法国家，宪法委员会对于税收法律的事先审查，往往集中于“立法主体不适格”或者“法律侵犯了公民受程序保护的权利”等，“宪法委员会极少认定税法侵犯了实体权利，诸如平等对待的权利”[②]。美国联邦最高法院积极地以联邦主义原则为依据监督各州的课税权力，但是一直不愿意以平等保护的违反为由宣布税法无效，甚至认为“在税收领域，立法部门在分类上拥有最大的自由权，这一点甚至超过其他领域”。环视全球各国，唯德国宪法法院在税收领域内形成了一种以司法积极主义著称的审判法理，它将正当程序原则、平等原则以及婚姻和财产保护等基本原则均适用于税法的审查。此外，奥地利、意大利、西班牙等国宪法法院在税收立法领域也非常积极主动，比利时宪法法院、波兰宪法法庭、墨西哥最高法院、阿根廷最高法院、印度最高法院等，都曾经适用宪法上的“平等原则”否定某一税收立法的合宪性，爱尔兰最高法院、委内瑞拉税收法院也曾经适用“比例原则”或“量能负担原则”判决某些税收立法违宪。但是，丹麦、挪威、瑞典很少判决税收立法违宪；瑞士虽然建立了违宪审查制度，其审查对象却未及于联邦法律；加拿大公民针对税收立法的宪法诉讼更是几乎都被驳回；日本法院适用合理性原则实施违宪审查，迄今未有

---

① 〔美〕维克多·瑟仁伊著、丁一译：《比较税法》，北京，北京大学出版社，2006，第 65 页。

② 〔美〕维克多·瑟仁伊著、丁一译：《比较税法》，北京，北京大学出版社，2006，第 67 页。

成功之案例。[①] 这说明，即使建立了违宪审查制度，人民与政府间就税收等财政收入事项发生的宪法争端，实际上也很难诉诸司法机制予以合理裁决。但是，这绝非意味着司法机关将在裁决此类纠纷上无所作为。

在税收领域，人民与政府间就税收发生的宪法争议，主要体现在税务机关等行政部门秉持“实质课税原则”，甄别与认定纳税人之“税收规避”等行为，进而赋予其税收债务查明之协力义务，甚至以行政处罚、刑事处罚等方式追究纳税人法律责任时，可能会遭遇纳税人对于税务机关等行政部门是否切实遵循宪法上的“税收法定原则”或“量能课税原则”之质疑。此时，司法机关以审查税务机关税收稽征行为的合法性为契机，通过适用“合宪性解释”等宪法裁判方法成为“财政宪法秩序的守护者”，兹以德、英等国为例以作说明。早在 1919 年，“经济观察法”即被纳入德国租税通则第 4 条。德国租税通则起草人 E. Becker 认为，为了贯彻税普遍性首要要求，税捐稽征机关无需考虑当事人所选择之法律形式及一切案件之法律包装，而应该依照税捐的经济意义予以掌握；“事实认定依其经济意义，税法解释依其经济目的”。第二次世界大战以后，基于对纳粹“国家第一、国库优先”之反思，德国司法实务界与理论界均强调尊重“私法自治原则”，认为“契约自由”优先于“税课平等”。于是，1962 年德国宪法法院遂有限制“实质课税原则”适用之判决，1977 年德国租税法通则甚至还删除了德国税捐稽征法中有关税法经济解释及事实经济认定的条款。直至 1991 年，德国宪法法院才采用“税法独立说”，强调税法受“量能平等负担原则”约束，民法受“契约自由原则”所支配，税法解释不受民法解释、事实认定所拘束。[②] 在英美法系国家，早期法院受形式主义法治原则之影响，对于纳税人利用私法自治空间规避纳税义务的行为放任不管。譬如，在 IRC V. 威斯敏斯特公爵案件中，公爵以支付园丁七年年金替代支付劳酬，以年金作为计算纳税义务的减项，英国上议院以保障纳税人行为自由为名认可此种税捐规划之效力。从 20 世纪 80 年代开始，为因应大企业避税引起的广泛的社会恐慌，英国、澳洲等国的法院对威斯敏斯特案件的态度开始产生分化，“商业实质主义”（commercial realism）长期而广泛地影响澳洲税法的裁判。澳大利亚新南威尔士大学税法及商事法

---

① 参见〔美〕维克多·瑟仁伊著、丁一译：《比较税法》，北京，北京大学出版社，2006，第 68 页，第 94～99 页。

② 参见葛克昌：《实质课税与纳税人权利保障》，载于葛克昌等主编：《实质课税与纳税人权利保护》，台北，元照出版有限公司，2012，第 8 页，第 9 页，第 15 页。

中心教授 Yuri Grbich 认为："法官和税收规划者正在法律形式主义影响下破坏税收立法的根基，因此，法官应该尽快达成两项共识：其一，法律解释应该以实现立法目的为原则；其二，法官通过法律适用成为塑造税法的积极伙伴，以适应经济快速变化的环境。"① 由此可见，受现代民主国家的赤字财政所驱使，更为实现现代国家之财政宪法的公平、正义等宪法理念，司法机关借助于宪法上的"平等原则"与诸基本权条款，适当整合税收稽征的公法秩序与自由合意的私法秩序，乃是世界各国的共同选择。

第二节　中国财政宪法秩序的守护者与仲裁者

正如美国学者爱伦·鲁宾所言："公共预算的主要特征之一就是支付费用的人不是那些决定怎么花钱的人，因为民选官员有可能把钱花在与纳税人的愿望不同的地方。"② 在现代市场经济国家，公共财政体制中蕴含着一个深刻的内在矛盾，即国家与社会相分离而导致的政府与人民之间的矛盾——盖国家的所有财产本为人民所有，政府仅仅是接受人民之委托而行使公共资财的处分权利，从此种意义而言政府仅仅是人民的"代理人"而已。这样，公共资财的最终所有者与"代理人"相分离，必然在客观上酿成某种风险，此即政府官员因为认知之盲目或自利之动机而产生滥用权力恣意处分公共资财的可能性。在政府与人民之间的矛盾关系中，人民之所失即政府之所得，其间所蕴含的经济、政治冲突，唯有国家按照宪治原理建立完备的公共财政体制，又构筑有效的财政监督体系和纠纷解决机制，此种矛盾才能逐步趋于缓和，公共财政权力之运作，才可能在整体上趋于理性化与民主化。

一、人大及其常委会作为"中国财政宪法秩序的守护者与仲裁者"？

德国前联邦议会审计委员会主席伯恩哈德·弗里特曼曾言："议会的财政监督权直接来源于议会的预算批准权。谁要求预算权，就不会也不能

① Yuri Grbich. Beyond Form Versus Substance: A Road Map for Chinese Tax Lawyers Serious about the Rule of Law，载于葛克昌等主编：《实质课税与纳税人权利保护》，台北，元照出版有限公司，2012，第 97 页。

② 〔美〕爱伦·鲁宾著、叶娟丽等译：《公共预算中的政治：收入与支出，借贷与平衡》，北京，中国人民大学出版社，2001，第 17 页。

放弃监督的权利。否则它就有失去这两种权利的危险。”① 政府拥有财政预算的编制权与执行权，虽然可以保证政府活动之有效运行，但是政府及其公职人员亦可能因此而违反财政预算及财经法规纪律，滥用其财政权力侵害公民的财产权，破坏经济繁荣与社会稳定的基础。故而，在确保民主选举产生的代议机关具有财政预决算的审议权与批准权之同时，还必须使其拥有相应的监督权。否则，不仅财政预算徒为具文，代议机关的财政议决权亦将形同虚设。

我国代议机关实施财政监督的主要工作机构是在人大或人大常委会之下设立的预算工作委员会或财经工作委员会。以中央代议机关为例，依据1999年全国人大常委会《关于加强中央预算审查监督的决定》，预算工作委员会是全国人大常委会的工作机构，协助财政经济委员会承担全国人大及其常委会审查预决算、审查预算调整方案和监督预算执行方面的具体工作，受常委会委员长会议委托承担有关法律草案的起草工作，协助财政经济委员会承担有关法律草案审议方面的具体工作，以及有关常委会、委员长会议、财政经济委员会等需要协助办理的具体事项。经过委员长会议专项同意，预算工作委员会可以要求政府有关部门和单位提供预算情况，并获取相关信息及说明，可以对各部门、各预算单位、重大建设项目的预算资金使用和专项资金使用进行调查，政府有关部门和单位应该积极协助、配合。可见，代议机关进行财政监督的组织形式主要有人大及其常委会、人大的财政经济委员会，而预算工作委员会则作为其工作机构具体承办调查等具体事务。2006年通过的《各级人民代表大会常务委员会监督法》（以后简称《监督法》）则对代议机关的参与预算编制、进行预算监督的方式作了更为具体的规定，兹于后文略作陈述。

（一）参与预算编制

依据我国《预算法》第17条，各级政府财政部门应该在本级人大会议举行的一个月之前，将预算草案的主要内容提交给本级人大财政经济委员会或其他人大常委会等专门机构审查。一般而言，人大常委会或者相关专门机构在初步审查之后，也可能会提出修改意见。如前文所述，2009年3月，承德市政府预算报告经过两度修改，大量增加民生投入、削减政

① 〔德〕伯恩哈德·弗里特曼：《从议会及其委员会的角度看联邦审计院工作的效率》，载〔德〕海因茨·君特·扎维尔伯格主编、刘京城、李玲等译：《国家财政监督——历史与现状（1714—1989）》，北京，中国审计出版社，1992，第143～144页。

府采购资金之后才获得人大批准通过，这一消息被全国众多媒体广为传播，也引起了民众对于人大预算监督制度的热烈讨论。其实，承德市人大常委会对于市政府所提出的财政预算草案的监督，只是代议机关对于政府“预算编制”行为的适度参与，其参与具体机构乃是人大财经委员会或人大常委会等专门机构而非人民代表大会的全体代表。此种“事先监督”方式主要针对政府编制财政预算的行为，它虽然不能完全代替人民代表大会的预算审查行为，但也有利于人大专门机构与政府财政部门之间进行沟通协调。当然，在我国现行预算法制的框架之内，财政预算编制权毕竟属于政府及其财政部门，人大财经委等专门机构如果在财政预算编制阶段介入过深，不仅会对政府及其财政部门的财政预算编制权构成实质性影响，而且会混淆预算草案编制机构与预算审议监督机构的职能。因此，人大的事先监督要适度，介入的范围与程度不宜过宽、过深。

（二）监督预算执行

马寅初曾经指出：“预算是事前估计的数字……欲使预算数字与实际数字不差毫厘，实不可能。况预算的编制和预算的执行，其间有若干时日的隔离，而政界风云，又瞬息万变，性质上每每不易预测，且不能听其自然。”① 因此，在财政预算的执行过程中，常常会有财政预算资金的合理调剂，这与财政预算违法行为有性质上的差异，应当予以区别。一般而言，财政预算执行过程中的资金调剂通常表现为“动用预备金或者周转金”、“追加或裁减预算”以及“经费流用”等几种情形。我国《监督法》第16条、第17条规定：“国务院和县级以上地方各级人民政府应当在每年六月至九月期间，向本级人民代表大会常务委员会报告本年度上一阶段国民经济和社会发展计划、预算的执行情况。”“国民经济和社会发展计划、预算经人民代表大会批准后，在执行过程中需要作部分调整的，国务院和县级以上地方各级人民政府应当将调整方案提请本级人民代表大会常务委员会审查和批准。严格控制不同预算科目之间的资金调整。预算安排的农业、教育、科技、文化、卫生、社会保障等资金需要调减的，国务院和县级以上地方各级人民政府应当提请本级人民代表大会常务委员会审查和批准。国务院和县级以上地方各级人民政府有关主管部门应当在本级人民代表大会常务委员会举行会议审查和批准预算调整方案的一个月前，将

---

① 马寅初：《财政学与中国财政——理论与现实》，北京，商务印书馆，2001，第56～57页。

预算调整初步方案送交本级人民代表大会财政经济委员会进行初步审查，或者送交常务委员会有关工作机构征求意见。”因此，在财政预算执行过程中，人大常委会可以通过听取政府的预算执行报告、审议与批准预算调整方案等方式进行财政监督，以严格控制“资金调剂”或“经费流用”。

（三）追究违法责任

人大及其常委会作为代议机关拥有宪法和法律所规定的预决算审批权，行政机关等预算执行单位违反法定预算擅自处理财政资金的行为，在性质上得构成违反人民代表大会制度的违宪行为。其中需要注意者则在于，宪法作为国家的根本大法，因其涉及公民的基本权利及国家的基本权力体制，其实施并不唯一依赖于专门合宪性审查机构的司宪活动。故而有学者提出，违宪责任兼具法律性与政治性；违宪的政治责任以民意代表机关免除责任主体之公职为主要内容。[①] 事实上，在我国人民代表大会制度的权力体制之下，追究行政机关的政治责任主要是由其同级人民代表大会及其常委会承担的。依据《宪法》第104条、第110条之规定：“县级以上的地方各级人民代表大会常务委员会讨论、决定本行政区域内各方面工作的重大事项；监督本级人民政府、人民法院和人民检察院的工作；撤销本级人民政府的不适当的决定和命令；撤销下一级人民代表大会的不适当的决议；依照法律规定的权限决定国家机关工作人员的任免。”“地方各级人民政府对本级人民代表大会负责并报告工作。县级以上的地方各级人民政府在本级人民代表大会闭会期间，对本级人民代表大会常务委员会负责并报告工作。”据此，预算执行单位无视法定预算恣意处分公共资财的行为，达到较为严重的程度时得构成违反人民代表大会制度的违宪行为，应该承担相应的政治责任。我国《监督法》专设第三章“审查和批准决算，听取和审议国民经济和社会发展计划、预算的执行情况报告，听取和审议审计工作报告”，其中明确规定：常务委员会对决算草案和预算执行情况报告，重点审查下列内容：预算收支平衡情况、重点支出的安排和资金到位情况、预算超收收入的安排和使用情况、部门预算制度建立和执行情况、向下级财政转移支付情况、本级人民代表大会关于批准预算的决议的执行情况。常务委员会组成人员对预算执行情况报告和审计工作报告的审议意见交由本级人民政府研究处理，政府应当将研究处理情况向常务委员会提出书面报告。常务委员会认为必要时，可以对审计工作报告作出决议；本级

① 参见姚国建：《违宪责任论》，北京，知识产权出版社，2006，第352页，第388页。

人民政府应当在决议规定的期限内，将执行决议的情况向常务委员会报告。此外，依据我国《宪法》、《监督法》及相关组织法的规定，对于严重违反财政预算的行为，县级以上地方各级人民代表大会常务委员会主任会议，可以向常务委员会提出有关国家机关工作人员的撤职案；县级以上地方各级人民代表大会常务委员会五分之一以上的组成人员书面联名，可以向常务委员会提出国家机关工作人员的撤职案，由主任会议决定是否提请常务委员会会议审议；或者由主任会议提议，经全体会议决定，组织调查委员会，由以后的常务委员会会议根据调查委员会的报告审议决定。因此，与刑事责任、行政责任的追究方式不同，人大及其常委会对预算执行单位的政治责任之追究，主要是由通过撤职案、罢免案等形式予以实施的。

1998 年 12 月 19 日，九届全国人大常委会决定设立全国人大常委会预算工作委员会，并于 1999 年 12 月 25 日通过了《关于加强中央预算审查监督的决定》，等等。据统计，截至 2008 年 3 月 18 日，我国现辖的 31 个省级单位中（22 个省、4 个直辖市和 5 个自治区），除新疆维吾尔自治区之外，其人大常委会都制定了有关预算监督的地方性法规；31 个省级单位的人大全部设有财经委员会或财经工作委员会，另有 17 个省级单位除设有财经委员会之外还仿照全国人大设立了预算工作委员会或者财经预算工作委员会、财经工作委员会。[①] 以上数据说明，我国代议机关的财政监督机制正在逐步发展完善的过程之中。

二、国务院等行政机关作为“中国财政宪法制度的守护者与仲裁者”？

中华民国时期，财政学家马寅初即指出：“联综组织，是我国为救济混一组织之弊端而创立之一种公务机关的组织，使各机关之行政、主计、出纳与审计四种职务，各成一个系统，独立行使其职权，一方面互相牵制，防止财务上之弊端；一方面互相合作，借收动作敏捷之效。”[②] 其所

① 福建省人大财政经济委员会、福建省人大常委会财经工作委员会编：《预算审查监督手册》(2008 年)，第 330～335 页。

② 马寅初先生在此所谓“主计人员”，是指各机关的岁计、会计与统计人员，其在人事方面具有超然之地位，但是职务上仍然受所在机关长官领导；凡财政部所属机关，其办理会计人员，均由财政部直接招考派充，并由财政部直接掌管其任免调迁。我国原来实行会计委派制，后来随着经济体制改革的发展，会计逐渐由企业等原单位管理，自 2000 年开始在部分行政事业单位实行会计集中核算制度。此种做法与中华民国时期的主计制度颇为相近。前揭有关联综组织的论述，参见马寅初：《财政学与中国财政——理论与现实》，北京，商务印书馆，2001，第 80 页。

言之中华民国时期实施财政监督的“联综组织”，尽管与我国现阶段的财政管理制度有所不同，却深刻体现了财政管理流程的复杂性。以“经济人”之视角观察财政资金的收缴、转移和支出的全过程，财政管理体制蕴含着公共资金所有者与使用者之间的利益矛盾，公共资金的监管需要多个机关的紧密配合，方可坐收公共资金“民主使用”、“高效使用”之实效。

（一）国务院作为“中国财政宪法秩序的守护者与仲裁者”?

我国《宪法》第 85 条、第 89 条第 3 项、第 4 项、第 5 项明确规定：“中华人民共和国国务院，即中央人民政府，是最高国家权力机关的执行机关，是最高国家行政机关”；国务院的职权包括：“规定各部和各委员会的任务和职责，统一领导各部和各委员会的工作，并且领导不属于各部和各委员会的全国性的行政工作”；“统一领导全国地方各级国家行政机关的工作，规定中央和省、自治区、直辖市的国家行政机关的职权的具体划分”；“编制和执行国民经济和社会发展计划和国家预算”；等等。可见，在确立各行政机关的职权范围、协调各行政机关的关系等方面，国务院握有宪法授予的各项重要权力。从某种意义上说，国务院不仅是中国财政宪法秩序的重要“守护者”，也是中国财政宪法秩序的重要仲裁者；尤其是对于政府间财政纠纷之调处，国务院具有举足轻重之地位。

按照《行政诉讼法》的规定，政府间的权限纠纷案件并未纳入行政诉讼的受案范围。可以预见，除非宪法体制发生重大变革，由司法机关处理此类纠纷不具有可行性。我国现行《宪法》第 67 条第 1 款规定全国人大常委会的职权包括：（1）解释宪法，监督宪法的实施……（4）解释法律……（7）撤销国务院制定的同宪法、法律相抵触的行政法规、决定和命令；（8）撤销省、自治区、直辖市国家权力机关制定的同宪法、法律和行政法规相抵触的地方性法规和决议；等等。2000 年制定的《立法法》第 42 条规定：“法律解释权属于全国人民代表大会常务委员会。法律有以下情况之一的，由全国人民代表大会常务委员会解释：（一）法律的规定需要进一步明确具体含义的；（二）法律制定后出现新的情况，需要明确适用法律依据的。”可以预见，如果我国要推进政府间财政关系的法治化，其中涉及各级政府之间权限划分的内容必然要通过法律的形式予以规范；因而，在现行法律框架之内，我们可以合理地预见，政府之间的财政权限纠纷如果涉及对分权法条款解释的重大分歧者，由全国人大常委会裁决最为符合现行法律的精神。但是，全国人大常委会每年会期过短，立法事务繁忙，并不一定有足够的时间处理这种争议。因《宪法》第 89 条第 4 项应明确授权国务院“统一领导全国地方各级国家行政机关的工作，规定中央和省、自治区、直辖市的国家行政机关的职权的具体划分”，故而，为了便于纠纷之解决，也可以考虑国务院设立地位独立而超然的“政府间权限争议调处委员会”或者类似机构，专门处理此类争议，乃是合理选择。当然，不服国务院的决定者，应允许其向全国人大常委会申请裁决，全国人大常委会的处理决定为最终裁决。

（二）审计署等审计机关作为“中国财政宪法秩序的守护者”?

马寅初曾经指出：“财政之监督，在他国有行政之监督、立法监督与司法监督之分……但在此三种监督之外，尚有审计监督，而审计监督，是一种独立行使的职权，不受任何机关或任何系统之干涉。不过行使起来，往往渗透立法、行政、司法三种职权之内层。”[①]《利马宣言》也指出：“公共资金的管理意味着一种委托关系，因此，有公共财务管理就一定要有审计。审计本身不是目的，而是控制体系不可缺少的组成部分。这种控制系统的目的是要及早地揭露背离公认标准、违反原则和法令制度及违背资源管理的效率、效果和经济原则的现象，以便在各种情况下尽可能及早采取改正措施，使当事人承担责任、赔偿经济损失或采取措施防止重犯，至少也要使今后更难发生。”[②] 独立、主动的审计监督不仅是代议机关掌握、控制政府财政的重要手段，也是民众了解政府财务信息的重要途径，其宪政意义可见一斑。然则，审计独立是有效、公正审计的前提条件。《利马宣言》提出，审计独立包括三层含义：其一，审计组织的独立性。审计组织必须独立于受审单位之外并不受外来影响才能客观而有效地完成其工作任务。虽然审计组织不可能绝对地独立，但它必须具备完成其任务所需的职能上和组织上的独立性。其二，审计组织成员的独立性。所谓“成员”，是指负责为最高审计组织作出决策的人员以及对这些决策向第三方负责的人员，通常是决策机构的成员或组织上集权的最高审计组织的领导。审计组织成员的独立性也应由宪法予以保障，尤其是罢免其成员的程序应列入宪法，以保证其独立性不受损害；审计组织的审计人员在任职期间应独立于受审单位之外，不受该单位的影响。其三，审计组织财政上的独立性。国家应向审计组织提供经费以保证其完成任务。如果需要，审计

---

① 马寅初：《财政学与中国财政》，北京，商务印书馆，2001，第120页。

② The International Organization of Supreme Audit Institutions (INTOSAI): The Lima Declaration of Guidelines on Auditing precepts, http: //www. intosai. org/2 _ LIMADe. html.

组织有权直接向制定国家预算的公共机关申请必要的经费，审计组织在自己职责范围内有权安排使用预算拨给的专项资金。由此而言，只有建立独立的审计机构，才能为人民了解政府财政预算法案的执行情况提供可信的资讯，为人大监督政府财政提供翔实的参考，也为政府系统内部的财政监督提供可靠的资料。

根据我国《宪法》第 91 条的规定，国务院设立审计机关，对国务院各部门和地方各级政府的财政收支，对国家的财政金融机构和企业事业组织的财务收支，进行审计监督。审计机关在国务院总理领导下，依照法律规定独立行使审计监督权，不受其他行政机关、社会团体和个人的干涉。2006 年 2 月 28 日，第十届全国人大常委会通过关于修改《审计法》的决定，对我国的审计监督制度作了更为详细的规定。从宪法与法律规定的情形来看，我国建立的是隶属于行政首脑的审计监督制度。我国《宪法》第 86 条规定，审计长属于国务院的组成成员。而根据《审计法》的相关规定，审计署在国务院总理领导下，对中央预算执行情况进行审计监督，向国务院总理提出审计结果报告，地方各级审计机关分别在省长、自治区主席、市长、州长、县长、区长和上一级审计机关的领导下，对本级预算执行情况进行审计监督，向本级人民政府和上一级审计机关提出审计结果报告。显然，虽然我国的审计制度也强调了审计机关的独立性，但是这种制度模式仍然带有计划经济体制模式下审计监督的痕迹。其缺陷有二：其一，这种监督模式没有反映政府在财政上受托于代议机关、最终受托于人民的财政宪法关系。其二，这种监督模式仍然是强调行政机关内部的自上而下的监督，缺乏外部监督的强制性效力，有悖于我国人民代表大会制度的民主精神，也无益于各级人大及时、准确、完整地掌握政府财政状况。

（三）财政机关作为“中国财政宪法秩序的守护者”？

目前，各级财政部门内设的财政监督（检查）职能机构（譬如：财政部内设财政监督检查局）和财政部派驻各地的财政监察专员办事机构是政府内部专门的财政监督机构。1997 年之前，我国还存在各级财政、税收、物价大检查办事机构，但是国务院已经取消了这一措施。

一般而言，财政机关的财政监督主要包括如下几项内容：其一，监督预算执行情况。代表本级财政部门监督本级和下级政府及其所属各部门、各单位的预算执行情况，并对预算违法违纪行为提出处理意见。其二，监督财经法纪的遵守。监督检查各政府部门的财务收支，以及执行财政税收法令、政策和财务会计制度的情况，并对其违反财经法纪的行为和案件进行处理。其三，受理违反财政税收法令、政策和财务会计制度的举报事宜，办理对坚持执行财经纪律进行打击报复的重点案件。此外，财政部财政监督检查局还负有组织、指导全国财政监督检查工作，研究拟定财政监督的政策、法规和制度，管理财政部派驻各地的财政监察专员办事机构等职责。2005年财政部《中央预算内固定资产投资补助资金财政财务管理暂行办法》第15条、第18条规定："国务院有关主管部门和省级财政主管部门要加强对投资补助安排使用的监督和检查，每年要不定期组成检查组或委托财政部驻当地财政监察专员办事处等机构抽查使用投资补助的项目单位，确保投资补助按规定安排使用。使用投资补助的项目单位，应在每年年底前向同级财政部门报告投资补助的使用情况，并抄送财政部驻当地财政监察专员办事处。""凡违反规定，弄虚作假，骗取、截留、挪用投资补助或项目未按规定实施的，除将已拨付资金全额收缴国库外，各级财政部门要立即停止对项目单位所在主管部门或省、自治区、直辖市及计划单列市投资补助拨付，并进行全面核查，直至纠正。对有关人员根据《财政违法行为处罚处分条例》（国务院令第427号）及国家有关规定追究责任，触犯法律的要追究相应的法律责任。"财政机关实施财政监督的方式主要有如下几种：

第一，财政监督的实施主体是财政机关内设的财政监督机构，如我国财政部内设的财政监督检查局，在各省、自治区、直辖市与单列城市派驻的财政监察专员办事处（简称"专员办"），等等。依据1999年财政部《关于进一步转变财政监察专员办事处工作职能和工作方式问题的通知》，专员办的主要职能是根据财政部的授权，就地做好经常性检查和监督工作，譬如：对国税机关退付中央预算收入的审查审批，对国有商业银行、国有保险公司以及政策性银行核销呆账准备金的审查和核销坏账准备金的审查审批，监缴中央非税性预算收入、海关缉私罚没收入解缴入库的日常监管和必要检查，国储粮、棉费用利息补贴和粮食风险基金管理使用情况的审查，对当地管理使用国债专项资金情况进行监督，对国有商业银行和其他商业银行代收罚款手续费的审核、支付，以及国库券销毁的监督等等。依据《财政监察专员办事处实施中央财政非税收入监督管理暂行办法》之规定，财政专员还可以对中央非税收入（包括行政事业性收费、政府性基金、国有资源有偿使用收入、国有资产有偿使用收入、国有资本经营收益、彩票公益金、罚没收入、以政府名义接受的捐赠收入、主管部门集中收入以及政府财政资金产生的利息收入等等）实施就地监督管理，实施监督管理的方式主要是：就地征收、就地监缴、专项检查。此外，专员办还可以对中央税收收入实施监督管理，其坚持日常监督与专项检查相结合的原则，通过对中央税收收入征收、入库、划分、留解、退付等信息的监测和分析，建立对中央税收收入的全过程监控机制。但是，财政专员办有时也承担了监督财政支出行为的重要职能。如在 2008 年四川赈灾过程中，财政部《关于进一步做好抗震救灾资金监管工作的通知》要求："专员办和财政厅（局）要进一步加强对抗震救灾相关政策落实情况和资金管理使用情况的监督检查，督促抗震救灾资金有关政策及规章制度落到实处，确保抗震救灾资金不出问题、少出问题，发挥抗震救灾资金效益。要高度关注抗震救灾资金政策的执行情况，注意发现和反映制度执行中不规范、政策不完善的问题，督促和指导有关地区和部门特别是基层单位，从实际出发制定具体管理办法。要强化财政监督检查，对抗震救灾资金管理使用及政策执行中存在的违法违规问题，一经发现，依法严肃处理。"2008 年金融危机爆发之后，中央政府决定新增 1 000 亿元中央投资，主要用于民生工程、重大基础设施、生态环境、自主创新和产业结构调整等方面建设。为了控制资金流向，按照党中央、国务院部署要求，财政部成立了"扩大内需促进经济增长政策落实监督检查工作领导小组"，领导小组办公室设在监督检查局，负责日常工作。[①] 2008 年财政部在《关于加强地方财政监督工作的若干意见》中提出："各级财政部门要适应财政管理的需要，借鉴部分省市的先进做法，逐步增加专职监督机构人员编制，规范监督机构名称。各级财政部门要在干部培养、办公条件、工作经费等方面给予必需的保障。机构建设相对薄弱地区的省级财政部门必须要加强机构队伍建设，各省（区、市）财政部门要加大对各地市和县级财政监督机构队伍建设的指导支持力度。要重视加强财政监督干部的学习和培训，逐步建立一支知识结构合理、业务熟练、政治坚定、政策把握能力较强的财政监督队伍。"

第二，财政监督主要采取事中与事后检查的监督方式。依据我国《会计法》、《财政违法行为处罚处分条例》及其他有关法律、行政法规之规定，须经注册会计师进行审计的单位，应当向受委托的会计师事务所如实提供会计凭证、会计账簿、财务会计报告和其他会计资料以及有关情况。

① 参见财政部：《关于做好扩大内需促进经济增长政策落实和资金监管工作的通知》，2008 - 11 - 24。

任何单位或者个人不得以任何方式要求或者示意注册会计师及其所在的会计师事务所出具不实或者不当的审计报告。财政部门有权对会计师事务所出具审计报告的程序和内容进行监督。财政部门对各单位的下列情况实施监督：(1) 是否依法设置会计账簿；(2) 会计凭证、会计账簿、财务会计报告和其他会计资料是否真实、完整；(3) 会计核算是否符合本法和国家统一的会计制度的规定；(4) 从事会计工作的人员是否具备从业资格。在对前款第 2 项所列事项实施监督，发现重大违法嫌疑时，国务院财政部门及其派出机构可以向与被监督单位有经济业务往来的单位和为被监督单位开立账户的金融机构查询有关情况，有关单位和金融机构应当给予支持。财政部门等财政监督机构依照有关法律、行政法规规定的职责，在对有关单位的会计资料依法实施监督检查后，应当出具检查结论。有关监督检查部门已经作出的检查结论能够满足其他监督检查部门履行本部门职责需要的，其他监督检查部门应当加以利用，避免重复查账。依法对有关单位的会计资料实施监督检查的部门及其工作人员对在监督检查中知悉的国家秘密和商业秘密负有保密义务。各单位必须依照有关法律、行政法规的规定，接受有关监督检查部门依法实施的监督检查，如实提供会计凭证、会计账簿、财务会计报告和其他会计资料以及有关情况，不得拒绝、隐匿、谎报。否则，财政部门等财政监督机构有权责令限期改正；逾期不改正的，对属于国家公务员的直接负责的主管人员和其他直接责任人员，给予警告、记过或者记大过处分；情节严重的，给予降级或者撤职处分。对被调查、检查单位或者个人正在进行的财政违法行为，财政部门、审计机关应当责令停止。拒不执行的，财政部门可以暂停财政拨款或者停止拨付与财政违法行为直接有关的款项，已经拨付的，责令其暂停使用；审计机关可以通知财政部门或者其他有关主管部门暂停财政拨款或者停止拨付与财政违法行为直接有关的款项，已经拨付的，责令其暂停使用，财政部门和其他有关主管部门应当将结果书面告知审计机关。

由于财政机关的监督目前主要属于“事后监督”，其监督效果具有滞后性与局限性。为了进一步强化监督效能，财政部在 2008 年《关于加强地方财政监督工作的若干意见》中提出：“各级财政部门要充分重视预算编制和执行情况的监督，积极探索构建财政运行全过程动态监管机制。要推进监督关口前移，认真开展部门预算编制审核、重大支出项目审核、以及政策调研等工作，强化事前监督。要充分利用财政管理信息系统，实现监督检查信息与业务管理信息共享，做到预算编制、执行和监督各业务主体间信息沟通便捷，逐步实现对部门预算执行情况开展实时分析监控，及时发现并纠正预算执行中存在的问题，强化事中监控。要重视组织开展预算执行情况的监督检查，通过事后检查，研究分析预算执行中存在的问题，以进一步修正完善预算编制和执行工作。”但是，如何在强化事先监督、事中监督的同时兼顾行政效率的提高，则还需要进一步的调查研究。在域外财政监督法制中，法国与埃及的财政监督制度颇有特色，值得我国借鉴。譬如：法国财政部对中央政府的所有其他部门都派驻了有5～10名财务监督官组成的监督小组，对各省政府则由省出纳代表财政部长代行财务监督官的职责；各部部长使用预算拨款的命令必须经财务监督官签字才能执行，省长决定某项开支也必须先征求省出纳的意见。[①] 在埃及，依据《政府会计法》的规定，财政部向各个部门派驻财政监督员，对各个部门的预算和支出进行审核审批。财政监督员由财政部政府会计局统一管理。地方财政部门同样设立财政监督员，全国共有一万八千多名财政监督员，编制都是财政编制。为了对财政监督员进行再监督，财政部门还设立了财政巡视员，专门负责对财政监督员进行定期巡视，确保财政监督员依法履行职责。[②] 当然，财政监督制度归根究底乃是国家权力体制的一部分，每个国家的权力体制互有差异，故而国外的财政监督模式并不能完全移植。

三、人民法院作为“中国财政宪法秩序的守护者与仲裁者”？

（一）人民法院经由司法改革成为“中国财政宪法秩序的守护者”？

人民法院是否可以成为“中国财政宪法秩序的守护者与仲裁者”？从世界范围内立宪主义的普适原理来看，这个问题的肯定答案似乎并无悬念。但是实际上，从“齐玉苓案件”及其司法批复所引起的轩然大波及学理争议来看，我们不难发现，学界对此并未形成真正的共识，甚至对于此前中国最高人民法院所推进的司法改革措施，也不乏诸多质疑。进而言之，中国确立了“建设社会主义市场经济”的经济体制改革目标之后，特别是在“依法治国”正式成为中国宪法文本所确认的“治国方略”之后，

① 参见财政部财政制度国际比较课题组：《法国财政制度》，北京，中国财政经济出版社，1998，第27页。

② 参见财政部赴埃及、肯尼亚考察团：《埃及、肯尼亚财政管理与监督考察报告》，引自财政部官方网站。

司法改革作为市场经济的基础条件、依法治国的内在要求被提上议事日程。[①] 1997年中共十五大提出了“司法改革”目标，此后最高人民法院分别于1999年、2005年颁布了两个《人民法院五年改革纲要》，以期规划法院制度的改革步骤。但是，法院系统的司法改革却引发了诸多的质疑。近些年来，对于司法改革提出强烈质疑、甚至彻底否定者不乏其人。譬如，刘松山提出：“最高人民法院甚至地方各级人民法院轰轰烈烈地搞司法改革是一项匪夷所思的活动。人民法院在国家机构体系中只能是一个忠实地服从法律的低调‘保守派’，不可以是一个四面出击的‘改革者’。世界上恐怕没有哪个国家的法院热衷于在改革的风潮中登台亮相，以改革者自居，甚至敢于违反议会制定的法律乃至宪法、另搞一套的。中国的人民法院搞司法改革在诸多方面存在着严重问题，特别是可能对人民代表大会制度以及宪法和法律的权威构成损害。有关方面应当要求人民法院停止司法改革，并严肃纠正各级法院在司法改革中出现的各种违宪违法行为。”[②] 其中观点虽然有失偏颇（原有的司法改革并非人民法院的单独行动，而是在中央的领导下、综合包括人大机关在内的各方面意见而进行的），但是仍然反映了理论界不少学者对于原有司法改革的看法。高一飞则提出，司法改革“应当从立即可行的改革措施做起”，“对法官的道德考察比职业能力考核更重要”，“司法制约与司法独立机制改革应当同时推进”，等等。[③] 这种观点虽然并没有全然否定原来的司法改革措施，但是却对原有的司法改革思路提出了较大的修改意见。而根据最高人民法院1999年所颁布的《人民法院改革纲要》，人民法院改革针对的问题主要是：“司法活动中的地方保护主义”、“法官整体素质难以适应审判工作专业化要求”、“审判工作的行政管理模式”与“人民法院特别是基层人民法院经费困难”等。因此，司法改革的总体目标是：“紧密围绕社会主义市场经济的发展和建立社会主义法治国家的需要，依据宪法和法律规定的基本原则，健全人民法院的组织体系；进一步完善独立、公正、公开、高效、廉洁，运行良好的审判工作机制；在科学的法官管理制度下，造就一

① 1999年10月20日，最高人民法院副院长祝铭山大法官在《关于〈人民法院五年改革纲要〉的说明》中提出：继续深化人民法院的改革，“是建立和发展社会主义市场经济的客观需要”，“是建设社会主义法治国家的需要”，“是审判工作自身发展的需要”，“是广大人民群众法律意识不断提高的必然要求”。

② 刘松山：《再论司法改革之非》，载《法学》，2006（1）。

③ 参见高一飞：《司法改革的方向应当重新调整》，载《经济观察报》，2008-08-02。

支高素质的法官队伍；建立保障人民法院充分履行审判职能的经费管理体制；真正建立起具有中国特色的社会主义司法制度。”从整体上看，这种改革思路切中了中国司法制度发展之要害，与中国大多数法学学者的观点基本一致。[①] 但是，十余年的改革效果确实也存在一些问题，难免引起某些学者的质问，进而使人民法院作为“中国财政宪法秩序之守护者与仲裁者”的地位也遭遇严重质疑。

第一，司法腐败难以消除，严重影响了司法机关的公正形象。从最高人民法院历任院长的工作报告可知：1996 年，全国法院系统共处理各类违纪违法人员 1 051 人，其中受刑事处分的 59 人，内有审判人员 50 人；2001 年有 995 名法官和其他工作人员被追究党纪、政纪责任，有 85 人被追究刑事责任；2003 年共查处违法违纪法官 794 人，其中 52 人因滥用审判权、执行权被依法追究刑事责任；2004 年全国法院有 461 人因违法违纪行为被查处；2005 年查处违纪法官 378 人，66 人被追究刑事责任；2006 年查处违纪法官 292 人，109 人被追究刑事责任；2007 年因违纪违法被查处的法官人数为 218 人。从这些数据来看，虽然被查处的人数在不断减少，但是绝对数目依然惊人。以美国联邦法院系统作为参照，迄今为止在由众议院表决并移交参议院审议的 16 起弹劾案中，有 11 起涉及联邦法官，其中 9 起案件针对地区法院法官，另外 1 起针对联邦商业法院的法官，1 起针对最高法院的大法官。这些案件中，4 起被宣告无罪，另外 7 起作出有罪判决。[②] 此中缘由，当然与美国严格的弹劾程序有关，但是相比之下中国法官的职业操守不免让人担忧。中国法官在职业能力、职业操守上能否承担起“财政宪法秩序的守护者与仲裁者”之重任，由此或将成为悬疑。

第二，某些司法改革措施有“违法”之嫌，引起了社会舆论的广泛关注。譬如，针对“再审制度”引起的“怪圈”，深圳市中级人民法院曾经于 2002 年出台《关于申诉和申请再审的若干规定（试行）》（后文简称《规定》），引起了某些媒体的强烈质疑。譬如，2002 年 10 月 24 日《南方周末》曾刊登《辨析“缠讼”之所由来》一文，提出：“限制申诉与再审的目的是为减少案件当事人‘缠讼’，从这一思路可看出，案件当事人‘无理取闹’

① 参见李林：《推进司法改革，实现司法公正——“依法治国与司法改革”学术研讨会综述》，载信春鹰、李林主编：《依法治国与司法改革》，北京，中国法制出版社，1999，第 607～633 页。

② 参见宋冰编：《美国与德国的司法制度及司法程序》，北京，中国政法大学出版社，1999，第 145 页。

被视为申诉产生的原因。这其实是个大可存疑的判断。如果案件审理与判决公正，当事人申诉的可能性很小。在‘司法腐败’尚未得到根除，司法公正尚无切实保证的情形下，多次申诉与再审在一定程度上是尽量维护司法公正必须付出的成本。”① 其实，各级法院为了规范与统一适用法律规范的技术标准，制定内部的司法程序操作规程，原本无可厚非。问题在于，法院所采取的各种措施，包括司法改革措施，不能与法律法规相抵触，不得侵犯或者剥夺当事人的宪法权利、法律权利。如果人民法院超越宪法和法律文本的授权界限，主动承担起“中国财政宪法秩序之守护者与仲裁者”之角色，且不必说其行为是否涉嫌僭越宪法对人民法院的职权定位，在纠纷裁决程序的启动、裁判效力之保障等方面，法院均会面临尴尬之处境。

（二）影响人民法院成为“中国财政宪法秩序之守护者与仲裁者”的诸种因素

第一，“国家主导”的现代化方略。西方国家素有自然法的社会历史传统，代表公平正义的自然法精神内化于国家法等实在法体系之中，法律本身成为被社会民众所信仰的对象。而且，西方诸国之现代司法制度的建立乃是本源于其固有的政治文化传统，与市场经济、民主政治的发展大体上处于同一过程，甚至更早于市场经济与民主制度的产生；兼之经历了数个世纪的发展，社会民众对此有比较高的认同感。但是，中国古代社会乃是以伦理为本位，礼法并行不悖，社会文化精神乃是“崇礼而轻法”，最多是“隆礼而重法”（荀子语），社会文化中缺乏法律信仰的传统；注重人伦关怀、崇信道德人格却是中国传统文化的一贯精神。中国现代司法制度的形成始于清末民初对域外制度的引进或者借鉴，期间又经历了数次革命的浪潮甚至政治动乱，在司法观念上存在精英阶层与普罗大众相对脱节的现实问题。② 虽然中国法制现代化进程已历经百余年，现代法律正义观念

---

① 魏文彪：《辨析“缠讼”之所由来》，载《南方周末》，2002-10-24。

② 罗荣渠认为：“由于创新性变革与传导性变革两种方式之不同，在实际的历史进程中，通向现代化的多样化道路可大致概括为两大类不同起源，从而形成两种不同的现代化过程。一类是内源的现代化，这是由社会自身力量产生的内部创新，经历漫长过程的社会变革的道路，又称内源性变迁，其外来的影响居于次要地位。一类是外源或外诱的现代化，这是在国际环境影响下，社会受外部冲击而引起内部的思想和政治变革并进而推动经济变革的道路，又称外诱变迁，其内部创新居于次要地位。”“内源的现代化是以工业革命和工业化带动整个社会的其他方面的变革；外源的现代化的变革顺序则有所不同，一般是社会和思想层面的变革和政治革命发生在前，而工业化发生于后。”罗荣渠：《现代化新论——世界与中国的现代化进程》，北京，商务印书馆，2004，第131页，第133页。

与社会传统公平观念在中国社会却依然相对脱节，而后者往往体现为民众的“实质正义观”，它与现代法律制度之注重形式公平、现代司法制度之注重程序正义的精神，还会有一定的“落差”。中国普通民众重实质公正而轻形式公平，对于源自域外的现代法律程序，尤其是现代预算制度等等，缺乏充分了解；这些社会因素都会严重制约司法裁判效能的有效发挥。特别是，现代司法制度需要有高素质的法律人职业群体，他们不仅要“品行端正、德高望重、博闻强识”（托克维尔语），而且还应该具有深厚的法律素养、丰富的经济知识和社会常识，以及高超的政治智慧，善于在司法实践中将公平正义的现代法律精神融入本土的社会文化之中，方可赢得社会民众与行政官员对司法判决的衷心认同。很显然，这些社会条件之缺乏虽非原司法改革所致，却也非短期内所能达致。

第二，“行政主导”的社会管理模式。由前文所述，战争、动乱、灾难、贫困等，这些“非正常的社会事态”只会助长行政权威的扩张。“司法机构既没有刀剑，有没有控制金钱”；在非正常之社会环境下司法权威的形成必然是举步维艰。而近现代的中国恰恰处于这样的复杂环境之中，即使是处于经济高速发展的当今时代，我国的自然灾难仍然频繁发生，贫困、治安等社会问题依然形势严峻，民众对行政机构的期待、依赖更甚于对司法机构。而且，中国是当前世界上最大的发展中国家。关于中国等发展中国家近现代经济发展的现实障碍，学者们主要从内因与外因的视角提出了很多观点。譬如，“外因说”主要是将经济落后的原因归咎于西方列强的侵略与不公平的政治经济秩序，而“内因说”则往往从“资本匮乏”、“人力资源不足”、“人口增长速度过快”、“技术创新能力落后”等等角度，揭示发展中国家经济发展的困境。以上诸种观点都从某个角度揭示了中国等发展中国家的国情特点，这说明：在现当代复杂的国内外环境中，中国等发展中国家的政府必须承担起更多、更复杂的发展经济职能。如此，则行政权威的强式扩张乃势所必然，甚至可能是“众望所归”；而司法权威则因其固有的特征，如其权力性质主要是属于“判断权”，具有“被动性”，缺乏强大的动员能力与支配能力，等等，在此种环境下会受到某种程度的抑制。进而言之，无论是政府间财政纠纷的调处，还是人民与政府间就财政收支引发的利益纠葛，司法裁决的权威性与合理性均会遭受社会的严重质疑。

第三，“代议机关主导”的“根本政治制度”。我国《宪法》第3条第3款明确规定：“国家行政机关、审判机关、检察机关都由人民代表大会产生，对它负责，受它监督。”人民代表大会制度是我国的根本政治制度，在县区、市、省、自治区、直辖市与中央等各级国家机构体系中，每一级的司法机构都是由人大产生、对人大负责、受人大监督；这在事实上也构成了地方司法机构由地方人大选举产生、向地方人大负责、受地方人大监督的制度基础。我国的司法改革以消除司法机构的“地方化”、“行政化”及“司法机关经费不独立”等问题为目标，而实则这些现象都与现存的地方人大制度有着内在的关联性。客观地说，我国现行宪法并没有给司法机关监督地方人大及其常委会的法定预算，乃至监督地方政府的财政收支行为之合法性与合宪性，留有必要的授权空间。

（三）人民法院成长为“中国财政宪法秩序之守护者”须遵循的宪法原则

第一，司法机关须保持自我节制。由上所述，对于中国的司法制度改革而言，由于各种因素的局限，提出目标与实施改革实际上不可能同步而行。司法权威的生命力在于“司法公正”、在于司法机构之“护法”与“维权”的职能；在目前诸种条件均不成熟的情况下，司法机构尤其需要保持理性的自我克制态度，努力通过宪法和法律限度内的制度建设，积极培养优秀的司法人才，以“公正”、“廉洁”、“理性”的形象逐步争取社会民众的更大支持。

第二，司法机关须履行宪法职责。古人云：“吏不畏吾严而畏吾廉，民不畏吾能而畏吾公。”当代中国的司法官员作为“人民的公仆”，当然不需要让百姓感到畏惧。但是，从中国的社会文化心理看，司法官员清正廉洁的人格形象、维权护法的刚正形象，乃是司法部门赢得民众认同的重要依据。故而，在法律授权的界限之内，更多地通过法律解释、法律推理等技术操作切实保障公民的权利，促进人权事业的发展，乃是司法机构获取社会认同的真正可行之路，也是争取独立裁判地位的现实依据。很显然，如果“有法不依，执法不严，执法不公，吃拿卡要，索贿受贿，贪赃枉法，欺压百姓”[①] 等司法腐败现象得不到有效遏制，如果行政机关肆意违法课征税收，甚至恣意处罚纳税人的行为难以得到有效的司法监督，则司法权威断难得到民众的积极认同。

第三，司法机关须尊重公共舆论。我国《宪法》第126条规定：“人

① 信春鹰、李林主编：《依法治国与司法改革》序，北京，中国法制出版社，1999，第3页。

民法院依照法律规定独立行使审判权，不受行政机关、社会团体和个人的干涉。”司法机构与地方代议机构、行政机构的不同之处在于，在市场经济条件下，后二者乃是以表达、维护与促进地方民众的利益诉求为主要职能，而前者则必须以维护法律的统一权威为基本职责；正是在这样一种权力框架下，司法机构得以成为自由贸易之经济秩序的“忠实捍卫者”，亦得成为统一有效之财政秩序的“适格守护者”；唯其如此，司法部门的独立性正当诉求才能得到其他机构与社会民众的尊重和支持。因此，司法机构当以法律诉求为司法诉求，而不宜在脱离这一话题的语境下寻求所谓之“独立地位”。否则，“自说自话”的“司法独立”诉求恐难以得到人民的积极响应。

中国宪法条款能否直接适用于司法审判？这是中国宪法学者长期争议之话题。笔者认为，在中国的人民代表大会制度之下，法院固无对于法律的合宪性审查权，但是可以在“法律之合宪性推定”前提下通过“合宪性解释”，或者在部门法规范发生冲突之时，直接适用宪法规范。尤其是，当纳税人因税收筹划被税务机关认定为税收规避时，人民法院以宪法上“平等原则”等宪法条款及其衍生的“量能平等课税原则”为依据，审查税务机关的税收稽征行为之合法性与合宪性，以合理界分纳税人的“税收规避”行为与“合法节税行为”，维护纳税人的合法权益。在此意义上，人民法院之作为“中国财政宪法秩序的守护者”，不仅是“理所当然”，亦是“众望所归”。对此，笔者将在后文详加论述。

第八章 财政宪法规范的适用及其整合功能

2005年，陕西省神木县人民法院法官张某入股陈某的煤矿，并先后从煤矿得到红利六百多万元。2008年4月，张某获悉陈某已将煤矿部分股权转让给他人，遂诉至神木县人民法院，要求法院确认其煤矿股权，并判令煤矿方赔偿损失。神木人民法院立案后，考虑原告系法院内部人员，经请示榆林市中级人民法院后，案件改由横山县人民法院审理。2010年2月，横山县人民法院一审判决认为：《公务员法》、《法官法》有关公务员的"禁业义务"是"管理性强制规定"，并非"效力性强制性规定"，判决张某所持股份继续有效。被告不服，上诉至榆林市中级人民法院。二审法院认为，张某投资入股煤矿的行为违反《公务员法》、《法官法》。[①] 且张某已于2005年8月与陈某已达成口头退股协议并收取退股款，故而判决撤销横山县人民法院的一审判决，驳回张某的诉讼请求。[②] 本案中当事人之间的法律争议，除涉及法官张某的口头退股协议是否有效之外，主要还涉及《合同法》与《法官法》、《公务员法》之间的规范冲突问题。而本案被媒体披露之后，社会各界所关注的焦点也恰恰在于这一方面。中央电视台著名主持人白岩松则认为，对于张某等违法者仅仅作行政处分还"没有还给社会一个人们所期待的公正"，他们所获得的违规收入，即违反《法官法》和《公务员法》的收入，也应该一并拿掉。[③]

---

① 《公务员法》第53条第14项规定：公务员不得"从事或者参与营利性活动，在企业或者其他营利性组织中兼任职务"；《法官法》第32条第11项规定：法官不得"从事营利性的经营活动"。两部法律的表述略有差异，但立法意旨基本相同。

② 参见《法官告煤矿讨分红：陕西横山县法院一审判其胜诉》，载《京华时报》，2010-05-24；台建林：《神木法官入股煤矿讨要红利终审败诉》，载《法制日报》，2010-05-29。

③ 参见中央电视台《新闻1+1》栏目，2010年5月24日，李小萌主持的节目《一个法官的自我"举报"》，参见：中国日报网，网址：http://www.chinadaily.com.cn/dfpd/beijing/2010-05-25/content_360645_3.html，访问时间：2010-07-14。

然则，张某前期入股煤矿并已取得丰厚收益，其是否已向国家缴纳相关税款，除了个别网络媒体曾经表示质疑之外，并未见诸于相关新闻报道。[①] 此外，2006 年 1 月，财政部、国家税务总局发布《关于加强教育劳务营业税征收管理有关问题的通知》，其中规定：国内学校超过规定收费标准的收费，以各种名义为由另外收取的费用以及各种赞助费、支教费等超过规定范围的收入，不属于免征营业税的教育服务收入，应当按照有关税法的规定征收营业税。此举亦曾引起巨大争议，有人认为这一规定意味着国家对于学校非法收费之认可。刘剑文撰文指出："基于税收法定原则，纳税义务于税收构成要件满足时成立。税务机关仅有权依法根据税收构成要件满足的情况进行征税而无权随意开征税款，也不得少征税款。由于具有收益性的择校费本身满足了营业税的构成要件，尽管其具有道德上的可责性甚至其具有一定的非法性，但在纳税义务已然成立的情况下，对择校费本身进行征税恰恰是对税收法治的尊重。税务机关根据税法的规定进行征税，无须也无权判断收入的合法性，税务机关的征税行为不是道德判断的行为，更不会是合法性的认可。"[②] 更有学者从"税收公平"、"实质课税"、"税收效率"三原则视角，援引"美国偷盗所得也要纳税"之案例，进而探讨了"非法所得是否需要申报纳税"及"是否可以适用费用扣除"等问题。[③] 笔者不免有些疑惑——如果税务机关已经掌握违法行为人取得违法收入之证据，为何不将其移送司法机关或者其他行政机关以追究其违法、犯罪及侵权责任，而得径行没收其违法所得，或者返还给受害人？进而言之，如果前述行为被认定为违法、犯罪或者侵权，即或被侵权人无法寻得，则违法（广义）行为人在承担公法上之财产责任之后，是否还有能力承担纳税义务？前揭诸种争议，论者或者着意于"效力规范"与"管理规范"之区分，排除公法规范对于民事法律行为之直接效力，或者直接诉诸于"社会公正"，要求以公法规范否定私法协议之效力；其间不仅折射出法律体系中各部门法规范之间的诸多"缝隙"，亦体现了传统法规冲突

① 芜湖新闻网载文指出："希望上级纪检监察部门，认真履行职责，好好地查一查，看看还有多少这样的'官商勾结'。当地税务部门，也应该查查这些暴富一族，是否按章纳税了？"参见佚名：《还有多少权力入股煤矿?》，网址：http：//www.wuhunews.cn/whnews/201005/231960.html；访问时间：2011 - 11 - 08。

② 刘剑文：《非法未必不纳税》，载于北大法律网"法学在线"栏目，网址：http：//article.chinalawinfo.com/Article_Detail.asp? ArticleID＝33143；访问时间：2011 - 11 - 08。

③ 参见张波：《论非法所得的课税性》，载《财会月刊》，2009（23）。

选择学说之严重局限。

第一节 公私法规范冲突的诸种表现及主要成因

一、公私法规范冲突的诸种表现

众所周知，各国法律体系之构成，传统上大都为“公法”、“私法”二元体系，唯现代社会法之“异军突起”，又有“公法”、“私法”和“公私混合法”三元构成之谓。但是，我国受苏联社会传统之影响，法律体系多以“部门法”为基本单元，只不过，民法、刑法、诉讼法、行政法等部门法，或归于公法，或归于私法，新兴社会法等部门法则可归为“公私混合法”，与西方法律体系的“二元构成论”或“三元构成论”并无实质冲突。须注意者，我国社会主义法律体系以部门法为基础，现实发生的案件却未必仅仅局限于某一部门法领域。如果一个案件涉及多个部门法，且这些法规范之构成要件发生重合或者交叉，使某一法律事件之处理同时面临两个或者两个以上的法律后果，则此种情形为部门法规范之竞合，它属于法规竞合之一种（法规竞合还包括同一部门法内部的法规竞合）。黄茂荣指出：“在法条互相竞合的情形，假若这些法条所规定之法律效力同一，则其竞合并不引起严重的问题，盖其中某一法条是否排除另一法条之适用，并没有多大的实益。”[①] 由此，在“法规竞合”的情形下，不同的部门法规范设立了相互冲突的法律效果，就会构成“部门法规范的冲突”，如刑法与民法的冲突（以后简称“刑民冲突”）、行政法与民法的冲突等，在整体上它们集中体现为“公私法规范的冲突”。

第一，刑法与民法的规范冲突。在近年来发生的“刑民冲突”案件中，最为典型者为四川达州渠县的“帅英骗保案”——1998 年、2000 年帅英先后两次为母亲投保“康宁终身保险”，该保险合同约定：“凡 70 周岁以下，身体健康者均可作为被保险人”。而实际上，1998 年时帅英母亲已有 77 岁高龄。2003 年，帅英在母亲不治身亡之后，如约领到死亡保险金 27 万元。但是，公安部门随即以涉嫌保险诈骗罪将其刑事拘留，并由大竹县检察院提起诉讼，一审法院判决帅英无罪。据报道，帅英申辩，母

① 黄茂荣：《法学方法与现代民法》，北京，法律出版社，2007，第 206～207 页。

亲的户籍年龄在投保前即已修改，她在投保时曾告知保险业务员，但业务员回答说按户口情况填就可以。[①] 本案发生之后，因《保险法》第 54 条与《刑法》第 198 条涉嫌构成法律规范的效力冲突，司法实务界与刑法学理论界即产生了“刑法规范优先适用”还是“民法规范优先适用”之争议。[②] 关于这一问题，笔者曾撰文予以专门探讨，在此不再赘述。[③] 事实上，在司法审判实务中，因相关行为的民法适用往往决定着其法律性质，行为之民法判断甚至成为法官判断该行为是否构成犯罪的“先决条件”。因此，当事人往往试图利用民法上意思自治的空间规避刑罚制裁；于是，在民法规范与刑法规范指向不同的价值取向或者法律效果时，法官如何权衡法益并作出合理判决，遂成为无法回避的司法课题。譬如，在涉税刑事案件中，纳税人的行为涉嫌犯罪时，他与民事交易关系的另外一方当事人之间的民事法律关系是否依然具有法律效力？而另外一方当事人又是否应该承担法律责任？税务机关及人民法院亦须权衡其中的诸种法益，力求在维护税收债权之同时，亦能够有效维护私法秩序的安定性。对此，2000 年 11 月，国家税务总局颁发《关于纳税人善意取得虚开的增值税专用发票处理问题的通知》，其中规定：“购货方与销售方存在真实的交易，销售方使用的是其所在省（自治区、直辖市和计划单列市）的专用发票，专用发票注明的销售方名称、印章、货物数量、金额及税额等全部内容与实际相符，且没有证据表明购货方知道销售方提供的专用发票是以非法手段获得的，对购货方不以偷税或者骗取出口退税论处。但应按有关规定不予抵扣进项税款或者不予出口退税；购货方已经抵扣的进项税款或者取得的出口退税，应依法追缴。购货方能够重新从销售方取得防伪税控系统开出的合法、有效专用发票的，或者取得手工开出的合法、有效专用发票且取得了销售方所在地税务机关已经或者正在依法对销售方虚开专用发票行为进行查处证明的，购货方所在地税务机关应依法准予抵扣进项税款或者出口

① 参见何海宁：《难倒法官的骗保案》，载《南方周末》，2005－04－04。

② 2002 年《保险法》第 12 条规定：“保险标的是指作为保险对象的财产及其有关利益或者人的寿命和身体。”第 54 条规定：“投保人申报的被保险人年龄不真实，并且其真实年龄不符合合同约定年龄限制的，保险人可以解除合同，并在扣除手续费后，向投保人退还保险费，但是自合同成立之日起逾二年的除外。”《刑法》第 198 条规定：“有下列情形之一，进行保险诈骗活动……数额特别巨大或者有其他特别严重情节的，处十年以上有期徒刑，并处二万元以上十万元以下罚金或者没收财产：（一）投保人故意虚构保险标的，骗取保险金的……”

③ 参见周刚志：《论刑民冲突之宪法调适》，载《西南政法大学学报》，2010（2）。

退税。如有证据表明购货方在进项税款得到抵扣、或者获得出口退税前知道该专用发票是销售方以非法手段获得的，对购货方应按《国家税务总局关于纳税人取得虚开的增值税专用发票处理问题的通知》(国税发［1997］134号）和《国家税务总局关于〈国家税务总局关于纳税人取得虚开的增值税专用发票处理问题的通知〉的补充通知》（国税发［2000］182号）的规定处理。”可见，当刑法规范与民法规范指向互不冲突但是迥然有异的法律效果时，原则上“刑法归刑法、民法归民法”，其中虽会产生两种不同的法律效果，却并非我们所谓的“刑民冲突”，而是刑民两种规范同时作用于一个法律关系的自然结果。

第二，行政法与民法的规范冲突。相对于刑民冲突之案型，行政法规范与民法规范的冲突不仅体现在它们各自指向不同的价值取向或者法律效果，还在于：行政法规范作为行政机关干预社会经济活动之依据，它在对民事法律行为作出否定性评价并将其作为行政违法或者违纪行为时，民事法律行为是否当然因此而丧失法律效力？进而言之，纳税人利用私法自治空间，以“税收筹划”名义谋求减少税负，税务机关须采“经济观察法”，依循“实质课税原则”，甄别所谓“税收规避”与“合法节税”，进而对该民事法律行为之税法效果做出独立判断。[①] 德国租税通则第42条明确规定：“税法不因滥用法律之形成可能性而得规避其适用。有滥用之情势时，依据与经济事实相当之法律形式，成立租税请求权。”如果纳税人就此提起诉讼，则法院可依据宪法上“平等原则”等条款，对税务机关的行为进行司法审查。在纳税人的行为构成“税收规避”时，则国家税收债权之成立，固然不受纳税人私法行为形式之约束，但是其民事法律效果是否得受此影响？譬如，纳税人利用“关联交易”或“隐名入股”等方式违反诚实纳税之义务，税务机关适用“实质课税原则”课征相应税收时，当事人的民事法律行为是否会因此而当然失去法律效力？我国《民法通则》第54条明确规定：“民事法律行为是公民或者法人设立、变更、终止民事权利和民事义务的合法行为。”该法第58条第5项亦规定，凡违反法律或者社会公共利益的民事行为均属无效。依据这几个条款，似乎民事法律行为违反法律规范（包括行政法规范）均属无效。然而，如果法院采用此种解释方案，则民事法律秩序的形成与演化均须仰仗于行政机关的判断，当事人

① 所谓“税收规避行为”，乃是纳税人通过“关联交易”或者“隐名入股”等手段或方式、利用税法漏洞规避纳税义务的行为，其本质上一般属于纳税人对于民事权利之滥用。

通过意思自治营造私法秩序的自由空间将被大大限缩甚至挤压；如此，不仅民事法律秩序无法维持安定，所谓“社会主义市场经济体制”亦或将被植入危险的“特洛伊木马”。故而，法院在司法实务中既未将所有违反行政法等法律规范的“民事行为”排除在“民事法律行为”之外，亦未以其违反行政法等法律规范为由而一概否定其效力。前揭法官参股案件，一审法院认为《公务员法》和《法官法》中有关“法官不得从事或者参与营利性活动”的禁止性规定属于“管理性规定”而非“效力性规定”，即采取了不以民事法律行为违反行政法规范而判定其绝对无效的司法立场。本案一审判决之后所引发的巨大争议，则体现出“民行绝对分离”之司法思维所隐含的法律风险甚或社会风险。

在前揭几种案型中，公法规范与私法规范产生相互背离的不同法律效果，不一定都成立法规冲突；而法规冲突一旦成立，其特征则在于：各部门法的规范分别属于公法规范或私法规范，且其所规制的事项虽然重合，但所处的法规文件却不相同，故而不宜适用“上位法优于下位法”、“新法优于旧法”、“特别法优于一般法”等法规冲突适用规则予以裁决。唯各部门法规范均在宪法之下，宪法作为“高级法”当对其间的冲突之合理解决具有调适功能。故此，笔者拟先从宪政视角揭示部门法规范冲突的制度成因，再分析冲突发生后的法律调适方法与宪法调适方法。

二、公私法规范冲突的主要成因

在法律实践中，部门公法之间，如刑法与行政法之间，在处罚效果上可以“重罚”吸收“轻罚”；部门私法之间，如民法和商法之间，在法律效果上可以“特别法优于一般法”论处；故而这些情形均不构成真正的“公私法冲突”或“部门法冲突”。因此，公私法规范冲突虽然体现为“部门法冲突”，但一般均表现为部门公法与部门私法的冲突，如“刑民冲突”或“行民冲突”；其原因大致如后：

第一，部门法调整范围的交叉重叠：部门法规范冲突的直接成因。苏永钦教授指出：“当民法随着经济主体和行为的大幅度市场化，而不断扩大其规范领域时，民法和国家管制经济的法规重叠的领域也越来越大，就这一点，中国内地和西方资本主义国家也是从两个对立的点上微妙的趋同：后者呈现的是经济法和其他管制法规的成长，对照于前者民法的成长。”① 目前，我国依然处于传统计划经济体制向市场经济体制转型的过

① 苏永钦：《民事立法与公私法的接轨》，北京，北京大学出版社，2005，第9页。

程中，公法与私法在部门法形态和诉讼机制、审判规则等方面逐渐分离：以“意思自治”相标榜的民商法规范经由民事立法和民事司法逐渐成型，成为型构自由市场秩序的“内控机制”；另一方面，在民商法等私法规范规制领域长驱直入、逐渐扩张的强劲态势下，以控制、规范公权力行为为宗旨的公法部门也正在经历一场“更新管制理念”、“调整管制范围”以及“变换管制方式”的深刻变革。在改革的过程中，公私法部门、法规范之间的矛盾冲突在所难免——它是我们这个变革的时代无法回避的“宿命”。在我国的财政宪法秩序而言，税法与民法的关系之历史沿革不同于德国——后者经历了一个“税法从民法桎梏中解放”、“税法向民法靠拢”直至“税法与民法统一在宪法秩序下”的发展过程。[①] 毋宁说，我国的税法与民法，乃是自 20 世纪 80 年代以来，均经历了一个从国家以经济计划统制国民经济的“大经济法”的桎梏中解放，逐步走向相互疏离，甚至在法规操作中“反目成仇”的过程：一方面，纳税人以“市场经济”为旗帜，逐步争取扩大“意思自治”的空间，甚至滥用私法自治原则而肆意规避纳税义务；另一方面，税务机关以“国家利益”为标榜，往往无视纳税人的合法权益，甚至滥用税收法律中的“一般防杜条款”，刻意侵入纳税人的私法自治空间。与此同时，宪法学者忙于争辩诸种域外“违宪审查模式”的合理性及其对中国的借鉴意义，却忽视了中国宪法在整合公私法秩序上之即刻而现实的重要价值。

第二，公私法法律原则的背离对峙：部门法规范冲突的深层基础。王泽鉴曾经深刻地指出：“民法的主要特征及规范意义在于自由与平等，即个人得自主决定，自我负责地形成彼此间的权利义务关系（私法自治）。”“私法与公法有不同的规范原则：私法以个人自由选择为特征，公法则以强制或拘束为内容；前者强调自主决定，后者须有法律依据及一定的权限。任何社会在决定如何以私法和公法形成国民生活时，对于此种区别应有清楚的认识，并建构最妥适的规范。”[②] 在 1982 年宪法的基础上，自 1988 年以来中国的历次宪法修正案，逐渐形成私法上“意思自治原则”

---

① 参见葛克昌：《税法基本问题——财政宪法篇》，台北，元照出版有限公司，2005，第 8～11 页。

② 王泽鉴：《民法概要》，北京，中国政法大学出版社，2003，第 4 页。

与公法上“权力法定原则”的宪法基础[①]：1999年通过的宪法修正案第7条将《宪法》第15条明确修改为：“国家实行社会主义市场经济。”“国家加强经济立法，完善宏观调控。”“国家依法禁止任何组织或者个人扰乱社会经济秩序。”1999年通过的宪法修正案第13条则将“中华人民共和国实行依法治国，建设社会主义法治国家”植入《宪法》第5条之中；2004年通过的第22条宪法修正案进一步明确宣布“国家鼓励、支持和引导非公有制经济的发展，并对非公有制经济依法实行监督和管理”。这样，宪法修正案对于“私营经济”等非公有制经济之规定的三次修改，使得国家（政府）与它们的关系发生积极变化，特别是强调对它们的“监督和管理”必须“依法进行”，更是凸现出现代公法上权力法定原则之精神，以及“私法自治原则”的公法制度基础。私法上的意思自治原则（即“私法自治”原则）与公法上的权力法定原则（主要体现为“法律保留原则”、“法律优位原则”等）本是相辅相成、互为前提。但是问题恰恰在于，公法与私法在基本原则、基本精神上迥然不同，而法制实践中公法主体从事私法行为、私法行为产生公法效果之现象又大量存在，此种公私法法律原则的背离对峙将不可避免地产生双重影响：一方面，行政等公权力机关因大量适用私法规范，或将产生官员为谋取个人私利而使“公法遁入私法”、规避公法制裁之可能。[②] 另一方面，私法主体亦可能利用“意思自治”空间，肆意规避对己不利之公法责任（包括行政法责任与刑事责任），侵害公法规范所保护之法益。此即部门法规范冲突、亦即公私法规范冲突的深层原因。对于此种法规冲突，如果简单采用“公法优先适用”或者“私法优先适用”之方案，或者将挫伤意思自治原则之精神，危及私法秩序之安

---

① 依据马歇尔大法官所阐发“隐含权力”学说，如果政府被宪法或法律明确授予某一项重要职责，那么它也当然由此而取得使用相关手段或方式执行此项职责的权力；否则，将会对其职责的实施构成障碍与困扰。换而言之，虽然宪法与组织法对于行政机关的概略授权不能取代行政行为法律的特别授权之规定，但是原则上行政机关不仅由此而取得职责上的法律依据，而且还因宪法和组织法对其权责的授权规定而当然取得实施职权所必需的、采取相关措施之裁量权。“实质课税原则”的法理依据，不仅在于由宪法上平等权条款为规范基础之“量能平等课税原则”，亦在于“隐含权力”学说，此即：税务机关依据纳税人私法行为之实质内容而非仅依其行为外观课征税收，即使缺乏具体、明确之规范依据，则此项职权依然属于税务机关的“隐含权力”，无悖于公法上“权力法定原则”。参见〔美〕保罗·布莱斯特、桑福·列文森、杰克·巴尔金、阿基尔·阿玛编著、范亚峰等译：《美国宪法决策的过程：案例与材料》，北京，中国政法大学出版社，2002，第22页。

② 参见程明修：《行政私法》，载《月旦法学教室》创刊号，2002。

定，或者会纵容法律规避行为之发展，损害公法秩序之维续。

第二节　公私法规范冲突中的宪法适用

如前揭所言，部门法规范的冲突或公私法规范的冲突，在各个部门法领域的褊狭视野内无法得到合理之解决。对此，笔者曾撰文提出，因为部门法规范均在宪法之下，宪法作为"高级法"当对其冲突之合理解决具有调适功能。[①] 问题在于，在部门法规范发生冲突时，我们如何通过妥适引入宪法规范，巧妙而合理地调处它们之间的矛盾冲突？在此，笔者拟从法律调适方法与宪法调适方法两个方面入手作一番初步探讨，以求教于学界方家。

一、调适部门法规范冲突的法律方法

在典型的公私法规范冲突的案件中，法官究竟是遵循"权力法定"的公法原则而贯彻公法上之强制性规定，还是秉承"意思自治"的私法原则而落实私法上之任意性条款，并非可以一概而论。美国法学家德沃金即曾经深刻指出，法律规则与法律原则之区别在于：法律规则的适用方法是"非此即彼"，而法律原则具有较大的伸缩性；法律规则针对的是具体的情形，而法律原则仅仅指出了一个大致的方针，其本身并不是具体的决定；几个原则发生冲突时可以以其中一个原则为主要依据，吸收其他原则的精神，而规则发生冲突的时候则只能适用其中的一条规则，其他无效或加以修正。[②] 当然，依据凯尔森的"纯粹法学"理论，一个国家的法律秩序乃是由不同等级的法规范所构成，效力较低规范的创造为效力较高规范所决定，而后者的创造又为一个效力更高的规范所决定，最高规范即基础规范乃是效力追溯的终点。[③] 由此，在宪法规范体系中，寻求更高位阶的宪法原则并以此作为调适公私法规范冲突的依据，似乎是一种最理想的方案。但是，宪法规范体系中何者具有更高位阶之效力本属争议之话题，以此清晰判断孰者优先适用，则更是难以把握。故而，司法审判实务中法官们通常并没有如此煞有其事地"慎终追远"，而是凭借各个部门法所内置的公

---

① 参见周刚志：《论刑民冲突之宪法调适》，载《西南政法大学学报》，2010（2）。

② Ronald Dworkin, Taking Rights Seriously, Harvard University Press, 1978, pp. 24-28.

③ 参见〔奥〕凯尔森著、沈宗灵译：《法与国家的一般理论》，北京，中国大百科全书出版社，1996，第141页。

私法“转介条款”，对案件作出审慎判断。

第一，私法案件审理中引入公法规范否定民事法律行为之效力，以作为“私法自治”原则适用之例外。王泽鉴先生认为，虽然“宪法”（典）并非民法之法源，但是“宪法”基本权对第三人（私法关系的当事人）具有所谓的“间接效力”，即基本权得透过民法概括条款或不确定法律概念，从而实践“宪法”的基本价值。例如劳动契约上的单身条款，应认系违反“宪法”保障人民的工作权或婚姻自由的权利，背于公共秩序善良风俗而无效。[①] 由此而言，公法规范一般并不作为私法案件之直接审判依据，而是透过内置于民法规范体系中的“公序良俗原则”等不确定法律概念或者概括条款，间接渗透到私法体系当中并对之发生影响。苏永钦则认为：我国台湾地区“民法”在三个关键的地方保留了公法进入私法的管道，即针对以契约为主的法律行为，第71条：“法律行为，违反强制或禁止之规定者无效。但其规定并不以之无效者，不在此限。”针对事实行为，第184条第2项：“违反保护他人之法律，致生损害于他人者，负赔偿责任。但能证明其行为无过失者，不在此限。”以及针对所有权，第765条：“所有人，于法令限制之范围内，得自由使用、收益、处分其所有物，并排除他人之干涉。”国家公权力对于私法关系的干预几乎也都触及这些条款，故若适当操作，对于公私法的调和无疑可以发挥宏大的调和功能；反之，如果操作不适当，则将使公法的介入社会生活，不是超出立法规划而过度，就是过于保守而抵消了应有的政策效果。[②] 在域外司法实务上，理论争议最多者莫过于台湾地区“民法”第71条及相关类似条款。对此，司法实务界或者认为其属于“取缔规定”，或者认定改违法行为属于行政法上之问题；但是民事法律行为在违反公法规范之强制或禁止规定时，在何种情形下行为人除应受刑事制裁或行政制裁之外，还须承受民法上“无效”之后果？这一问题极为复杂。苏永钦总结了司法实务界的数种学说标准，如“规范性质说”、“规范对象说”、“规范重心说”、“规范目的说”等等，认为德国法上一般以“规范目的说”为“通说”——在评价民事法律行为有无违反该强制或禁止规定时，须调查法规意旨、权衡相冲突的法益，在法益相当或有疑义时当认定违法，违法的法律行为原则上绝对无效，在认定

---

① 参见王泽鉴：《民法概要》，北京，中国政法大学出版社，2003，第28页。

② 参见苏永钦：《民事立法与公私法的接轨》，北京，北京大学出版社，2005，第83页。

属于“规定并不以之为无效者”等“除外情形”时仍须权衡法益。[①] 由此而言之，民事法律行为违反公法规范是否为无效，法官须对公法规范本身之目的进行评价，看它是否同时具有否定该民事法律行为私法效果的法益保护目的。进而言之，如果该公法规范仅仅在于确立公法上制裁违法行为之法律效果，则该违反公法规范的民事法律行为在民法上并非无效。当然，要通过法律解释方法清晰界定公法规范的法益保护目的，并非易事；法官对于公法规范所内含的法益保护目的，可能还须在合理预测诸种裁判方案之法律效果和社会经济效果的基础上，作一番审慎的思考。以本文开头所介绍的神木县人民法院法官张某入股煤矿一案为例，《公务员法》、《法官法》禁止公务员、法官从事营利性活动之目的在于维护公务员及法官职务行为之廉洁性，张某继续持股显然有悖于此种公法目的，故而法院驳回其诉讼请求，使其入股协议“自后无效”，此种判决甚为合理。

前述案型主要涉及公法规范与私法规范之效力冲突，如果公法规范与私法规范对于当事人之行为均作否定性评价而设置相应法律责任，则此时还可能会发生其他部门法规范与税法规范之间的效力竞合问题。譬如，当事人之行为在成立民事违约、侵权行为时还构成公法上违法、犯罪行为，尽管相关部门得依据公法规范径行追究其公法责任，而依据《侵权责任法》第 4 条等相关规定，侵权人却应当先行承担民事法律责任再承担公法责任，譬如“盗窃者应先返还受害人财产或赔偿其损失”[②]。此时，违法行为人如果已无所谓“非法收入”、“违法所得”，当然无须承担纳税义务。如果行为人在承担侵权责任之后还有责任承担能力，人民法院、公安机关等部门对违法、犯罪行为人还可科处“没收财产”、“没收违法所得”或“罚金”、“罚款”等刑事或行政制裁措施。此时，行为人也已无所谓“违法所得”或“非法收入”之存在，其纳税义务也无由产生。故而，学者所谓“‘盗窃财产所得’等‘非法收入’亦须纳税甚至进行费用扣除”等问题，在中国法制实践中一般并无发生之可能。不过，在司法实务中，确有嫌疑人利用合法经营方式实施“洗钱”等犯罪活动，同时向税务机关缴纳相应税收之现象，倘若此类案件中的犯罪行为被司法机关所认定，则行为

① 参见苏永钦：《私法自治中的经济理性》，北京，中国人民大学出版社，2004，第 31～46 页。

② 《侵权责任法》第 4 条规定：“侵权人因同一行为应当承担行政责任或者刑事责任的，不影响依法承担侵权责任。因同一行为应当承担侵权责任和行政责任、刑事责任，侵权人的财产不足以支付的，先承担侵权责任。”

人此前虽承担了纳税义务，其纳税行为之成立也不能代表违法责任或犯罪责任之豁免。因而在此类案件中，对所谓“非法财产”课税就谈不上什么“纵容违法犯罪”的问题。如前文所介绍之案例，税务机关对学校的“择校费”等“非法收费”课征税收，如刘剑文教授所言，并不意味着纳税人其他法律责任如“教育行政责任”或“民事责任”之豁免，相关部门或当事人在税务机关课征税收之后依然可以采取相关法律措施。不过，如果税务机关在行政调查过程中发现纳税人的行为已经涉嫌重大违法甚至犯罪，则其有义务将案件移送司法机关或相关部门，不宜单纯以“国家的税收债权”为念，而放任纳税人的违法、犯罪行为。由此而言，所谓对“非法收入”课征税收，其实是一个颇具误导性的命题，因为“非法收入”一经认定就会发生私法效果或者其他部门公法效果，其可税性已成悬疑。唯在其他公权力部门未及时认定、追究行为人的法律责任之时，税务机关似可先行课征税收，此时其课征对象亦难谓“非法收入”。

第二，公法案件审理中虽维护公法法益却依然维持民事法律行为之效力，仅排除其“私法自治”之公法效果。如前揭所言，在现代社会，公法规范与私法规范所调整的领域多有重合：私法主体在谋求私益而从事民事法律行为时，即可能违反公法规范而招致公法上法律责任；公法主体在通过私法形式实现公法法益时，亦有可能借助私法自治空间而规避公法规制。凡此诸种情形，如果相关部门追究行为人之刑事责任或者行政法责任纯粹以行为的私法形式为准，则可能会造成“公法遁入私法”之效果，使行为人轻松规避公法责任。以刑民冲突案件为例，有学者认为，刑法既有独立性又有从属性，当民法将一种行为规定为合法行为时，刑法不得再对民法认可的行为给予制裁。[①] 显然，此种观点以民法上的合法事由阻却刑事犯罪之认定，并将刑法、税法等部门公法作为民法之“从属法”，完全忽略了公法上法益保护的独立价值。事实上，2007 年 7 月 8 日最高人民法院与最高人民检察院颁发了《关于办理受贿刑事案件适用法律若干问题的意见》，对于“以交易形式收受贿赂”、“收受干股”等新型受贿形式作了详细规定；此即民法上所谓之“脱法行为”，依据《合同法》第 52 条第 3 项、《民法通则》第 58 条第 7 项之规定，在民法上概属无效。进而言之，凡属以合法或者非法的民事行为之形式掩盖其犯罪行为之本质者，刑

① 参见于改之、吴玉萍：《刑、民冲突时的法律适用——以帅英骗保案为中心》，载《法律适用》，2005（10）。

事法官无须受民法规范之约束，更无须受当事人意思表示形式或内容之限制，可以公法上法益保护目的为依据，径行追究当事人的刑事责任。在行政法上，由于传统的警察行政、税收行政等等极具干预主义之特征，而在实质上对于行政相对人亦具有侵益之后果，故而相对人有规避行政法义务或责任的强烈动机，其中以“税收规避行为”最为典型。诚如葛克昌所言：“权利滥用问题，关键在于与事实不相一致之法律外形，而课税要件中关系重大者，不能完全根据私法形态，而须按经济现实加以考察。因此，滥用私法上形成权利的问题，并非是私法上财产权人行使财产权自由的问题，而是在税法实务上，当事人采用私法上法律事实当作课税之表征，此一税法上重要结果，应如何加以推估之证据评价问题。”① 公法规范自有独立的法益保护之目的，在常规情形下公法义务之承担、公法责任之追究，依循当事人的意思表示之形式与内容并无问题。但是如果当事人滥用私法上形成权之自由刻意规避公法义务或者责任，公法义务之课予、公法责任之归结与追究，就无须再依循当事人的私法行为之形式与内容，而当直接凭借公法上的法益保护之目的径行判断，无须受当事人主张及其合意行为、意思表示等主观要素之拘束。譬如，在前揭“法官入股案”中，纳税人违反公法规范所取得之收益，尽管在公法上亦得构成所谓“非法收入”，但它在民法上并非当然无效，法院实则判处其“自后无效”，故而当事人仍然须就其此前的入股收益履行纳税义务而补缴相应之税款。在“帅英骗保案”中，帅英是否有罪主要应当综合考量《刑法》的相关条款，尤其是“保险诈骗罪”的相关条款予以确定，无须顾及《保险法》的相关规定。进而言之，如果帅英的“保险诈骗罪”成立，则司法机关当然可以责令其向保险公司返还财产，甚至对其科处罚金或没收财产，此时亦无《保险法》适用之可能。不过，帅英在投保时实际上已经将母亲的真实年龄告知保险业务员，业务员仍然允许其投保，如此保险公司业务员的行为当可构成“受害人承诺”，它属于“犯罪阻却事由”之一种。帅英的行为不能成立保险诈骗罪之理由正在于此，并非所谓“契约理念下民商法规范应当优先适用”之原则。因此可见，在本案中帅英行为之脱罪，原因并非《保险法》上相关条款之规定，而恰恰在于《刑法》本身。

葛克昌曾指出：“私法与税法之竞合，涉及宪法上私有财产权之保障。

---

① 葛克昌：《税法基本问题—财政宪法》，台北，月旦出版社股份有限公司，1996，第27页。

'宪法'第十五条之财产权保障赋予私法之任务，乃在于规范私人间所有权自由；税法之任务则依据私有财产权之自由安排，国家在不影响其所有权自由前提下分享成果。其间私法与税法关系，在上位位阶之'宪法'中交会，'宪法'第十五条财产权保障即在其中作为竞合时之协调规范，二者得以整合。"[①] 所谓"部门法规范的冲突"，在法律实务上主要体现为：特定行政机关或司法机构立足于某一特定部门法之规范体系（如民法或者刑法、行政法），在相关案件之审理、决定中，对某一部门法与其他部门法规范的权衡、取舍及适用。因此，尽管法律适用者的分析视角依然采用某一特定部门法的内在立场，但是在调适规范冲突时却须具有更高、更广的宪法视野；唯其如此，此类涉及部门法规范冲突案件之审理，方可不再陷入某一部门法领域内"自说自话"之泥沼。

二、调适部门法规范冲突的宪法原则

如前揭所言，所谓部门法规范冲突之情形，在审判实践中或者涉及私法规则与私法原则之冲突，或者因私法行为作为公法规范适用之法律事实，而牵涉到公法原则与私法规则之取舍，其共同特征在于：此种法规冲突均可往上推溯到宪法层面而提升为宪法诸原则间的冲突或者宪法基本权利诸形态间的冲突，而应秉承宪法精神或原则予以整合、协调，并加以调适。笔者认为，在宪法原则体系中，"比例原则"与"人权保障原则"等宪法原则得明确揭橥宪法之终极价值及公权力之界限，可资为调适部门法规范冲突之宪法依据。

第一，在私法案件中，以公法规范否定当事人私法行为之效力须遵循比例原则，以营造私法秩序的自治空间，并确保司法裁判权力之正当行使。陈新民认为，比例原则在行政法学中所扮演的角色，可比拟"诚信原则"，在民法中所居"帝王条款"之地位；所以，比例原则也可称为是行政法中之"帝王条款"[②]。在我国，尽管"比例原则"尚未被宪法所明确确认，但是它作为一种重要的公法原则而得直接约束司法裁判行为，应属公论。一般认为，"比例原则"主要包括三项子原则，即"妥当性原则"、"必要性原则"与"均衡原则"：其一，妥当性原则，或者称"适当性原

---

① 葛克昌：《税法基本问题—财政宪法》，台北，月旦出版社股份有限公司，2005，第33页。

② 陈新民：《中国行政法学原理》，北京，中国政法大学出版社，2002，第45页。

则”。要求公权力部门所采取的行动必须能够达到合法的目的，或者至少有助于目的之实现。德国联邦宪法法院在对这一原则的认定上采取最低限度标准：只要手段不是完全或全然不适合，即不违反适当性原则。[①] 妥当性原则要求法官以违反公法规范为由确认私法行为无效，或者排除私法行为的形式与内容而径行作出公法上之独立判断，均须符合公法规范之目的。其二，必要性原则，又称“最小侵害原则”。其三，均衡原则，即狭义的比例原则，要求手段与目的要成一定比例，或者说，要求手段与目的之间的比例“适当”、“正当”及“合乎理性”。据此，法官须对欲实现之公法法益与被侵犯的私法权利之间做精细之权衡。学者认为，比例原则尚有两个辅助性原则（原理），即“可预测性原则”与“交互作用理论”。前者要求“国家之措施不可使人民过度负担，而应可期待人民负担此结果”；后者要求“对基本权利之限制，其限制越大，其所追求的目的就应该越高”；等等。[②]“比例原则”之适用，尚需注意与其他原则如“权力法定原则”、“人权保障原则”等相协调，尤其是需要对宪法上诸基本权利形态可能招致的损益后果作精细之权衡，故而所谓“可预测性原则”与“交互作用理论”之内容，乃是其中应有之义。譬如，在前述法官入股案件中，二审法院实际上判决张某入股煤矿的协议“自后无效”（“驳回诉讼请求”）而非“当然无效”、“自始无效”，可能在于张某此前的入股行为并未产生有碍“法官职务廉洁性”的具体危害，如判决“自始无效”或将危及民事法律关系之安定性。此种司法思维亦体现了宪法上“比例原则”之精神。

第二，在公法案件中，以公法法益排除当事人意思自治之效力须遵循“人权保障原则”，以寻求诸基本权利形态间之均衡保护，并维护诸宪法原则间的动态平衡。我国宪法修正案第 24 条规定在《宪法》第 33 条增加一款，作为第三款，即“国家尊重和保障人权”；此为我国宪法上“人权保障原则”之规范基础。唯本条款似已明确揭橥宪法之最高价值，故而无论是私法上民事主体所享有的诸种民事权利，以及意思自治原则，还是公法上公权力主体所行使的诸种公共权力，以及权力法定原则，均须围绕宪法上人权保障理念而运作。现实案件中的法规冲突与法益权衡，也唯有在人权保障原则下方可得以有效整合。然则，司法实践中何种情形涉及基本权

① 参见城仲模主编：《行政法之一般原则》，台北，三民书局股份有限公司，1994，第 123 页。

② 参见城仲模主编：《行政法之一般原则》，台北，三民书局股份有限公司，1994，第 129 页。

利冲突？宪法基本权利体系中何种权利或法益应当予以优先保护？近年来，我国青年宪法学者对此多有论及。譬如：张翔认为在民法、刑法、行政法等普通法律领域都存在基本权利的冲突问题，他试图通过界定基本权利冲突中存在的当事人双方及其与国家的“三角关系”，提出解决基本权利冲突的基本模式。[①] 而马岭则认为，张翔所列举的基本权利冲突现象其实质乃是法律权利之冲突，她由此而大胆断言：“基本权利冲突不是‘国家’能够解决的问题，它属于人民的制宪权或修宪权的范畴，宪法权利及其冲突只能由人民自己权衡，立法者没有资格对宪法权利之间的冲突进行裁判。”[②] 针对张、马两位学者之间的理论争议，徐振东认为，具体案件中可能会同时存在基本权利与法律权利冲突，大多数案件的审理只会涉及普通法律，但是适用普通法律仍然不能使权利冲突得到合理有效的解决，就必须诉诸于宪法上的权利规范，探求基本权利的根本意旨，以作为解决权利冲突的基准。[③] 诚然！普通案件之裁判或许仅涉及各部门法内部之规范整合，但是在疑难案件中，尤其是涉及公私法规范冲突时，基本权利之权衡及宪法原则之平衡就可能会成为一种重要的思考路径。

以前述案件类型而言，纳税人利用私法漏洞规避纳税义务，税务机关适用“实质课税原则”对其课征税收却并不否认其私法行为之效力，即较好地兼顾了宪法上的“量能平等课税原则”与“私法自治原则”之适用。故而，在税收执法实务中，为求“实质课税原则”之准确适用，执法官员当在“平等权”与“自由权”等基本权利形态之间反复权衡，以寻求基本权利均衡保护的“黄金分割点”。当然，在司法实务上，诸宪法原则之间、诸基本权利形态之间孰重孰轻，实际上我们难以一劳永逸地对其位阶予以区分及陈列。德国法学家阿列克西曾经概括出一条“宪法原则平衡律”（law for balancing all types of principle），即：“某一宪法原则所侵害（的法益）越大，或者引起的不满意度越强，它在适用上的正当性取决于能否更好的满足其他（法益保护）之目的。”[④] 阿列克西进而试图建构所谓“普遍实践言说”理论，以系统地阐述法律论证过程中的“内部证立规则”

---

① 参见张翔：《基本权利冲突的规范结构与解决模式》，载《法商研究》，2006（3）。

② 马岭：《宪法权利冲突与法律权利冲突之区别——兼与张翔博士商榷》，载《法商研究》，2006（6）。

③ 参见徐振东：《基本权利冲突认识的几个误区——兼与张翔博士、马岭教授商榷》，载《法商研究》，2007（6）。

④ Robert Alexy，A Theory of Constitutional Rights，translated by Julian Rivers，Oxford University Press，2002. p. 102.

与“外部证立规则”[①]。客观而言，阿历克西的理论依然无法保障每一个案件均可获得“唯一正解”。事实上，正如美国大法官霍姆斯所言：“法律的生命不是逻辑，而是经验。一个时代为人们所感受到的需求、主流道德和政治理论、对公共政策的直觉——无论是公开宣布的还是下意识的，甚至是法官与其同胞们共有的偏见，在决定赖以治理人们的规则方面的作用都比三段论的推理大得多。”[②] 在宪法诸原则和基本权利诸形态的权衡、取舍过程中，“通过一般人的接受程度来判断是否会侵犯国民的预测可能性”[③]，并以此适当扩张“公法法益”之范围，乃是较为稳妥的做法。

三、中国部门法体系的立法接轨与司法调适

苏永钦指出：“长期和未法律化的公权力关系并存，民法的教义学可以说自始就没有纳入公法的考量，一直到了二十世纪，公法的发展一日千里，民法和公法的互动与冲突，才渐渐成为法学的重要课题。存在于民法内部的国家强制，和外部的国家强制，因为后者的法律化，而逐渐汇流。”[④] 新中国成立后长期奉行计划经济体制，私法主体之间自由合意交易的空间被大大限缩甚至取缔，不仅推崇意思自治原则的私法体系难以发展，而且倡导权力法定的公法制度亦难以成长。直至 20 世纪 70 年代末改革开放以后，公私法区分之法学观念才逐渐形成。20 世纪 90 年代之初，在中国开始确立以建设社会主义市场经济作为经济体制改革的最终目标之后，民法学界方提出区分公法与私法是建立市场经济法律体系的前提。[⑤] 但是，在公私法区分之必要性、正当性依然备受质疑的情形之下，学界对于公私法区分的标准一直未能深入展开，但是以部门法作为法律体系之基本单元的立法理念却已根深蒂固。[⑥] 如前文所言，随着中国改革开放的纵深发展及历次宪法修正案的通过，公私法借助于各部门法之形式而得以区

① 〔荷〕伊芙琳·T. 菲特丽丝著、张其山等译：《法律论证原理——司法裁决之证立理论概览》，北京，商务印书馆，2005，第 102 页。

② 〔美〕小奥尔弗·温德尔·霍姆斯著、冉昊、姚中秋译：《普通法》，北京，中国政法大学出版社，2006，第 1 页。

③ 张明楷：《刑法分则的解释原理》，北京，中国人民大学出版社，2004，第 19 页。

④ 苏永钦：《私法自治中的国家强制》，北京，中国法制出版社，2005，第 91 页。

⑤ 参见中国社会科学院法学所课题组：《建立社会主义市场经济法律体系的理论思考和对策建议》，载《法学研究》，1993（6）。

⑥ 有学者概括了当时学界对于公私法区分理论的几种典型见解，即“肯定论”、“否定论”与“探讨论”。参见李茂管：《法学界关于公法与私法划分问题的争论》，载《求是》，1995（22）。

隔的法律体系几成定局，分离之后的诸部门法又如何借助于立法与司法适用之管道得以和谐并存、协调运作？这是吾等探讨中国法律体系构建时所不可回避的重要话题。

（一）部门法规范的立法接轨

我国1986年制定的《民法通则》并未确立完整的“私法自治”原则。譬如：该法第6条、第7条、第54条明确规定：“民事活动必须遵守法律，法律没有规定的，应当遵守国家政策。”“民事活动应当尊重社会公德，不得损害社会公共利益，破坏国家经济计划，扰乱社会经济秩序。”“民事法律行为是公民或者法人设立、变更、终止民事权利和民事义务的合法行为。”其第58条第4项、第5项、第6项和第7项更是明确宣布“恶意串通，损害国家、集体或者第三人利益的”、“违反法律或者社会公共利益的”、“经济合同违反国家指令性计划的”以及“以合法形式掩盖非法目的的”的民事行为均属“无效”。这些条款均具有明显的计划经济之“烙印”，而极具国家干预主义之精神。2009年8月，全国人大常委会修改了《民法通则》第7条，并删去了第58条第1款第6项。至于立法上区分“民事法律行为”与“民事行为”，而将“民事法律行为”直接界定为“合法行为”，更是背离了私法上“意思自治”的基本精神，在根本上无法保障私法秩序之安定，故而需要在立法上作彻底修改。此外，《民法通则》没有合理区分“违反法律”、尤其是违反“公法性法律”的具体情形，而对民事法律行为之“效力待定”、“可撤销”与“无效”作明确区隔。所幸者在于，此种立法规定已经由1999年通过的《合同法》有所改进。相对而言，《合同法》明确区分了“可撤销的民事合同”、“效力待定的民事合同”与“无效的民事合同”，但是在其第52条第4项、第5项中明确规定“损害社会公共利益”以及“违反法律、行政法规的强制性规定”的合同为“无效”。这一条款之设置，亦为公法规范进入私法案件之审判过程预设了“轨道”。相反，刑法、行政法的立法实践中则囿于传统立法理念之局限，似乎并未预先“埋设”私法规范进入公法案件的“合法管道”，亦未设置防范公民利用意思自治原则侵害公法法益的一般条款。不过，我国刑法已经确立了“罪刑法定原则”、“罪刑相应原则”，而行政处罚法明确规定了“处罚法定原则”，立法法亦已正式确认了“法律保留原则”、“法律优位原则”，这说明中国公法领域之内的立法在近年中已遵循法治目标取得长足发展。未来中国立法之发展完善，应当依据“人权保障”、“权力法定”等原则之精神，逐步明确规定“税收法定原则”、继续巩固"法律保留原则"，为公民基本权利之保护奠立完善的公法制度之基础，亦为人民之间的"私法自治"确立公法制度之前提。当然，在行政程序立法引入"比例原则"、在税收立法中引入"实质课税原则"等，亦为我国社会主义法律体系构建过程中部门法规范"接轨"机制之必要。

（二）部门法规范的司法调适

在我国，受现行权力体制之影响，人民法院并无针对全国人大及其常委会的合宪性审查权，故而宪法对于公私法规范冲突之调适，除了可以通过"合宪性解释"途径将"基本权利条款"、"基本国策条款"间接适用于司法审判活动，尚可经由宪法原则之发现、提炼、引介、诠释与权衡，引导司法审判行为之运作，使"疑难案件"中的公私法规范冲突，在宪法的整合下得到合理解决。美国学者比克尔指出：司法机构"有机会对它在某一案件的具体情形中所宣布的普遍原则进行归纳和检验。这样的机会是立法机构不可能享有的，因为立法机构是面向未来的，因而在某种意义上是抽象地提出一般规则的……法院的判断可以在那些说明立法或行政活动之实际后果的案件中形成。因而，最高法院有能力在渐进提出原则的时候证明那些原则。"[①] 伴随中国社会主义法律体系的发展完善，全国人大及其常委会在立法过程中贯彻宪法精神并协调公私法体系至关重要，但是司法机关等执法单位亦非仅能扮演消极受动之角色，其熟练掌握部门法规范冲突的协调技巧，深刻体悟其中所蕴含的宪法价值冲突，并经由宪法原则而对此作妥适之调处，亦具有相当之重要意义！

---

① 〔美〕亚历山大·M·比克尔著、姚中秋译：《最小危险部门——政治法庭上的最高法院》，北京，北京大学出版社，2007，第73页，第122页。

附录　现行《预算法》与《预算法修正案（草案）》的对照表

（条文中黑体部分为修改的内容）

现行法	草案
第一章　总则	第一章　总则
第一条　为了强化预算的分配和监督职能，健全国家对预算的管理，加强国家宏观调控，保障经济和社会的健康发展，根据宪法，制定本法。	**第一条**　为了强化预算的分配和监督职能，健全国家对预算的管理，加强国家宏观调控，保障经济和社会的健康发展，根据宪法，制定本法。
	第二条　预算的编制、审查、批准、执行、调整、监督，以及决算和其他预算管理活动，依照本法规定执行。
第二条　国家实行一级政府一级预算，设立中央，省、自治区、直辖市，设区的市、自治州，县、自治县、不设区的市、市辖区，乡、民族乡、镇五级预算。 不具备设立预算条件的乡、民族乡、镇，经省、自治区、直辖市政府确定，可以暂不设立预算。	**第三条**　国家实行一级政府一级预算，设立中央，省、自治区、直辖市，设区的市、自治州，县、自治县、不设区的市、市辖区，乡、民族乡、镇五级预算。
	第四条　预算分为公共预算、政府性基金预算、国有资本经营预算、社会保障预算。 公共预算、政府性基金预算、国有资本经营预算、社会保障预算应当保持完整、独立，同时保持各类预算间互相衔接。
	第五条　预算由预算收入和预算支出组成。 各级政府的全部收入和支出都应当纳入预算。

续前表

现行法	草案
第四条　中央政府预算（以下简称中央预算）由中央各部门（含直属单位，下同）的预算组成。 中央预算包括地方向中央上解的收入数额和中央对地方返还或者给予补助的数额。	**第六条**　中央**公共**预算**包括**中央各部门、各直属单位的预算**和中央对地方的税收返还、转移支付预算**。 **中央公共预算收入包括中央本级收入和地方向中央的上解收入。中央公共预算支出包括中央本级支出、中央对地方的税收返还和转移支付。**
第五条　地方预算由各省、自治区、直辖市总预算组成。 地方各级总预算由本级政府预算（以下简称本级预算）和汇总的下一级总预算组成；下一级只有本级预算的，下一级总预算即指下一级的本级预算。没有下一级预算的，总预算即指本级预算。 地方各级政府预算由本级各部门（含直属单位，下同）的预算组成。 地方各级政府预算包括下级政府向上级政府上解的收入数额和上级政府对下级政府返还或者给予补助的数额。	**第七条**　地方预算由各省、自治区、直辖市总预算组成。 地方各级总预算由本级预算和汇总的下一级总预算组成；下一级只有本级预算的，下一级总预算即指下一级的本级预算。没有下一级预算的，总预算即指本级预算。 地方各级**公共预算包括**本级各部门、各直属单位的预算**和税收返还、转移支付**预算。 **地方各级公共预算收入包括地方本级收入、上级政府对本级政府的税收返还和转移支付、下级政府的上解收入。地方各级公共预算支出包括地方本级支出、对上级政府的上解支出、对下级政府的税收返还和转移支付。**
第六条　各部门预算由本部门所属各单位预算组成。 **第七条**　单位预算是指列入部门预算的国家机关、社会团体和其他单位的收支预算。	**第八条**　各部门预算由本部门**及其**所属各单位预算组成。 单位预算是指列入部门预算的国家机关、社会团体和其他单位的收支预算。
第三条　各级预算应当做到收支平衡。	**第九条**　各级预算应当**遵循统筹兼顾、勤俭节约、量力而行、讲求绩效和收支平衡的原则**。
第九条　经本级人民代表大会批准的预算，非经法定程序，不得改变。	**第十条**　经本级人民代表大会批准的预算，非经法定程序，不得改变。
	第十一条　经本级人民代表大会或者本级人民代表大会常务委员会批准的预算、预算调整、决算，应当及时向社会公开，但涉及国家秘密的内容除外。 **各级政府财政部门负责本级政府总预算、预算调整、决算的公开。** **各部门负责本部门预算、决算的公开。** **预算、预算调整、决算公开的具体办法，由国务院规定。**

续前表

现行法	草案
第八条　国家实行中央和地方分税制。	**第十二条　各级政府之间应当建立财力保障与支出责任相匹配的财政管理体制。** 国家实行中央和地方分税制**财政管理体制，具体办法由国务院规定，报全国人民代表大会常务委员会备案。** **地方各级政府之间的财政管理体制，由各省、自治区、直辖市政府或者其授权的下级政府按照国务院的规定制定，报本级人民代表大会常务委员会备案。**
	第十三条　国家实行财政转移支付制度。 **财政转移支付分为中央对地方的转移支付和地方上级政府对下级政府的转移支付，包括不指定专项用途的一般性转移支付和经国务院批准设立，用于办理特定事务的专项转移支付。** **财政转移支付应当规范、公平、公开，以一般性转移支付为主体，以均衡地区间基本财力为主要目标。**
	第十四条　各级预算的编制、执行、监督应当建立健全相互制约、相互协调的机制。
第十条　预算年度自公历一月一日起，至十二月三十一日止。	**第十五条**　预算年度自公历 1 月 1 日起，至 12 月 31 日止。
第十一条　预算收入和预算支出以人民币元为计算单位。	**第十六条**　预算收入和预算支出以人民币元为计算单位。
第二章　预算管理职权	**第二章　预算管理职权**
第十二条　全国人民代表大会审查中央和地方预算草案及中央和地方预算执行情况的报告；批准中央预算和中央预算执行情况的报告；改变或者撤销全国人民代表大会常务委员会关于预算、决算的不适当的决议。 全国人民代表大会常务委员会监督中央和地方预算的执行；审查和批准中央预算的调整方案；审查和批准中央决算；撤销国务院制定的同宪法、法律相抵触的关于预算、决算的行政法规、决定和命令；撤销省、自治区、直辖市人民代表大会及其常务委员会制定的同宪法、法律和行政法规相抵触的关于预算、决算的地方性法规和决议。	**第十七条**　全国人民代表大会审查中央和地方预算草案及中央和地方预算执行情况的报告；批准中央预算和中央预算执行情况的报告；改变或者撤销全国人民代表大会常务委员会关于预算、决算的不适当的决议。 全国人民代表大会常务委员会监督中央和地方预算的执行；审查和批准中央预算的调整方案；审查和批准中央决算；撤销国务院制定的同宪法、法律相抵触的关于预算、决算的行政法规、决定和命令；撤销省、自治区、直辖市人民代表大会及其常务委员会制定的同宪法、法律和行政法规相抵触的关于预算、决算的地方性法规和决议。

续前表

现行法	草案
第十三条 县级以上地方各级人民代表大会审查本级总预算草案及本级总预算执行情况的报告；批准本级预算和本级预算执行情况的报告；改变或者撤销本级人民代表大会常务委员会关于预算、决算的不适当的决议；撤销本级政府关于预算、决算的不适当的决定和命令。 县级以上地方各级人民代表大会常务委员会监督本级总预算的执行；审查和批准本级预算的调整方案；审查和批准本级政府决算（以下简称本级决算）；撤销本级政府和下一级人民代表大会及其常务委员会关于预算、决算的不适当的决定、命令和决议。 设立预算的乡、民族乡、镇的人民代表大会审查和批准本级预算和本级预算执行情况的报告；监督本级预算的执行；审查和批准本级预算的调整方案；审查和批准本级决算；撤销本级政府关于预算、决算的不适当的决定和命令。	**第十八条** 县级以上地方各级人民代表大会审查本级总预算草案及本级总预算执行情况的报告；批准本级预算和本级预算执行情况的报告；改变或者撤销本级人民代表大会常务委员会关于预算、决算的不适当的决议；撤销本级政府关于预算、决算的不适当的决定和命令。 县级以上地方各级人民代表大会常务委员会监督本级总预算的执行；审查和批准本级预算的调整方案；审查和批准本级政府决算（以下简称本级决算）；撤销本级政府和下一级人民代表大会及其常务委员会关于预算、决算的不适当的决定、命令和决议。 乡、民族乡、镇的人民代表大会审查和批准本级预算和本级预算执行情况的报告；监督本级预算的执行；审查和批准本级预算的调整方案；审查和批准本级决算；撤销本级政府关于预算、决算的不适当的决定和命令。
	第十九条 全国人民代表大会财政经济委员会对中央预算草案及上一年预算执行情况、中央预算调整方案和中央决算草案进行初步审查。 省、自治区、直辖市人民代表大会有关专门委员会对本级预算草案及上一年预算执行情况、本级预算调整方案和本级决算草案进行初步审查。 设区的市、自治州人民代表大会有关专门委员会对本级预算草案及上一年预算执行情况、本级预算调整方案和本级决算草案进行初步审查，未设立专门委员会的可以由人民代表大会常务委员会的有关工作机构研究提出意见。 县、自治县、不设区的市、市辖区人民代表大会常务委员会对本级预算草案及上一年预算执行情况进行初步审查。 全国人民代表大会常务委员会和省、自治区、直辖市、设区的市、自治州人民代表大会常务委员会的有关工作机构，依照本级人民代表大会常务委员会的决定，协助本级人民代表大会财政经济委员会或者有关专门委员会承担审查预算草案、预算调整方案、决算草案和监督预算执行等方面的具体工作。

续前表

现行法	草案
第十四条 国务院编制中央预算、决算草案；向全国人民代表大会作关于中央和地方预算草案的报告；将省、自治区、直辖市政府报送备案的预算汇总后报全国人民代表大会常务委员会备案；组织中央和地方预算的执行；决定中央预算预备费的动用；编制中央预算调整方案；监督中央各部门和地方政府的预算执行；改变或者撤销中央各部门和地方政府关于预算、决算的不适当的决定、命令；向全国人民代表大会、全国人民代表大会常务委员会报告中央和地方预算的执行情况。	**第二十条** 国务院编制中央预算、决算草案；向全国人民代表大会作关于中央和地方预算草案的报告；将省、自治区、直辖市政府报送备案的预算汇总后报全国人民代表大会常务委员会备案；组织中央和地方预算的执行；决定中央预算预备费的动用；编制中央预算调整方案；监督中央各部门和地方政府的预算执行；改变或者撤销中央各部门和地方政府关于预算、决算的不适当的决定、命令；向全国人民代表大会、全国人民代表大会常务委员会报告中央和地方预算的执行情况。
第十五条 县级以上地方各级政府编制本级预算、决算草案；向本级人民代表大会作关于本级总预算草案的报告；将下一级政府报送备案的预算汇总后报本级人民代表大会常务委员会备案；组织本级总预算的执行；决定本级预算预备费的动用；编制本级预算的调整方案；监督本级各部门和下级政府的预算执行；改变或者撤销本级各部门和下级政府关于预算、决算的不适当的决定、命令；向本级人民代表大会、本级人民代表大会常务委员会报告本级总预算的执行情况。 乡、民族乡、镇政府编制本级预算、决算草案；向本级人民代表大会作关于本级预算草案的报告；组织本级预算的执行；决定本级预算预备费的动用；编制本级预算的调整方案；向本级人民代表大会报告本级预算的执行情况。	**第二十一条** 县级以上地方各级政府编制本级预算、决算草案；向本级人民代表大会作关于本级总预算草案的报告；将下一级政府报送备案的预算汇总后报本级人民代表大会常务委员会备案；组织本级总预算的执行；决定本级预算预备费的动用；编制本级预算的调整方案；监督本级各部门和下级政府的预算执行；改变或者撤销本级各部门和下级政府关于预算、决算的不适当的决定、命令；向本级人民代表大会、本级人民代表大会常务委员会报告本级总预算的执行情况。 乡、民族乡、镇政府编制本级预算、决算草案；向本级人民代表大会作关于本级预算草案的报告；组织本级预算的执行；决定本级预算预备费的动用；编制本级预算的调整方案；向本级人民代表大会报告本级预算的执行情况。 **经省、自治区、直辖市政府批准，乡、民族乡、镇本级预算草案、预算调整方案、决算草案，可以由上一级政府代编，并依照本法第十八条的规定报乡、民族乡、镇的人民代表大会审查和批准。**
第十六条 国务院财政部门具体编制中央预算、决算草案；具体组织中央和地方预算的执行；提出中央预算预备费动用方案；具体编制中央预算的调整方案；定期向国务院报告中央和地方预算的执行情况。	**第二十二条** 国务院财政部门具体编制中央预算、决算草案；具体组织中央和地方预算的执行；提出中央预算预备费动用方案；具体编制中央预算的调整方案；定期向国务院报告中央和地方预算的执行情况。

续前表

现行法	草案
地方各级政府财政部门具体编制本级预算、决算草案；具体组织本级总预算的执行；提出本级预算预备费动用方案；具体编制本级预算的调整方案；定期向本级政府和上一级政府财政部门报告本级总预算的执行情况。	地方各级政府财政部门具体编制本级预算、决算草案；具体组织本级总预算的执行；提出本级预算预备费动用方案；具体编制本级预算的调整方案；定期向本级政府和上一级政府财政部门报告本级总预算的执行情况。
第十七条　各部门编制本部门预算、决算草案；组织和监督本部门预算的执行；定期向本级政府财政部门报告预算的执行情况。 **第十八条**　各单位编制本单位预算、决算草案；按照国家规定上缴预算收入，安排预算支出，并接受国家有关部门的监督。	**第二十三条**　各部门编制本部门预算、决算草案；组织和监督本部门预算的执行；定期向本级政府财政部门报告预算的执行情况。 各单位编制本单位预算、决算草案；按照国家规定上缴预算收入，安排预算支出，并接受国家有关部门的监督。
第三章　预算收支范围	**第三章　预算收支范围**
第十九条　预算由预算收入和预算支出组成。 预算收入包括： （一）税收收入； （二）依照规定应当上缴的国有资产收益； （三）专项收入； （四）其他收入。 预算支出包括： （一）经济建设支出； （二）教育、科学、文化、卫生、体育等事业发展支出； （三）国家管理费用支出； （四）国防支出； （五）各项补贴支出； （六）其他支出。	**第二十四条　公共预算收入包括各项税收收入、行政事业性收费收入、国有资源（资产）有偿使用收入、转移性收入和其他收入。公共预算收入应当统筹安排使用。** **公共预算支出按照其保障功能分类，包括一般公共服务支出，外交、公共安全、国防支出，农业、环境保护支出，教育、科技、文化、卫生、体育支出，社会保障及就业支出和其他支出。** **公共预算支出按照其经济性质分类，包括工资福利支出、商品和服务支出、基本建设支出和其他支出。**
	第二十五条　政府性基金预算、国有资本经营预算和社会保障预算的收支范围，按照国务院的规定执行。
第二十条　预算收入划分为中央预算收入、地方预算收入、中央和地方预算共享收入。 预算支出划分为中央预算支出和地方预算支出。	

续前表

现行法	草案
第二十一条 中央预算与地方预算有关收入和支出项目的划分、地方向中央上解收入、中央对地方返还或者给予补助的具体办法，由国务院规定，报全国人民代表大会常务委员会备案。	
第二十二条 预算收入应当统筹安排使用；确需设立专用基金项目的，须经国务院批准。	
第二十三条 上级政府不得在预算之外调用下级政府预算的资金。下级政府不得挤占或者截留属于上级政府预算的资金。	**第二十六条** 上级政府不得在预算之外调用下级政府预算的资金。下级政府不得挤占或者截留属于上级政府预算的资金。
第四章 预算编制	**第四章 预算编制**
第三十五条 国务院应当及时下达关于编制下一年预算草案的指示。 编制预算草案的具体事项，由国务院财政部门部署。 **第二十四条** 各级政府、各部门、各单位应当按照国务院规定的时间编制预算草案。	**第二十七条** 国务院应当及时下达关于编制下一年预算草案的指示。编制预算草案的具体事项由国务院财政部门部署。 各级政府、各部门、各单位应当按照国务院规定的时间编制预算草案。
第二十五条 中央预算和地方各级政府预算，应当参考上一年预算执行情况和本年度收支预测进行编制。	**第二十八条** 中央预算和地方各级预算，应当**根据年度经济社会发展目标和国家宏观调控总体要求**，参考上一年预算执行情况和本年度收支预测，**按照规定程序征求各方面意见后**，进行编制。 **各级政府依据法定权限作出决定或者制定行政措施，凡涉及增加或者减少财政收入或者支出的，应当在预算批准前提出并在预算草案中作出相应安排。** **各部门、各单位应当按照国务院财政部门制定的政府收支分类科目和本级政府制定的预算支出定额标准以及其他预算编制规定，根据其依法履行职能和事业发展的需要，编制本部门、本单位预算草案。**
第三十六条 省、自治区、直辖市政府应当按照国务院规定的时间，将本级总预算草案报国务院审核汇总。	**第二十九条** 省、自治区、直辖市政府应当按照国务院规定的时间，将本级总预算草案报国务院汇总。
第二十六条 中央预算和地方各级政府预算按照复式预算编制。 复式预算的编制办法和实施步骤，由国务院规定。	

续前表

现行法	草案
第二十七条　中央政府公共预算不列赤字。 中央预算中必需的建设投资的部分资金，可以通过举借国内和国外债务等方式筹措，但是借债应当有合理的规模和结构。 中央预算中对已经举借的债务还本付息所需的资金，依照前款规定办理。	**第三十条**　中央**政府公共**预算中必需的部分资金，可以通过举借国内和国外债务等方式筹措，但是借债应当**控制适当的规模，保持合理的结构。** **对中央预算中举借的债务实行余额管理。** **国务院财政部门具体负责对中央政府债务的统一管理，并对地方政府债务实施监督管理。**
第二十八条　地方各级预算按照量入为出、收支平衡的原则编制，不列赤字。 除法律和国务院另有规定外，地方政府不得发行地方政府债券。	**第三十一条**　地方各级预算按照量入为出、收支平衡的原则编制，不列赤字。 除法律和国务院另有规定外，地方政府不得发行地方政府债券。
第二十九条　各级预算收入的编制，应当与国民生产总值的增长率相适应。 按照规定必须列入预算的收入，不得隐瞒、少列，也不得将上年的非正常收入作为编制预算收入的依据。	**第三十二条**　各级预算收入的编制，应当与**经济和社会发展水平**相适应。 **各级政府、各部门、各单位应当依照本法规定，将所有政府收入全部列入预算**，不得隐瞒、少列，也不得将上年的非正常收入作为编制预算收入的依据。 **各级政府不得在预算之外，向预算收入征收部门和单位下达收入指标。**
第三十条　各级预算支出的编制，应当贯彻厉行节约、勤俭建国的方针。 各级预算支出的编制，应当统筹兼顾、确保重点，在保证政府公共支出合理需要的前提下，妥善安排其他各类预算支出。	**第三十三条**　各级预算支出的编制，应当贯彻厉行节约、勤俭建国的方针。 各级预算支出的编制，应当统筹兼顾、确保重点，在保证政府公共支出合理需要的前提下，妥善安排其他各类预算支出。
	第三十四条　县级以上各级政府应当将对下级政府的转移支付预计数提前告知下级政府。 **地方各级政府应当将上级政府提前下达的转移支付预计数编入本级预算。**
第三十一条　中央预算和有关地方政府预算中安排必要的资金，用于扶助经济不发达的民族自治地方、革命老根据地、边远、贫困地区发展经济文化建设事业。	**第三十五条**　中央预算和有关地方预算中**应当**安排必要的资金，用于扶助**革命老区**、民族自治地方、**边疆地区**、贫困地区、**水库移民区、农产品主产区和重点生态功能区**发展经济**社会**建设事业。

续前表

现行法	草案
第三十二条 各级政府预算应当按照本级政府预算支出额的百分之一至百分之三设置预备费，用于当年预算执行中的自然灾害救灾开支及其他难以预见的特殊开支。	**第三十六条** 各级**公共**预算应当按照本级**公共**预算支出额的1%至3%设置预备费，用于当年预算执行中的**严重**自然灾害救灾、**突发公共事件处理、重大政策调整增加的支出**及其他难以预见的开支。
第三十三条 各级政府预算应当按照国务院的规定设置预算周转金。	**第三十七条** 各级预算应当按照国务院的规定设置预算周转金。
第三十四条 各级政府预算的上年结余，可以在下年用于上年结转项目的支出；有余额的，可以补充预算周转金；再有余额的，可以用于下年必需的预算支出。	**第三十八条** 各级政府**上一年**预算的**结转资金，应当**在**下一年**用于结转项目的支出；**上一年预算结余资金应当列入下一年预算，或者**补充预算周转金、**预算稳定调节基金。** **各部门、各单位上一年预算的结转、结余资金按照国务院财政部门的规定办理。**
第五章 预算审查和批准	**第五章 预算审查和批准**
第三十九条 中央预算由全国人民代表大会审查和批准。 地方各级政府预算由本级人民代表大会审查和批准。	**第三十九条** 中央预算由全国人民代表大会审查和批准。 地方各级政府预算由本级人民代表大会审查和批准。
第三十七条 国务院财政部门应当在每年全国人民代表大会会议举行的一个月前，将中央预算草案的主要内容提交全国人民代表大会财政经济委员会进行初步审查。 省、自治区、直辖市、设区的市、自治州政府财政部门应当在本级人民代表大会会议举行的一个月前，将本级预算草案的主要内容提交本级人民代表大会有关的专门委员会或者根据本级人民代表大会常务委员会主任会议的决定提交本级人民代表大会常务委员会有关的工作委员会进行初步审查。 县、自治县、不设区的市、市辖区政府财政部门应当在本级人民代表大会会议举行的一个月前，将本级预算草案的主要内容提交本级人民代表大会常务委员会进行初步审查。	**第四十条** 国务院财政部门应当在每年全国人民代表大会会议举行的**45日前**，将中央预算草案的**初步方案**提交全国人民代表大会财政经济委员会进行初步审查。**全国人民代表大会财政经济委员会应当提出初步审查意见。** 省、自治区、直辖市政府财政部门应当在本级人民代表大会会议举行的**30日**前，将本级预算草案的**初步方案**提交本级人民代表大会有关专门委员会进行初步审查。**本级人民代表大会有关专门委员会应当提出初步审查意见。** **设区的市、自治州政府财政部门应当在本级人民代表大会会议举行的30日前，将本级预算草案的初步方案提交本级人民代表大会有关专门委员会进行初步审查，或者送交人民代表大会常务委员会的有关工作机构征求意见。本级人民代表大会有关专门委员会应当提出初步审查意见。** 县、自治县、不设区的市、市辖区政府财政部门应当在本级人民代表大会会

续前表

现行法	草案
	议举行的30日前，将本级预算草案的初步方案提交本级人民代表大会常务委员会进行初步审查。本级人民代表大会常务委员会应当提出初步审查意见。 政府有关部门应当将对初步审查意见的处理情况反馈给初步审查机构。
	第四十一条　报送各级人民代表大会审查和批准的预算草案应当细化。本级公共预算一般收支至少编列到款，重点支出至少编列到项。
第三十八条　国务院在全国人民代表大会举行会议时，向大会作关于中央和地方预算草案的报告。 地方各级政府在本级人民代表大会举行会议时，向大会作关于本级总预算草案的报告。	第四十二条　国务院在全国人民代表大会举行会议时，向大会作关于中央和地方预算草案以及中央和地方预算执行情况的报告。 地方各级政府在本级人民代表大会举行会议时，向大会作关于总预算草案和总预算执行情况的报告。
	第四十三条　全国人民代表大会和地方各级人民代表大会对预算草案及其报告、预算执行情况的报告重点审查下列内容： （一）上一年预算执行情况是否符合本级人民代表大会预算决议的要求； （二）预算安排是否符合本法和有关法律、法规的规定； （三）预算安排是否贯彻国民经济和社会发展的方针政策； （四）预算收入和预算支出编制是否完整； （五）对下级政府的转移性支出预算是否规范、适当； （六）预算安排举借的债务是否合法、合理； （七）为完成预算提出的政策措施是否切实可行； （八）与预算有关重要事项的说明是否清晰。
	第四十四条　全国人民代表大会财政经济委员会向全国人民代表大会主席团提出关于中央和地方预算草案及中央和地方预算执行情况的审查结果报告。

续前表

现行法	草案
	省、自治区、直辖市、设区的市、自治州人民代表大会有关专门委员会，县、自治县、不设区的市、市辖区人民代表大会常务委员会，向本级人民代表大会主席团提出关于总预算草案及上年预算执行情况的审查结果报告。 **审查结果报告应当包括下列内容：** **（一）对上一年预算执行和落实本级人民代表大会预算决议的情况作出评价；** **（二）对本年度预算草案的合法性、可行性作出评价；** **（三）对本级人民代表大会批准预算草案和预算报告提出建议；** **（四）对完成年度预算、改进预算管理、加强预算监督等提出意见和建议。**
第四十条 乡、民族乡、镇政府应当及时将经本级人民代表大会批准的本级预算报上一级政府备案。县级以上地方各级政府应当及时将经本级人民代表大会批准的本级预算及下一级政府报送备案的预算汇总，报上一级政府备案。 县级以上地方各级政府将下一级政府依照前款规定报送备案的预算汇总后，报本级人民代表大会常务委员会备案。国务院将省、自治区、直辖市政府依照前款规定报送备案的预算汇总后，报全国人民代表大会常务委员会备案。	**第四十五条** 乡、民族乡、镇政府应当及时将经本级人民代表大会批准的本级预算报上一级政府备案。县级以上地方各级政府应当及时将经本级人民代表大会批准的本级预算及下一级政府报送备案的预算汇总，报上一级政府备案。 县级以上地方各级政府将下一级政府依照前款规定报送备案的预算汇总后，报本级人民代表大会常务委员会备案。国务院将省、自治区、直辖市政府依照前款规定报送备案的预算汇总后，报全国人民代表大会常务委员会备案。
第四十一条 国务院和县级以上地方各级政府对下一级政府依照本法第四十条规定报送备案的预算，认为有同法律、行政法规相抵触或者有其他不适当之处，需要撤销批准预算的决议的，应当提请本级人民代表大会常务委员会审议决定。	**第四十六条** 国务院和县级以上地方各级政府对下一级政府依照本法第**四十五**条规定报送备案的预算，认为有同法律、行政法规相抵触或者有其他不适当之处，需要撤销批准预算的决议的，应当提请本级人民代表大会常务委员会审议决定。
第四十二条 各级政府预算经本级人民代表大会批准后，本级政府财政部门应当及时向本级各部门批复预算。各部门应当及时向所属各单位批复预算。	**第四十七条** 各级预算经本级人民代表大会批准后，本级政府财政部门应当**在30日内**向本级各部门批复预算。各部门应当**在接到本级政府财政部门批复的本部门预算后15日内**向所属各单位批复预算。 **中央对地方的一般性转移支付应当在全国人民代表大会批准预算后30日内正**

续前表

现行法	草案
	式下达。中央对地方的专项转移支付应当在全国人民代表大会批准预算后90日内正式下达。 省、自治区、直辖市政府接到中央一般性转移支付和专项转移支付后，应当在30日内正式下达到本行政区域各级政府。 县级以上地方各级预算安排对下级政府的一般性转移支付和专项转移支付，应当分别在本级人民代表大会批准预算后的30日和60日内正式下达。 对突发公共事件处理、自然灾害救灾项目的转移支付，应当及时下达预算；对据实结算等特殊项目的转移支付，可以分期下达预算，或者先预付后结算。 县级以上各级政府财政部门应当将批复本级各部门的预算和批复下级政府的转移支付预算，抄送本级人民代表大会财政经济委员会、有关专门委员会或者常务委员会的工作机构。
第六章　预算执行	第六章　预算执行
第四十三条　各级预算由本级政府组织执行，具体工作由本级政府财政部门负责。	**第四十八条**　各级预算由本级政府组织执行，具体工作由本级政府财政部门负责。 各部门、各单位是本部门、本单位的预算执行主体，负责本部门、本单位的预算执行，并对执行结果负责。
第四十四条　预算年度开始后，各级政府预算草案在本级人民代表大会批准前，本级政府可以先按照上一年同期的预算支出数额安排支出；预算经本级人民代表大会批准后，按照批准的预算执行。	**第四十九条**　预算年度开始后，各级预算草案在本级人民代表大会批准前，可以安排下列支出： （一）上一年度结转的支出； （二）必须支付的本年度部门基本支出、项目支出，以及对下级政府的转移性支出； （三）法律规定必须履行支付义务的支出，以及其他特殊支出。 预算经本级人民代表大会批准后，按照批准的预算执行。
第四十五条　预算收入征收部门，必须依照法律、行政法规的规定，及时、足额征收应征的预算收入。不得违反法律、行政法规规定，擅自减征、免征或者缓征应征的预算收入，不得截留、占用或者挪用预算收入。	**第五十条**　预算收入征收部门和单位，必须依照法律、行政法规的规定，及时、足额征收应征的预算收入。不得违反法律、行政法规规定，擅自减征、免征或者缓征应征的预算收入，不得截留、占用或者挪用预算收入。

续前表

现行法	草案
第四十六条 有预算收入上缴任务的部门和单位，必须依照法律、行政法规和国务院财政部门的规定，将应当上缴的预算资金及时、足额地上缴国家金库（以下简称国库），不得截留、占用、挪用或者拖欠。	**第五十一条** 有预算收入上缴**义务**的部门和单位，**应当**依照法律、行政法规和国务院的规定，将应当上缴的预算资金及时、足额地上缴国家金库（以下简称国库）**和依法设立的财政专户**，不得截留、占用、挪用或者拖欠。 **前款规定的财政专户，是指对法律、行政法规和国务院规定的特定专用资金设立的专户。财政专户纳入国库单一账户体系管理。** **国务院财政部门应当将财政专户收支情况纳入信息管理系统，并与国库实现信息共享。**
第四十七条 各级政府财政部门必须依照法律、行政法规和国务院财政部门的规定，及时、足额地拨付预算支出资金，加强对预算支出的管理和监督。 各级政府、各部门、各单位的支出必须按照预算执行。	**第五十二条** 各级政府财政部门必须依照法律、行政法规和国务院财政部门的规定，及时、足额地拨付预算支出资金，加强对预算支出的管理和监督。 各级政府、各部门、各单位的支出必须按照预算执行。
	第五十三条 中央和地方预算实行收付实现制。 **部分特定事项可以实行权责发生制。具体办法由国务院规定。** **部分特定事项实行权责发生制的有关情况，应当在决算报告中作出说明。**
第四十八条 县级以上各级预算必须设立国库；具备条件的乡、民族乡、镇也应当设立国库。 中央国库业务由中国人民银行经理，地方国库业务依照国务院的有关规定办理。 各级国库必须按照国家有关规定，及时准确地办理预算收入的收纳、划分、留解和预算支出的拨付。 各级国库库款的支配权属于本级政府财政部门。除法律、行政法规另有规定外，未经本级政府财政部门同意，任何部门、单位和个人都无权动用国库库款或者以其他方式支配已入国库的库款。 各级政府应当加强对本级国库的管理和监督。	**第五十四条** 县级以上各级预算必须设立国库；具备条件的乡、民族乡、镇也应当设立国库。 各级国库**应当**按照国家有关规定，及时准确地办理预算收入的收纳、划分、留解、**退付**和预算支出的拨付。 各级国库库款的支配权属于本级政府财政部门。除法律、行政法规另有规定外，未经本级政府财政部门同意，任何部门、单位和个人都无权**冻结**、动用国库库款或者以其他方式支配已入国库的库款。 各级政府**及其财政部门**应当加强对本级国库的管理和监督。 **国库管理的具体办法由国务院规定。**

续前表

现行法	草案
	第五十五条　**已经缴入国库或者财政专户的资金，依照法律、行政法规的规定或者国务院的决定需要退付的，各级政府财政部门或者其授权的机构应当及时办理退付。按照规定应当由财政支出安排的事项，不得用退库处理。**
	第五十六条　**县级以上各级政府全部收入和支出都应当纳入国库单一账户体系进行管理，实行国库集中收付制度。**
第四十九条　各级政府应当加强对预算执行的领导，支持政府财政、税务、海关等预算收入的征收部门依法组织预算收入，支持政府财政部门严格管理预算支出。 财政、税务、海关等部门在预算执行中，应当加强对预算执行的分析；发现问题时应当及时建议本级政府采取措施予以解决。	**第五十七条**　各级政府应当加强对预算执行的领导，支持政府财政、税务、海关等预算收入的征收部门依法组织预算收入，支持政府财政部门严格管理预算支出。 财政、税务、海关等部门在预算执行中，应当加强对预算执行的分析；发现问题时应当及时建议本级政府采取措施予以解决。
第五十条　各部门、各单位应当加强对预算收入和支出的管理，不得截留或者动用应当上缴的预算收入，也不得将不应当在预算内支出的款项转为预算内支出。	**第五十八条**　各部门、各单位应当加强对预算收入和支出的管理，不得截留或者动用应当上缴的预算收入，**不得擅自改变预算支出的用途。**
第五十一条　各级政府预算预备费的动用方案，由本级政府财政部门提出，报本级政府决定。	**第五十九条**　各级政府预算预备费的动用方案，由本级政府财政部门提出，报本级政府决定。
第五十二条　各级政府预算周转金由本级政府财政部门管理，用于预算执行中的资金周转，不得挪作他用。	**第六十条**　各级政府预算周转金由本级政府财政部门管理，用于**本级政府调剂预算年度内季节性收支差额**，不得挪作他用。
	第六十一条　**各级政府年度预算执行中有超收收入的，除依照法律、行政法规规定安排支出外，可以用于冲减赤字，或者安排预算稳定调节基金用于补充以后年度预算资金的不足。**
	第六十二条　**国务院和县级以上地方各级政府应当在每年六月至九月期间向本级人民代表大会常务委员会报告预算执行情况。**

续前表

现行法	草案
第七章　预算调整	第七章　预算调整
第五十三条　预算调整是指经全国人民代表大会批准的中央预算和经地方各级人民代表大会批准的本级预算，在执行中因特殊情况需要增加支出或者减少收入，使原批准的收支平衡的预算的总支出超过总收入，或者使原批准的预算中举借债务的数额增加的部分变更。	第六十三条　预算调整是指经全国人民代表大会批准的中央预算和经地方各级人民代表大会批准的**地方各级预算，在执行中出现下列情况之一的预算变更：** **（一）本级人民代表大会批准的收支平衡的预算出现赤字，或者举借债务数额增加的；** **（二）需要增加预算总支出的；** **（三）需要调入预算稳定调节基金，或者需要减少预算总支出的；** **（四）需要调减预算安排的农业、教育、科技、文化、卫生、社会保障等重点支出数额的。**
	第六十四条　在预算执行中，各级政府一般不制定新的增加或者减少财政收入或者支出的政策和措施，必须作出并需要进行预算调整的，应当在预算调整方案中作出安排。
第五十四条　各级政府对于必须进行的预算调整，应当编制预算调整方案。中央预算的调整方案必须提请全国人民代表大会常务委员会审查和批准。县级以上地方各级政府预算的调整方案必须提请本级人民代表大会常务委员会审查和批准；乡、民族乡、镇政府预算的调整方案必须提请本级人民代表大会审查和批准。未经批准，不得调整预算。	第六十五条　各级政府对于必须进行的预算调整，应当编制预算调整方案。**预算调整方案应当说明预算调整的理由、项目和数额。** **在预算执行中，由于发生特大自然灾害、突发公共事件，必须及时增加预算支出的，应当先动支预备费；预备费不足支出的，各级政府可以先安排支出，超过年初预算支出规模的，列入预算调整方案。** **国务院财政部门应当在全国人民代表大会常务委员会举行会议审查和批准预算调整方案的30日前，将预算调整初步方案送交全国人民代表大会财政经济委员会进行初步审查。** **省、自治区、直辖市政府财政部门应当在本级人民代表大会常务委员会举行会议审查和批准预算调整方案的30日前，将预算调整初步方案送交本级人民代表大会有关专门委员会进行初步审查。** **设区的市、自治州政府财政部门应当在本级人民代表大会常务委员会举行会议审查和批准预算调整方案的30日前，将预算调整初步方案送交本级人民代表大会**

续前表

现行法	草案
	有关专门委员会进行初步审查，或者送交人民代表大会常务委员会的有关工作机构征求意见。 中央预算的调整方案**应当**提请全国人民代表大会常务委员会审查和批准。县级以上地方各级预算的调整方案**应当**提请本级人民代表大会常务委员会审查和批准；乡、民族乡、镇预算的调整方案**应当**提请本级人民代表大会审查和批准。未经批准，不得调整预算。 **年终超过预算调整方案的预算收入，依照本法第三十八条或者第六十一条的规定执行。**
第五十五条　未经批准调整预算，各级政府不得作出任何使原批准的收支平衡的预算的总支出超过总收入或者使原批准的预算中举借债务的数额增加的决定。 对违反前款规定作出的决定，本级人民代表大会、本级人民代表大会常务委员会或者上级政府应当责令其改变或者撤销。	**第六十六条　经批准的预算调整方案，各级政府应当严格执行。未经本法第六十五条规定的程序，各级政府不得作出预算调整的决定。** 对违反前款规定作出的决定，本级人民代表大会、本级人民代表大会常务委员会或者上级政府应当责令其改变或者撤销。
第五十六条　在预算执行中，因上级政府返还或者给予补助而引起的预算收支变化，不属于预算调整。接受返还或者补助款项的县级以上地方各级政府应当向本级人民代表大会常务委员会报告有关情况；接受返还或者补助款项的乡、民族乡、镇政府应当向本级人民代表大会报告有关情况。	**第六十七条**　在预算执行中，**各级政府依照有关法律和行政法规规定应当增加的支出，以及因上级政府增加专项转移支付**而引起的预算**支出**变化，不属于预算调整。 接受**专项转移支付**的县级以上地方各级政府应当向本级人民代表大会常务委员会报告有关情况；接受**专项转移支付**的乡、民族乡、镇政府应当向本级人民代表大会报告有关情况。
第五十七条　各部门、各单位的预算支出应当按照预算科目执行。不同预算科目间的预算资金需要调剂使用的，必须按照国务院财政部门的规定报经批准。	**第六十八条**　各部门、各单位的预算支出应当按照预算科目执行。不同预算科目间的预算资金需要调剂使用的，必须按照国务院财政部门的规定报经批准。
第五十八条　地方各级政府预算的调整方案经批准后，由本级政府报上一级政府备案。	**第六十九条**　地方各级预算的调整方案经批准后，由本级政府报上一级政府备案。

续前表

现行法	草案
第八章　决算	第八章　决算
第五十九条　决算草案由各级政府、各部门、各单位，在每一预算年度终了后按照国务院规定的时间编制。 编制决算草案的具体事项，由国务院财政部门部署。	**第七十条**　决算草案由各级政府、各部门、各单位，在每一预算年度终了后按照国务院规定的时间编制。 编制决算草案的具体事项，由国务院财政部门部署。
第六十条　编制决算草案，必须符合法律、行政法规，做到收支数额准确、内容完整、报送及时。	**第七十一条**　编制决算草案，必须符合法律、行政法规，做到收支数额准确、内容完整、报送及时。 **决算草案应当与预算草案相对应，按预算数、调整预算数、决算数分别列出。**
第六十一条　各部门对所属各单位的决算草案，应当审核并汇总编制本部门的决算草案，在规定的期限内报本级政府财政部门审核。 各级政府财政部门对本级各部门决算草案审核后发现有不符合法律、行政法规规定的，有权予以纠正。	**第七十二条**　各部门对所属各单位的决算草案，应当审核并汇总编制本部门的决算草案，在规定的期限内报本级政府财政部门审核。 各级政府财政部门对本级各部门决算草案审核后发现有不符合法律、行政法规规定的，有权予以纠正。
第六十二条　国务院财政部门编制中央决算草案，报国务院审定后，由国务院提请全国人民代表大会常务委员会审查和批准。 县级以上地方各级政府财政部门编制本级决算草案，报本级政府审查后，由本级政府提请本级人民代表大会常务委员会审查和批准。 乡、民族乡、镇政府编制本级决算草案，提请本级人民代表大会审查和批准。	**第七十三条**　国务院财政部门编制中央决算草案，**经国务院审计部门审计后，**报国务院审定，由国务院提请全国人民代表大会常务委员会审查和批准。 县级以上地方各级政府财政部门编制本级决算草案，**经本级政府审计部门审计后，**报本级政府审定，由本级政府提请本级人民代表大会常务委员会审查和批准。 乡、民族乡、镇政府编制本级决算草案，提请本级人民代表大会审查和批准。
	第七十四条　国务院财政部门应当在全国人民代表大会常务委员会召开会议审查和批准中央决算草案的30日前，将上一年度中央决算草案提交全国人民代表大会财政经济委员会进行初步审查。 **省、自治区、直辖市政府财政部门应当在本级人民代表大会常务委员会召开会议审查和批准本级决算草案的30日前，将上一年度本级决算草案提交本级人民代表大会有关专门委员会进行初步审查。** **设区的市、自治州政府财政部门应当在本级人民代表大会常务委员会召开会议**

续前表

现行法	草案
	审查和批准本级决算草案的30日前，将上一年度本级决算草案提交本级人民代表大会有关专门委员会进行初步审查，或者送交人民代表大会常务委员会的有关工作机构征求意见。 **全国人民代表大会财政经济委员会和省、自治区、直辖市、设区的市、自治州人民代表大会有关专门委员会，向本级人民代表大会常务委员会提出关于本级决算草案的审查报告。**
	第七十五条　县级以上各级人民代表大会常务委员会结合本级政府提出的上一年度预算执行和其他财政收支的审计工作报告，对本级决算草案进行审查，重点审查下列内容： **（一）预算收入完成情况；** **（二）重点支出资金的使用情况；** **（三）本级预算调整及执行情况；** **（四）财政转移支付安排执行情况；** **（五）本级预备费使用情况；** **（六）本级人民代表大会批准的预算决议落实情况；** **（七）其他与决算有关的重要情况。**
第六丨三条　各级政府决算经批准后，财政部门应当向本级各部门批复决算。	**第七十六条**　各级决算经批准后，财政部门应当**在30日内**向本级各部门批复决算。**各部门应当在接到本级政府财政部门批复的本部门决算后15日内向所属单位批复决算。**
第六十四条　地方各级政府应当将经批准的决算，报上一级政府备案。	**第七十七条**　地方各级政府应当将经批准的决算**及下一级政府上报备案的决算汇总**，报上一级政府备案。 **县级以上各级政府应当将下一级政府报送备案的决算汇总后，报本级人民代表大会常务委员会备案。**
第六十五条　国务院和县级以上地方各级政府对下一级政府依照本法第六十四条规定报送备案的决算，认为有同法律、行政法规相抵触或者有其他不适当之处，需要撤销批准该项决算的决议的，应当提请本级人民代表大会常务委员会审议决定；经审议决定撤销的，该	**第七十八条**　国务院和县级以上地方各级政府对下一级政府依照本法第**七十七**条规定报送备案的决算，认为有同法律、行政法规相抵触或者有其他不适当之处，需要撤销批准该项决算的决议的，应当提请本级人民代表大会常务委员会审议决定；经审议决定撤销的，该下级人民代表

续前表

现行法	草案
下级人民代表大会常务委员会应当责成本级政府依照本法规定重新编制决算草案，提请本级人民代表大会常务委员会审查和批准。	大会常务委员会应当责成本级政府依照本法规定重新编制决算草案，提请本级人民代表大会常务委员会审查和批准。
第九章　监督	**第九章　监督**
第六十六条　全国人民代表大会及其常务委员会对中央和地方预算、决算进行监督。 县级以上地方各级人民代表大会及其常务委员会对本级和下级政府预算、决算进行监督。 乡、民族乡、镇人民代表大会对本级预算、决算进行监督。	**第七十九条**　全国人民代表大会及其常务委员会对中央和地方预算、决算进行监督。 县级以上地方各级人民代表大会及其常务委员会对本级和下级预算、决算进行监督。 乡、民族乡、镇人民代表大会对本级预算、决算进行监督。
第六十七条　各级人民代表大会和县级以上各级人民代表大会常务委员会有权就预算、决算中的重大事项或者特定问题组织调查，有关的政府、部门、单位和个人应当如实反映情况和提供必要的材料。	**第八十条**　各级人民代表大会和县级以上各级人民代表大会常务委员会有权就预算、决算中的重大事项或者特定问题组织调查，有关的政府、部门、单位和个人应当如实反映情况和提供必要的材料。
第六十八条　各级人民代表大会和县级以上各级人民代表大会常务委员会举行会议时，人民代表大会代表或者常务委员会组成人员，依照法律规定程序就预算、决算中的有关问题提出询问或者质询，受询问或者受质询的有关的政府或者财政部门必须及时给予答复。	**第八十一条**　各级人民代表大会和县级以上各级人民代表大会常务委员会举行会议时，人民代表大会代表或者常务委员会组成人员，依照法律规定程序就预算、决算中的有关问题提出询问或者质询，受询问或者受质询的有关的政府或者财政部门必须及时给予答复。
第六十九条　各级政府应当在每一预算年度内至少二次向本级人民代表大会或者其常务委员会作预算执行情况的报告。	
第七十条　各级政府监督下级政府的预算执行；下级政府应当定期向上一级政府报告预算执行情况。	**第八十二条**　各级政府监督下级政府的预算执行；下级政府应当定期向上一级政府报告预算执行情况。
第七十一条　各级政府财政部门负责监督检查本级各部门及其所属各单位预算的执行；并向本级政府和上一级政府财政部门报告预算执行情况。	**第八十三条**　各级政府财政部门负责监督检查本级各部门及其所属各单位预算**的编制、执行和本级国库办理的预算收入收纳、划分、留解、退付及预算支出的拨付业务**，并向本级政府和上一级政府财政部门报告预算执行情况。 **省级以上政府财政部门经本级政府批**

续前表

现行法	草案
	准设立的派出机构，按照规定的职责依法开展监督检查工作。
第七十二条　各级政府审计部门对本级各部门、各单位和下级政府的预算执行、决算实行审计监督。	第八十四条　县级以上政府审计部门依法对预算执行、决算实行审计监督。
	第八十五条　政府各部门负责监督检查所属各单位的预算执行，及时向本级政府财政部门反映本部门预算执行情况，依法纠正违反预算的行为。
	第八十六条　公民、法人或者其他组织发现有违反本法的行为，可以依法向有关国家机关进行检举、控告。 接受检举、控告的国家机关应当依法进行处理，并为检举人、控告人保密。任何单位或者个人不得压制和打击报复检举人、控告人。
第十章　法律责任	第十章　法律责任
第七十三条　各级政府未经依法批准擅自变更预算，使经批准的收支平衡的预算的总支出超过总收入，或者使经批准的预算中举借债务的数额增加的，对负有直接责任的主管人员和其他直接责任人员追究行政责任。	
第七十四条　违反法律、行政法规的规定，擅自动用国库库款或者擅自以其他方式支配已入国库的库款的，由政府财政部门责令退还或者追回国库库款，并由上级机关给予负有直接责任的主管人员和其他直接责任人员行政处分。	第八十七条　各级政府对本级财政部门、收入征收部门和单位、国库和其他部门、单位的下列行为，责令改正；对负有直接责任的主管人员和其他直接责任人员依法给予处分： （一）未依照法律、法规规定的程序和要求，编制、报送政府预算、预算调整方案、决算和部门预算、决算以及批复预算、决算的； （二）未将所有政府收入和支出列入预算并接受审查监督的； （三）违反法律、法规或者国务院财政部门的规定，擅自调整预算级次或者变更预算收支类别的； （四）违反法律、法规或者国务院财政部门的规定，擅自进行预算调整或者变更的；

续前表

现行法	草案
	（五）违反法律、法规规定，擅自动用预算预备费、预算周转金、预算稳定调节基金的； （六）违反本法规定，擅自设立政府性基金项目的； （七）违反本法规定，举借债务或者为他人债务担保的； （八）违反法律、法规的规定，擅自减征、免征或者缓征应征预算收入，擅自改变预算收入上缴方式、预算收入级次或者预算收入科目，以及截留、占用或者挪用上级预算收入的； （九）违反法律、法规或者国务院财政部门的规定，擅自改变预算支出用途的； （十）未依照法律、法规的规定办理预算收入收纳、划分、留解、退付及预算支出拨付，或者擅自冻结、动用国库库款或者以其他方式支配已入国库库款的； （十一）未依照法律、法规或者国务院财政部门的规定开设、使用、撤销财政资金账户的； （十二）未依法向社会公开预算、预算调整、决算的。 地方各级政府有前款规定违法行为的，由上级政府责令改正，对负有直接责任的主管人员和其他直接责任人员依法给予处分。
第七十五条 隐瞒预算收入或者将不应当在预算内支出的款项转为预算内支出的，由上一级政府或者本级政府财政部门责令纠正，并由上级机关给予负有直接责任的主管人员和其他直接责任人员行政处分。	
	第八十八条 县级以上各级政府对下级政府的下列行为，责令改正，对负有直接责任的主管人员和其他直接责任人员依法给予处分： （一）违反法律、行政法规的规定，擅自决定减免税收或者其他预算收入的； （二）未将政府收入和支出全部列入预算的；

续前表

现行法	草案
	（三）延解、占压应当上解的财政收入的； （四）截留、挤占不属于本级政府的预算资金的； （五）擅自改变上级政府专项转移支付资金用途的； （六）违反本法规定举借债务的。
	第八十九条　各级政府财政部门对本级和下级政府各部门、单位及其工作人员的下列行为，责令改正，调整有关会计账目，追回骗取、使用的资金，没收违法所得，对单位给予警告或者通报批评；并建议有权机关对负有直接责任的主管人员和其他直接责任人员依法给予处分： （一）以虚报、冒领等手段骗取预算资金的； （二）截留、占用、挪用预算资金的； （三）擅自减征、免征或者缓征预算收入以及未及时上解预算收入的； （四）未依照规定程序及时支付预算资金的； （五）违反法律、法规的规定，分配、使用财政转移支付资金的。
	第九十条　本法第八十七条、第八十八条、第八十九条所列违法行为，《中华人民共和国税收征收管理法》对其处理、处罚另有规定的，依照其规定。 违反本法规定，构成犯罪的，依法追究刑事责任。
第十一章　附则	第十一章　附则
第七十六条　各级政府、各部门、各单位应当加强对预算外资金的管理。预算外资金管理办法由国务院另行规定。各级人民代表大会要加强对预算外资金使用的监督。	
	第九十一条　政府性基金预算、国有资本经营预算和社会保障预算的编制、执行和实施步骤，由国务院依据本法作出规定。

续前表

现行法	草案
第七十八条 国务院根据本法制定实施条例。	**第九十二条** 国务院根据本法制定实施条例。
第七十七条 民族自治地方的预算管理，依照民族区域自治法的有关规定执行；民族区域自治法没有规定的，依照本法和国务院的有关规定执行。	**第九十三条** 民族自治地方的预算管理，依照民族区域自治法的有关规定执行；民族区域自治法没有规定的，依照本法和国务院的有关规定执行。
	第九十四条 省、自治区、直辖市人民代表大会或者其常务委员会根据本法，制定有关预算的决定或者地方性法规。
第七十九条 本法自 1995 年 1 月 1 日起施行。1991 年 10 月 21 日国务院发布的《国家预算管理条例》同时废止。	**第九十五条** 本法自 1995 年 1 月 1 日起施行。1991 年 10 月 21 日国务院发布的《国家预算管理条例》同时废止。

作者注：以上《预算法》修正前后对照表文本出自全国人大的官方网站“中国人大网”，网址：http：//www. npc. gov. cn/npc/xinwen/lfgz/flca/2012—07/06/content _ 1729110. htm，访问时间：2012 - 08 - 01。

后记

时光飞逝，一晃离开珞珈山已有十年。从武汉大学取得博士学位之后，我虽然受所在单位之差遣，屡屡涉足于宪法、行政法与财税法等学科之间，但是始终不改对于“财政宪法学”的浓厚兴趣。承蒙廖益新教授、葛克昌教授、黄茂荣教授、蔡茂寅教授等老师的指点和众多学界同仁的帮助，陆续发表十多篇论文，其中部分内容已经作为《财政分权的宪政原理》于2010年出版，其他稿件经过体系化地整理，于2011年汇成本书初稿。是年年底，承葛克昌老师撰写序言，拟即行出版；未料竟获国家社科基金后期项目的资助，于是再经过两年修改，终于形成本书现在的定稿。如此算来，此书从思路初成、首篇发表到最终付梓，亦正好历时十年。

鉴于当前中国宪法规范的司法适用问题还充满了理论争议，本书在体例上主要借鉴中国的主流宪法学说，将内容分为“总论”、“分论”与“规范适用论”三大部分，以凸显中国宪法规范适用的独特路径。各国之“财政宪法”，虽有“广义”、“狭义”以及“最广义”等概念层次上的区分，但是其内容则均可纳入“一体两翼”的制度框架：所谓“一体”，即“财政分权体制”；所谓“两翼”，分别指“财政收入制度”与“财政支出制度”。这一方面的总括性论述，本书于第一章、第二章中分别予以介绍，是为本书之“总论”部分。第三章到第六章为本书的“分论”，分别诠释中国财政宪法上的“国家目标规定”、“税收债权债务关系”、“财政预算的性质与效力”、“纳税人基本权利”等内容。至于“财政分权体制”，因作者2010年已经出版专著，为了避免重复与冗繁，本书中没有设专门章节探讨。第六章与第七章主要探讨财政宪法规范的司法适用等问题。学术探索过程中充满艰辛曲折，亦有许多意外惊喜，“如鱼饮水，冷暖自知”。我在写作第一本专著《论公共财政与宪政国家》（北京大学出版社2005年版）时，已经明了其“作为财政宪法学的一种理论前言”之属性；在写作第二本专著《财政分权的宪政原理》（法律出版社2010年版）时，则在

“跨学科研究”与“宪法释义学”的两种不同的研究范式上“左右徘徊”，踯躅不前。本书之写作，已经在大致上进入“宪法释义学”的研究进路。

本书修改、出版之际，正值我由厦门大学调往中南大学，然后又访学于美国东北大学之时。书中的大多数内容已经以论文形式发表于厦门大学法学院的八年执教期间，感谢厦门大学对于本书初稿的支持，感谢厦门大学法学院廖益新教授、朱福惠教授及诸位领导、同事的帮助，美丽的鹭岛时光我将会永远铭记于心。感谢多年来支持我的学界前辈与朋友们，他们的批评建议使我受益良多。感谢中南大学漆多俊教授、蒋建湘教授、马跃如教授、陈云良教授、刘益灯教授等领导和同事，他们为我在长沙的工作提供了很好的环境。一本书的出版，有如一个孩子的出生，著者固然需要不辞辛劳，但是“医护人员”的精心照护亦极为重要。所以，衷心感谢对书稿提出了宝贵意见的专家（尽管我现在还不知道他们的名字），以及帮助我细心校对稿件的编辑老师、同学！

周刚志

2014 年 5 月于美国麻省 Malden 小镇